부자되기 특강

이장우

pnc
publishing and culture
피앤씨 미디어

서 문

빛나는 청춘, 앞서 꿈꾸고 준비하는 자가 앞서 부자가 된다.

이 책은 주로 젊은이들의 미래를 위해 던지는 메시지이다. 미래의 아름답고 풍요로운 삶을 위해 미리 꿈꾸고 준비하는 방법에 관한 책이다. 대학교 교양교재로 사용하면 제격이 될 것이다. 고등학생들이 읽을 수 있다면 평생의 자산이 될 것이다.

우리 젊은이들의 삶을 살펴보면 이 책이 필요한 이유가 분명해진다. 대학에 진학하기 전까지는 학교공부와 과외에 시달리느라 운동도 못하고 놀지도 못하고 미래를 위한 꿈을 꾸고 가꿀 틈이 없다. 이 상황에 미래를 이끌 청년들의 건강한 육체와 정신을 외칠 수 있을까? 가까스로 대학에 진학하면 저학년 때는 해방감에 아까운 시간을 낭비하기 일쑤이고, 고학년이 되면 취업준비에 여념이 없는 시간을 보낸다. 꿈꾸고 미래를 설계할 시간이 없기는 마찬가지이다. 겨우 취업을 하고 나면 이제 생활을 꾸려가는 일상의 무게가 만만치가 않다. 바쁘게 살 뿐, 꿈꾸고 장기계획을 세우는 일은 생각조차 하기 힘들다. 이 상태가 계속된다면 어떻게 훌륭한 사고를 하고 효과적으로 부를 획득하고 관리하여 존경받는 진짜부자로 살아갈 수 있겠는가?

이 책의 요지는 이것이다. '하루라도 먼저 마인드를 가지고 미리 꿈꾸고 준비하는 자가 부자가 된다는 것이다.' 취직 때보다는 대학생 때, 그보다는 고등학생 때 시작하는 것이 더 좋을 것이다. 늦어도 대학생 때 시작할 수 있다면 사회생활 시작 후에 정신이 퍼뜩 들어 잘 해보려고 허둥대는 것보다 비교할 수 없으리만큼 유리하다. 발등에 떨어진 불만 끄며 지내다 보면 평생 그렇게 지내게 될지도 모른다. 생각해 보자. 학창시절, 아무리 힘들어도 꿈꾸지 못할 이유는 없다. 꿈꾸는 데는 돈이 들지 않기 때문이다. 꿈꾸는 것보다 근본적인 것은 마인드이다. 마인드가 있으면 아무리 힘든 상황에서도 꿈꿀 수 있다. 하지만 좀 더 잘 준비하려면 지식이 필요하다. 투자와 금융의 본질을 잘 알면 더욱 유리하다. 현대사회에서 금융지식이 없는 자를 금융문맹이라고 하는 이유가 여기에 있다.

이 책은 젊은이들이 마인드를 갖추고 꿈을 꾸고 준비하는 방법을 안내한다. 먼저 부란 무엇이고 진짜 부자가 무엇인지 이야기한다. 이 부분은 시중에 널려있는 '부자 되기 책'에서 거의 다루지 않는 부분이다. 이어서 진짜 부자가 되려면 어떤 마인드를 가져야 하는지 소개한다. 진짜 부자의 씨앗은 마인드, 즉 정신에 있기 때문이다. 부자가 되기 위한 전략에 대해 소개하고 부를 이루는 투자의 도구들을 소개하고 진짜부자의 지위를 자식에게 물려주는 법에 대해 소개한다. 책에서 소개되는 많은 사례들이 좋은 귀감이 될 것이다.

대학교재로 사용할 경우, 학생들의 관심이 부의 획득을 위한 투자 및 자산관리 기법에 있음을 감안하여 강의의 순서를 부의 도구(4장), 부자 되기 전략(2~3장), 부자, 부자가 된다는 것(1, 5장)의 역순을 택하는 것도 좋은 방법이다. 먼저 학생들의 흥미를 유발한 후 부자가 되기 위한 큰 그림(전략)을 익히게 하고, 이어서 부의 도구들에 대해 이해를 도모한다면 전체적으로 흥미를 유지하며 강의를 이끌어갈 수 있을 것이다.

저자는 이 책으로 '부자 되기 특강'이라는 타이틀로 부산대학교에서 양학기 교양강의를 수행하면서 기말과제로 수강생 개인의 '부자 되기 전략(시간계획 포함)'을 수립하도록 하여 평가에 반영한다. 단언컨대 남들보다 일찍 이런 고민을 하고 계획을 수립하고 실천하는 청년이 먼저 부자가 되는 것은 당연한 일이다. 이 청년들이 세상을 이끄는 리더요 희망을 창조하는 발전소요 미래를 밝히는 등대가 될 것이다!

우리나라 국민의 90%가 현재 상위 10%의 부자들의 수준에 이른다면 우리나라가 곧 세계 최고의 부자나라가 아니겠는가? 여기에 통일이라는 인류사 최대 축복의 이벤트가 기다리고 있다. 국민의 반 이상이 현재 상위 10% 이상의 부자인 통일한국, 세계인이 부러워하고 따르고 싶은 나라 - 그런 모습을 꿈꾸는 중에 이 책은 써졌다.

이 책은 초판의 책에 대해 제목을 바꾸고 더욱 쉽고 재미있게 수정·보완한 것이다. 초판 발행에 산파역을 해주신 ㈜휴넷의 양해로 피앤씨미디어에서 출판하게 되었다. 이에 깊이 감사드리며, 피앤씨미디어의 박노일 대표께도 심심한 사의를 표하는 바이다.

2014.8.12

초판 서문

십육세이든 육십세이든, '진짜부자'가 되고자 하는
그대에게 이 책을 바칩니다.

이 책은 진짜부자가 되기 위한 전략서입니다. 이 책은 부자가 되고자 하는 사람과 이미 부자가 된 사람들에게 모두 필요한 전략적 시각을 제공합니다. 이 책은 진짜부자의 자격과 부를 획득하고 관리하는 기술에 대해 균형 잡힌 관심을 기울여서 대학생, 직장인, 주부, 청소년, 누구나 재미있고 유익하게 읽을 수 있도록 썼습니다. 이 책은 진짜부자가 무엇인지 보여주고, 진짜부자가 되기 위한 가장 효율적인 방법이 무엇인지 제시합니다. 이 책은 착하게 살면 부자가 될 수 없으니 부자가 되기 위해서는 그야말로 인간성을 포기한 모진 사람이 되어야 한다거나 그 반대의 사람이 되어야 한다고 주장하지 않습니다. 다만 합리적인 시각에서 부에 걸맞은 유자격부자가 되기 위한 가장 효율적인 실천적 전략을 제시합니다. 인간적으로 모진 것과 목표달성을 위해 자신에게 엄격한 것은 분명히 다르기 때문입니다.

부에 관한 주제를 다루는 유사한 책들을 보면 돈에 대한 환상이 비판이 필요 없는 절대명제인 것처럼 암묵적으로 인정하고, 오직 돈버는 기술만을 제시하거나, 경제학이나 재무관리에 대한 기초지식도 없이 단순히 개인적인 경험을 소개하는 것이 많습니다. 심지어는 단순히 부의 크기를 기준으로 한 부자들의 사례를 제시하고 그들이 사용한 방법들이 결과론적으로 정답인 양, 그들이 돈 모은 방법들을 단순 분류만 해서 보여주는 것들도 있습니다. 이는 부에 대한 왜곡된 환상을 심어주는 것도 모자라서 부에 대한 노예적 숭배심을 부추기는 결과를 초래할 위험을 내포하고 있습니다. 부에 대한 노예적 숭배심은 부자가 되는 것에 전혀 도움이 되지도 못하면서 사람만 초라하게 만듭니다. 이 책에서는 이러한 한계점들을 극복하고 부에 대한 정확한 시각과 이론적 근거에 바탕을 둔 가장 효율적인 부의 관리기술을 제공하고자 하였습니다.

누가 부(wealth)를 마다하겠습니까? 부는 유익하고 좋은 것입니다. 왜냐하면 부란 기회이자 가능성이기 때문입니다. 하지만 부는 누구에 의해 사용되느냐에 따라 생산적 가능성으로 나타나기도 하고 파괴적 가능성으로 나타나기도 합니다. 부로 인해 많아진 기회를 가치 있게 활용하면 자신과 이웃이 더불어 행복해질 수 있습니다. 이렇게 가치 있게 부를 행사할 줄 아는 부자가 바로 이 책에서 말하는 '진짜부자'입니다. 진짜부자의 요체는 유자격부자(有資格富者), 즉 부자의 자격을 갖춘 부자입니다. 진짜부자의 자격이 무엇이며, 원하는 수준의 부를 이루고 관리하기 위한 능력과 기법에는 어떠한 것들이 있는지에 대해서 집요하게 이야기하는 것이 이 책의 주제입니다. 어떤 이는 아무리 부가 많아도 마치 몸에 잘 맞는 옷을 입은 것처럼 자연스럽습니다. 그에게 있어서 많은 부는 또 하나의 영광이고 멋진 성공의 표상입니다. 진짜부자들은 가명·차명으로 부를 숨기려 들지 않습니다. 진짜부자들은 부를 활용하여 인간의 품위를 높이고 사회를 따뜻하게 하며 그 과정에서 더 많은 부를 이루어 갑니다. 이러한 진짜부자가 많아질 때, 우리나라는 꿈에 그리는 '진짜선진국'이 될 것입니다. 그런가 하면 어떤 이는 '차라리 부자가 되지 않았더라면 [그렇게 괜찮던 사람이] 저렇게 망가지지는 않았을 것을…' 하는 생각이 절로 나게 합니다. 어설픈 무자격부자들이 자아를 망치고 이웃에게 상처를 주고 우리 사회를 황폐하게 만들고, 그 과정에서 부를 축내는 것을 보면 우리한테 진짜부자에 대한 이야기는 반드시 필요합니다. 지금 우리는 진짜부자에 대해 제대로 이야기 할 때가 되었습니다.

이 책은 먼저 부자자격의 실체에 대해서 해부하고, 부자자격을 갖추는 방법에 대해서 이야기합니다. 이어서 부를 이루고 관리하는 전략과 전술에 대해서 이야기합니다. 어떤 것에 투자하는 것이 좋을 지에 대해서도 친절하게 이야기하고 있습니다. 이 부분은 실생활에서도 매우 유용한 정보를 담고 있습니다.

저는 이 책을 쓰면서 다음의 '저술목표'들을 달성하려고 노력했습니다.

첫째, 쉽게 쓰려고 노력했습니다. 누구나 읽고 이해할 수 있는 책이 좋습니다. 책을 써 본 사람들은 이구동성으로 어렵게 쓰는 것보다 쉽게 쓰는 것이 더 어렵다는 말을 합니다. 특히 이 책의 반은 부를 획득하고 관리하는 기술에 관한 것인데, 이는 재무관리에서 관심을 가지는 부분입니다.

둘째, 재미있게 쓰려고 노력했습니다. 대학에서 강의를 하다 보면 사람들의 동기를 유발하는데 어떤 때는 '재미있다'는 것이 '중요하다'는 것보다 더 의미가 있다는 것을 느끼곤 합니다. 재미가 없으면 처음부터 관심을 끌 수 없으므로 중요한 것을 전달할 기회도 없기 때문입니다.

셋째, 평소의 지론대로 꾸밈없이 쓰려고 했습니다. 특히 부자자격에 관한 부분과 자녀교육에 관한 부분을 보면 저의 소신을 여과

없이 보이고 있는 것을 곳곳에서 발견할 것입니다. 저자는, 그러나 그 소신을 바꾸거나 타협하고 싶은 생각이 없습니다. 그리고 마음을 열어놓고 보시면 저자의 소신에 공감하실 수 있을 것입니다.

넷째, 이론과 사실에 바탕을 두고, 의미 있고 유익하게 쓰도록 노력하였습니다. 설명을 위해 새로운 모델을 만들기도 하였습니다. 따라서, 이 책에서 이야기되는 것들은 대부분 이론적, 사실적 근거가 있는 것들입니다.

다섯째, 읽고 나면 뿌듯하고 꿈에 사로잡히게 하고자 하는 희망을 가지고 이 책을 썼습니다. 사람은 꿈이 있어야 합니다. 인간이 인간다울 수 있는 아주 중요한 한 가지 이유는 인간은 아름다운 꿈을 가지고 그것을 실현할 수 있다는 것입니다. 꿈이 있고, 그것을 이룰 수 있는 희망이 있고, 조금씩 그 꿈에 다가갈 수 있다면 얼마나 행복할까요? 저는 바로 이런 생각을 이 책에 담았습니다.

마지막으로, 저는 과거보다 현재를, 현재보다 미래를 위하는 열망으로 이 책을 썼습니다. 성공하는 사람들은 현재의 휴식을 투자해서 현재보다 더 나은 미래를 가꾸어 갑니다. 잘 되는 기업은 현재의 이익 중 상당부분을 미래를 위해 재투자합니다. 잘 되는 국가의 국민들은 더 나은 미래를 위하여 국가의 백년대계를 세우고, 당장의 안락함을 조금 미루고 합심하여 노력합니다. 왜냐하면 그렇게 하지 않으면 더 나은 미래를 이룰 수 없기 때문입니다. 저는 이 책에 그런 열망을 담았습니다. 저는 이 책을 읽는 독자들이 모두 진짜부자가 되기를 소망합니다. 진짜부자가 많은 진짜 선진국, 이민간 이들이 되돌아오고 싶은 그런 나라를 그려봅니다.

바쁜 중에도 이 책을 꼼꼼히 읽고 교정과 함께 발전적 의견들은 많이 제시해 주신 영산대학교 이 상익 교수님과 한국수력원자력발전(주)의 김 병기 노조위원장과 김 재하 총무국장님, 장래가 촉망되는 성실한 사업가인 김광선 사장, 취업 초년생으로 진짜부자의 길을 가기 시작한 박지애 학생에게 이 지면을 빌어 감사의 뜻을 표합니다. 기업에 관해, 그리고 경영학에 관해 내게 늘 영감을 주시고 정신적 성장을 자극하여 잠시라도 헛되이 시간을 보내지 못하도록 채찍을 주시는 고려대학교 이 광현 교수님, 청년시절의 가난과 고난을 딛고 너무도 큰 스승이 되신 서울대학교 정 운찬 교수님, 그리고 학자의 올곧은 기품이 무엇인지 늘 보여주시는 서울대학교 최 도성 교수님께 진심 어린 감사의 마음을 전합니다. 나와 우리 가족의 위대한 영웅이며 효부상에 빛나는 어머니(돌아가심)와, 역시 그에 못지 않은 나의 영웅인 분당에 사는 억척낭자 선우 누나에 대한 영혼으로부터의 감사도 빼놓을 수가 없습니다. 30년 우정의 친구이며 애인이기도 한 나의 아내와, 내게 삶의 힘을 주는 은형, 지형, 제형에게 감사합니다. 우리 아이들과 한국의 청소년들에게는 '나 자신도 진짜부자가 되겠지만 여러분도 큰 꿈을 가지고 결코 굴하지 않는 노력을 기울인 결과 진짜부자가 되어 스스로도 행복하고 이웃에게 꿈과 희망을 주는 그런 삶을 살아라'고 제안합니다.

마지막으로, 이 책의 가치를 인정하고 기꺼이 출판해 주신(주)휴넷의 조영탁 사장님과 원고의 구석구석을 주의 깊게 읽고 신선한 아이디어로 챙겨주신 이인숙 이사님, 그리고 언제나 몸은 바쁘지만 마음은 여유를 잃지 않는 김지영 팀장님께 심심한 감사를 드립니다.

2003.4.30, 저자 씀

차 례

표 차례

그림 차례

WEALTH

Chapter 1

부자,
그리고 진짜부자가 된다는 것

1. 부자가 되어보자

부자가 된다는 것, 부자로 살아간다는 것, 그것은 좋은 것이다. 원하는 것을 할 수 있고, 베풀며 살 수 있기 때문이다. 가난의 불편과 고통은 겪어본 자만이 알 수가 있다! 부자가 되기 위해서는 먼저 부(wealth)를 담을 수 있는 그릇을 키워야 한다. 큰 그릇에 많은 부를 담을 수 있다. 지식역량을 갖추면 상황을 이해하고 판단하는 능력이 커진다. 대인관계 역량을 갖추면 많은 사람들의 협조를 얻을 수 있다. 부의 성질에 대해 알아야 하며(금융지식), 긍정적이고 진취적인 사고(마인드)를 가진 사람을 친구로 삼아야 한다. 미래의 꿈을 얘기하기 좋아하는 사람, 성공한 사람에 대해 배우기 좋아하는 사람, 태도가 씩씩하고 진취적이며 세상을 따뜻한 시각으로 보는 사람, 세상은 본래 아름답고 인생은 살 가치가 있다고 생각하는 친구가 되어야 한다. 왜냐하면 친구는 나의 거울이기 때문이다.

역사와 기록을 살펴보면 부자가 되는 길은 매우 다양하다. 부자가 될 수 있는 기회는 그만큼 기회가 많다고 할 수 있다. 이 책에서 언급하지 않는 매우 엉뚱한 방법으로 부자가 되는 길 또한 열려 있다. 어쨌든 부자가 되기를 포기할 이유가 없다. 문제는 '내가' 어떻게 그 길을 만나는가 하는 것이다. 하지만 어떤 방법으로 부자가 되던 기본적인 방법에 대해서는 아는 것이 바람직하다. 돈(부)의 성질에 대해 알 필요가 있다는 것이다. 물이 흐르는 성질을 알아야 물길을 내고 농지에 물을 대서 많은 수확을 낼 수 있는 것과 같은 원리다. 이제부터 하나씩 이야기를 풀어보자.

2. 부(wealth)란 무엇인가?

(1) 부에 대한 기존의 견해들

"부란 나무와 같이 작은 씨앗으로부터 시작된다. 당신이 저축한 첫 번째 돈이 나무의 씨앗이며, 그 씨앗에 영양분과 물을 열심히 주면 줄수록 그만큼 빨리 당신은 그 나무 그늘 아래서 편히 쉴 수 있을 것이다." 이것은 기원전 바빌로니아에 살았던 거부 아카드가 전해준 교훈이다.[1] 그는 또, "변덕스런 운명의 여신과 함께 한 사람들은 수전노가 되어 부를 갖기만 하고 쓰기를 두려워한다. 그것은 그들이 쓴 것을 되찾을 능력이 없음을 알고 있기 때문이다. … 당신이 번 돈의 일부를 꼭 떼어놓아라. 저축해서 모은 돈은 하인과 같은 것이라서 돈은 자꾸만 늘어날 것이다. 그러면 저축한 돈이 돈을 벌게 해서 그 돈은 나중에 생각지도 못한 만큼 많아질 것이다"라고 말했다. 아카드는 인색하지도 않았고, 자선사업을 많이 하는데도 매년 재산이 늘어만 갔기 때문에, 같은 선생 밑에서 공부한 친구들은 그가 단지 '운이 좋았다'고 생각하며 부러워했다. 하지만 그의 충고를 듣고 그의 친구들은 생각을 바꿨다고 한다. '돈을 사랑하는 마음만으로는 부자가 될 수 없다. 돈이 당신을 사랑하지 않으면 안 된다'는 말은 부자가 되기 위해서 필요한 것은 돈에 대한 단순한 애착보다는 부를 끌어들이는 인품이나 매력, 또는 방법이 더 중요함을 강조한 말이다. 그런가 하면 부자가 된 사람들은 이구동성으로 돈을 벌

1 거부가 되는 지름길은 없는가?(How To Become A Rich Man), 로버트 G. 알렌(알렌그룹 회장), 1993, 김만행 역, 행림각

기보다 쓰기가 더 어렵다는 말을 한다. 아무리 돈이 많다 하더라도 돈을 버는 모습과 쓰는 모습을 보면 부자의 등급이 천차만별임을 알 수 있다.

링컨은 "내가 나이가 들어감에 따라 나는 이 세상에는 오직 하나의 부가 있을 뿐이라는 것을 더 분명하게 느낀다. 그 부(富)란 사람이 일을 보다 잘 수행하는 능력(能力)이다"라고 말했다. 링컨의 말은 '부란 능력으로부터 유래되는 것'임을 갈파한 말이라고 볼 수 있다. 유태인의 「율령집(1565년 출간)」에는 아담스미스의 「국부론」보다 훨씬 앞서서 '인간은 본능적으로 부유함을 원하고 있다'고 기록하고 있다.

예로부터 고복격양(鼓腹擊壤)의 태평성대를 치세의 으뜸으로 쳤다. 이는 '배를 두드리고 땅을 치며 노래한다'는 말로, 사람들이 의식(衣食)이 풍족하고 안락하여 행복한 삶 누림을 의미한다. 이는 태평성대의 바탕이 충분한 부(富)에 있음을 지적한 말이다. 태평성대에는 가급인족(家給人足)이라 했는데, 이는 집집마다 살림이 넉넉하고 사람마다 의식이 부족함이 없으므로, 세상이 각박하지 않고 여유로와 짐을 뜻한다. 재산이 많으면 몸과 마음이 편안하게 지낼 수 있다고 하였다. 이를 고침사지(高枕肆志, 높은 베개를 베고 편안히 지냄)라 하여 개인적 풍요의 모습으로 보았다. 돈이 넉넉하면 가정에 평화로움이 깃 든다. 가정에 돈이 너무 궁하면 심각한 불편함으로 인해 잦은 불화가 일어나고 애정마저 식어서 급기야 이혼으로 이어질 수도 있다. '사랑이 없어서…'라는 말로는 절대로 다 설명이 안 되는 부분이다.

맹자(孟子)는 "풍년에는 젊은 사람들이 대체로 선량하고, 흉년에는 젊은 사람들이 대체로 포악해지는데, 이것은 하늘이 내려준 천성(天性)의 재질이 이렇듯 때에 따라서 다르기 때문이 아니라, 다만 흉년에는 사람들의 마음이 궁핍 속에 빠지기 때문에 포악해지는 것이다"라고 하여, 경제적 풍요나 빈곤이 사람의 성품이 드러나는 데 영향을 미침을 지적하였다. 선인들은 궁사남위(窮思濫爲)라 하여, 궁색하면 아무 짓이나 하게 된다고 하였다. 이로 미루어 우리의 선인들은 부가 품위 있는 삶의 기본조건임을 잘 알고 있었다. 궁인모사(窮人謀事)란 '궁한 사람이 꾸민 일은 실패한다'라는 말로, 돈이 없으면 일이 제대로 이루어지지 않음을 뜻한다. 텅 비어 있는 것인데도 이 세상에서 가장 무거운 것은 무엇인가? 그것은 바로 빈 지갑이다. 하지만, 아무리 무거운 지갑이라도 이것을 무겁게 여기는 사람은 없다. 돈이 많으면 그만큼 걱정거리도 늘어나지만, 돈이 없으면 걱정이 더더욱 많아지게 마련이다.

"인간에게 필요한 것은 의·식·주와 돈이다"라거나, "인생은 바다, 뱃머리는 돈이다. 돈이 없으면 제대로 살아갈 수가 없다(G. R. 베크헤를린)"라는 말들은 삶에서 부가 주는 가능성과 필요불가결성에 관해 강조한 말들이다. "돈은 어떤 닫힌 문이라도 척척 열 수 있는 황금열쇠이다(영국 속담)"라거나, "만일 부자가 대신 죽어 줄 사람을 돈으로 살 수 있다면 가난한 사람은 풍족하게 살 수 있으리라"라는 말들은 삶에 있어서 돈의 힘에 관해 강조한 말들이다. "가난한 자는 가령 진실을 말한다 해도 믿어주지 않는다(난드로스)"라는 말은 부가 진실한 생활의 결과 얻어지는 것임을 전제로, 진실하게 살지 못해서 가난을 벗어나지 못하는 사람의 말은 신뢰를 얻을 수 없음을 신랄하게 지적한 것이리라. "좋은 수입만큼 좋은 약은 없다"라는 말은 돈이 없으면 걱정이 많아져서 건강까지도 해칠 수 있음을 강조하는 말이다. "돈을 갖지 못한 사람은 그 돈이 매우 귀중해 보인다"는 말은 적절한 부를 갖추지 못하면 부의 가치에 대해 과장된 의미를 부여하게 된다는 말이다.

부의 파괴적 가능성을 강조하여 이에 대해 경고하는 시각들도 있다. 신약성서 중 야고보서에서는 부에 대해 다음과 같이 이야기 하고 있다. "들으라, 부한 자들아! 너희에게 당할 고생으로 인하여 울고 통곡하라. 너희 재물은 썩었고 너희 옷은 좀먹었으며, 너희 금과 은은 녹이 슬었으니, 이 녹이 너희에게 증거가 되며 불같이 너희 살을 먹으리라. 너희가 말세에 재물을 쌓았도다. 보라, 너희 밭에 추수한 품꾼에게 주지 아니한 삯이 소리지르며, 추수한 자의 우는 소리가 만군의 주의 귀에 들렸느니라. 너희가 땅에서 사치하고 안락하여 도살의 날에 너희 마음을 살찌게 하였도다." 이는 부를 이루고 사용하는 과정이 바르지 못하면 많은 부로 인해 오히려 화를 당할 수 있음을 강조한 말이다. 키케로는 "세상에 부를 얻는 것보다 더 불행한 일은 없다" 라고 하여 부의 파괴적 가능성이 발동될 경우의 위험성에 대해 경고하였다. 선인들 중에는 '돈이란 원래가 천하고 보잘 것 없는 것이다'라는 뜻으로, 전본분토(錢本糞土)라고 하였다. 이는 '돈은 본래 배설물이나 흙과 같은 것이다'라는 의미이다. 선인들은 또한, 부즉다사(富則多事), 즉 재산이 많으면 일도 많다고 하여, 부란 무엇인가 귀찮고 번거로롭게 하는 실체인 것처럼 말하기도 하였다. 셰익스피어도 "가난뱅이가 제일이다. 누구도 그 가난을 훔치려 하지는 않을 테니까"라고 하여 부의 번거로움에 대해서 역설적으로 말했다. J. D. 샐린저는 "돈이란 끝판에 가서 항상 사람을 우울하게 한다"고 하였다. H. 발자크는 "훌륭해지고 부자가 되고 싶다고 하는 것은 거짓말을 하고 머리를 숙이고 아첨하고 속일 것을 결심한 것이다"고 하여, 성공하고 부를 추구하는 것에 대해 부정적인 시각을 보였다.

부의 양면성의 인정하면서, 부의 긍정적 측면을 드높일 필요성에 대해 강조하는 시각들도 많다. 톨스토이는 "부(富)는 분뇨와 같아서 그것을 모아두면 냄새가 나고, 흩으면 토양을 비옥하게 만드는 거름이 된다"고 하여 부의 양면성과 부를 생산적으로 사용하는 법에 대해 지적하였다. 베이컨은 "진실로 부자는 아무 쓸모가 없다. 있다면 그의 재산을 흩어버리는 것이다"라고 하여 부 자체에 대한 맹목적인 추구에 대해 경종을 울렸다. '돈이 있으면 너는 너 자신을 모르고, 돈이 없으면 아무도 너를 모른다(서양 속담)'는 말은 부가 반이성적(反理性的) 속성을 가지고 있을 뿐만 아니라 부가 사람들의 공통된 관심사임을 보여주는 말이다. "부귀해지면 남도 어울리고, 빈천해지면 친척도 헤어진다(조안원)"라는 말은 부의 유무가 사람들을 묶어주기도 하고 흩어버리기도 할 수 있음을 지적한 것이다.

부와 인생에 관한 격언과 속담도 적지 않다. 그만큼 삶에 있어서 부가 중요하다는 얘기다. "요리를 먹고 피해 다니는 것보다는 차라리 배추 국을 먹고 떳떳하게 활보하는 게 낫다"라는 말은 부를 잘못 사용하면서 불안 속에 사는 것보다는 가난하게 살더라도 떳떳하게 사는 것이 인간다운 삶임을 강조한 것이다. "인생이란 것은 현인에게는 꿈이요, 어리석은 자에게는 게임이요, 부자에게는 희극이요, 가난한 자에게는 비극이다"라는 말은 인생을 지혜와 부의 관점에서 비추어 보고 있으며, 특히 부가 있고 없음에 따라 인생이 극히 즐거울 수도 있고 극히 괴로울 수도 있음을 강조하고 있다. "가난한 사람은 네 계절밖에는 고생하지 않는다. 그것은 봄, 여름, 가을, 겨울이다"라는 말은 가난한 자는 사시사철 고통 속에 살 수 밖에 없음을 냉소적으로 풍자한 말이다. "가난함을 이겨 낼 아름다움은 없다"라는 말은 아무리 아름다움 운운하더라도 가난하다면 그것이 결코 말처럼 아름다울 수 없다는 말이다. "가난한 사람은 적이 많지 않고 부자는 친구가 많지 않다"라는 말은 '가난한 사람은 이해관계로 다툴 일이 많지 않으니 비록 친구는 많지 않을지라도 원수질 일이 많지 않고, 부자는 비록 주위에 오가는 사람은 많을지라도 대부분 돈을 목적으로 하는 자들이므로 진정으로 마음이 통하는 친구가 많지 않다'라는 말일 것이다. 부가 대인관계의 성격을 결정하는 데 중요한 역할을 함을 지적하는 말이다.

(2) 부에 대한 기존 견해들의 현실적 수용

돈은 종교 다음으로 막강한 힘을 가졌다고도 한다. 우리나라 속담에 돈이 있으면 귀신도 부린다는 말도 있다. 돈은 분쟁 해결을 위한 좋은 수단이 될 수도 있다. 돌처럼 굳어진 마음은 황금망치로만 풀 수 있다는 말도 있다. 돈이 가지고 있는 무소불위(無所不爲)의 막강한 힘에 대한 지적들이다. 쓸 수 있는 돈을 가지고 있다는 것은 좋은 것이다. 그러나 이것을 바르게 쓰는 법까지 알고 있다면 더욱 좋다. 바른 생각을 가지고 있는 사람에게 있어서 돈은 미녀에게 아름다운 옷을 안겨주는 것과 같다. 본질은 아름다움이지 돈이 아니다. 가난하기 때문에 바르고, 부자이기 때문에 그르다고는 결코 말할 수 없다. 그 역도 성립한다. 부자를 칭송하는 사람은 그 부자보다는 돈을 칭송하는 것임을 알아야 한다.

부를 소홀하게 여겨서는 안 된다. 그러면 필연적으로 자신도 고생하고 가족드 고생하기 마련이다. 이것은 대단한 인권유린 행위이다. 부를 천시하는 것 또한 옳지 않다. 돈은 추악한 것이라고 여기며 무관심한 것처럼 행동할 필요도 없다. 이런 사람에게는 돈이 인정 없는 주인행세를 한다. 돈이 추악한 것이 아니라 특정인이 돈을 추악하게 사용하는 것에 불과하다. 돈은 얼마든지 아름답게 쓰일 수 있는 것이다. 돈 그 자체는 좋은 것도 나쁜 것도 아니다. 돈이 좋게 쓰이거나 나쁘게 쓰이는 차이는 돈을 소유한 인간에게 달려 있다. 돈은 일종의 도구일 따름이다. 돈을 유익한 심부름꾼으로 부릴 줄 알아야 한다. 돈은 좋은 하인이기도 하지만, 나쁜 주인이기도 한 것이다(프랭클린). 이 명제의 정당성은 언제나 자기 자신의 선택으로부터 출발한다. 돈은 선인에게는 좋은 것을, 악인에게는 나쁜 것을 안겨 준다. 돈이 악의 원천이라는 생각은 인간의지에 대해 회의적이고, 돈에 대해 자신감이 없는 데다, 돈이 인간을 지배한다고 오해한 나머지, 돈을 두려워하는 데서 유래한다. '악의 근원이 되는 것은 돈 자체가 아니라 돈에 대한 애착이다(스마일스)'라는 지적은 부 자체보다 부에 관한 마음가짐의 중요성에 대해 일깨워주는 말이다. 돈이 모든 것을 다 해결해 주는 만능 해결사일 수도 없다. 인간의 존엄성에 상처를 입히면 돈으로는 절대로 해결이 불가능한 사태가 발생한다. 돈이 인생을 망가뜨렸다고 비난하지 말자. 그것은 그릇된 철학으로 인해 망가진 인생의 모든 책임을 돈에게 전가하고 자신의 잘못을 은폐해 보려는 생각에 지나지 않는다. 이런 사람은 본래 잘못된 철학을 가지고 있으므로, 또 다시 자신과 이웃의 인생을 망가뜨리는 일을 저지르게 된다. 돈에 대한 막연한 혐오보다는 적절한 수준의 돈이 없으면 인간다운 기본적 품위를 갖춘 생활도 할 수 없음을 알아야 한다. 돈에 관해서 균형감각을 갖는 것이 중요하다. 돈이 있으면 가치 있는 다양한 것을 해 볼 수 있는 기회가 더 많아진다.

(3) 부의 본질은 과연 무엇인가?

부(wealth)의 본질은 가능성(possibility)이자 기회(opportunity)이다.

여러 견해들을 종합하여 필자가 부(wealth)의 본질에 대해 얻은 결론은 부는 가능성이자 기회라는 것이다. 부 그 자체로서는 선도 악도 아니다. 부는 생각할 능력이 없으며 단지 부를 가지고 사용하는 사람에 따라 다양한 결과와 결부될 따름이다. 적절한 부를 보유하고 있으면 원하는 것을 할 수 있는 기회가 생기고, 구상을 실행할 수 있는 가능성이 높아진다. 이러한 상태가 우리가 말하는 '부유한 상태'이다. 이와는 달리 부가 없고, 따라서 원하는 것을 실행할 가능성이 없는 상태가 '빈곤'의 상태이다. 부의 관점에 국한시켜서 보자. 빈곤으로 인해 기아에 허덕이는 수억의 인구에게 필요한 부가 주어진다면 이들은 즉시 기아의 고통에서 벗어날 수 있다. 나아가서 품위 있고 행복한 삶을 누릴 수 있는 가능성과 보람된 일을 추구할 수 있는 기회가 생기게 된다. 가난해서 교육을 받지 못하는 사람들에게 필요한 부가 주어진다면 이들은 더 좋은 환경 속에서 교육을 받고 더 나은 삶을 살 수 있는 기회를 얻게 된다. 이렇듯 부의 본질은 가능성이자 기회인 것이다. 따라서 빈곤, 즉 부의 결핍은 필연적으로 기회와 가능성의 결핍을 수반하게 된다. 이러한 상태가 반복되는데도 극복이 안 되면 좌절과 고통이 누적되어 심각한 불행에 빠지게 된다. 부는 자동차와 같아서, 오너(owner)가 원하는 곳에 빠르고 편하게 도달하도록 해준다. 자동차는 그런 가능성을 가지고 있는 이기(利器)이며 자동차는 오너에게 그런 기회를 제공한다. 하지만 자동차 오너가 부주의하거나 엉뚱한 목적으로 자동차를 운전한다면 자동차는 오너는 물론 이웃에게 피해를 주고 심지어 인명을 살상하는 흉기가 되고 마는 것이다. 부의 본질은 이와 같다.

부는 생산적 가능성과 파괴적 가능성을 모두 가지고 있다.

부는 생산적 가능성과 파괴적 가능성을 모두 가지고 있다. 둘 중 어느 쪽의 가능성이 나타나는지는 부를 가진 사람이 평소에 가지고 있는 철학 및 가치관에 의해 달라진다. 평소에 생산적이고 품위 있는 철학을 가지고 있는 사람이 부를 가지고 이를 사용하면 부가 생산적 가능성과 인간성 고양(高揚)을 동반하는 부의 재생산으로 나타나고, 평소에 파괴적이고 질이 낮은 철학을 가지고 있는 사람이 부를 가지고 이를 그릇되게 사용하면 부의 파괴적 가능성이 발현되어 파괴적 가능성과 인간성 상실을 동반하는 부의 소멸로 나타난다. 예컨대 평소에, 나는 '돈을 벌어서 영재를 길러내는 학교사업을 하겠다'라거나 '나는 최고의 제품을 만들어서 더욱 많은 돈을 벌고, 이를 더욱 좋은 제품으로 보답하겠다'라는 등의 생각을 하고 이를 실행하는 사람에게 실제로 돈이 주어진다면 그 돈은 본래의 뜻대로 가치 있게 쓰여지고 더 많은 가치 있는 것들의 탄생을 자극할 것이다. 이와는 달리 평소에, '내게 돈이 생기면 고급 술집에 가서 맘껏 고급 술을 먹겠다' 라거나 '돈이 있으면 카지노에 가서 도박을 실컷 하겠다' 라거나 '돈이 있으면 유명 관광지 곳곳에 별장을 사 두고 일년에 한 번씩 다녀오겠다' 라는 생각을 하고 그러지 못해 원망하는 사람에게 실제로 돈이 주어진다면 그 돈은 급속히 탕진되고 자기파괴의 흉기로 사용될 것이다. 그래서 철학이 중요한 것이며, 철학이야말로 모든 가치의 근본이라고 할 수 있다. 요컨대 부를 생산적 가능성으로 사용하면 부의 소유자와 가족과 이웃을 행복하게 하며, 더 큰 부의 창출을 초래한다. 부의 생산적 가능성은 〈그림 1-1〉와 같은 선순환(benevolent cycle)구조를 가지고 있다.

부의 선순환 구조의 출발점은 '정당한 부의 획득'으로부터 시작된다. 논어에서 "불의로 얻은 부귀는 뜬구름과 같다" 라고 이른 말은 이를 지지하는 것이다. 그릇된 일을 정당하게 하는 방법은 없다. 정당하지 못하게 번 돈은 정당하지 못한 것을 은폐하기 위하여 또다

그림 1-1 부의 선순환 구조

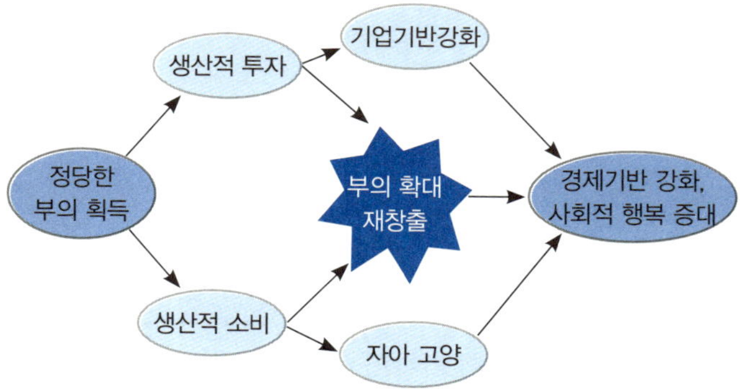

시 정당하지 못한 방법으로 사용된다. 사회적 통념상 정당한 방법으로 획득된 부가 생산적 가능성에 사용되는 것이다. 하지만, 정당하게 획득된 부라도 사용자가 부에 걸 맞는 자격을 가지고 있지 못하면 부의 파괴적인 가능성이 나타나도록 사용될 수 있다. 부가 생산적인 투자 안에 투입되면 부의 확대재창출 과정을 동반하면서 기업기반과 경제기반이 강화된다. 생산적인 투자 안은 투하자본수익률이 자본비용을 초과하는 투자 안을 말한다. 경쟁적인 환경에서 이런 투자 안을 찾기는 쉽지 않다. 눈을 부릅뜨고 귀를 쫑긋 세우고 뛰어다니고 머리를 쓰는 노력을 하지 않으면 이런 기회를 찾을 수 없다. 대충 선택한 투자 안은 자본비용을 모두 고려하고 나면 오히려 돈을 없애는 결과를 초래한다. 부가 생산적으로 소비되면 역시 부의 확대재창출 과정을 동반하면서 자아의 고양(高揚)과 사회적 행복으로 나타난다. 자아의 고양은 부에 걸맞은 자격을 더 잘 갖춤을 뜻한다. 부의 생산적 소비의 한 예는 필요한 것을 필요한 만큼 소비하는 것이다. 이것은 언뜻 보면 당연한 듯 하지만 반드시 그런 것은 아니다. 값이 싸다고 필요 이상으로 샀다면 이는 잘된 소비행위가 아니다. 또, 구제를 하기 위해 돈을 쓰더라도 구제를 받는 사람의 노력이 요구되고, 자생력을 높이는 방식으로 구제를 한다면 그것이 생산적인 소비이다. 생산적 투자와 생산적 소비는 필연적으로 부의 확대재창출과 함께 경제기반 강화와 사회적 행복의 증대를 초래한다.

부의 선순환구조에 대해 좀더 자세히 살펴보자. 정당하게 획득된 부가 소비의 경로에 투입되면 생산적 소비로 인해 좋은 일자리의 창출과 행복의 증가로 이어지며, 이는 다시 근로의식을 고취시켜 능률을 향상시킴으로써 추가적인 부의 획득으로 이어진다. 정당하게 획득된 부가 투자의 경로에 투입되면 투자수익이 자본비용을 초과하는 투자가 이루어짐과 동시에 건전한 사회적 가치에 부응하는 투자가 이루어짐으로 인해 일자리 창출과 투자자만족과 건전한 사회적 기풍조성이 이룩된다. 근로소득 증가와 투자자만족은 재투자로 이어지고 이는 다시 추가적인 일자리 창출로 이어진다. 일자리 창출은 근로의식 고취로 나타날 뿐만 아니라 근로자의 추가적인 부의 획득을 의미하기도 한다. 이처럼 부가 생산적 가능성이 최대한 발휘되는 선순환구조에 투입되면 부를 지니고 행사하는 사용자와 가족과 이웃이 '더불어' 행복해지고 부는 더욱 증가하는 바람직한 결과를 낳게 된다.

"돈은 다산(多産)의 성질이 있고, 무엇인가를 발생시키는 성질이 있다. 돈은 돈을 낳을 수 있고, 그 소산은 더 많은 소산을 낳을 수 있다." 이는 프랭클린이 젊은이에게 주는 충고에서 한 말로서[2], 부의 선순환구조를 따를 때 부가 재창출될 수 있음을 뒷받침해주는 주장이다.

이와는 반대로, 부를 파괴적 가능성으로 사용하면 부는 자아와 이웃을 불행에 빠뜨리고 기업기반을 파괴하면서 소멸함으로써 경제기반을 파괴하고 사회를 황폐하게 만든다. 부의 악순환 구조(vicious cycle)는 〈그림 1-2〉에 나타나 있다. 파괴적 가능성에 사용되는 부는 정당하지 못한 방법으로 획득된 것이라고 보면 대개는 옳은 판단

2 거부가 되는 지름길은 없는가?(How To Become A Rich Man), 로버트 G. 알렌(알렌그룹 회장), 1993, 김만행 역, 행림각

일 것이다.[3] 정당하게 획득된 부라도 사용자가 부에 걸맞은 자격을 가지고 있지 못하면 파괴적인 경로를 따라서 사용된다. 부가 자본 비용도 감당하지 못하는 낭비적인 투자 안에 낭비적으로 투자되면 부의 소멸을 동반하면서 기업기반이 파괴된다. 부가 파괴적으로 소비되면 역시 부의 소멸을 동반하면서 자아가 파괴된다. 낭비적 투자와 파괴적 소비는 필연적으로 부의 소멸과 함께 경제기반 파괴와 사회의 황폐화를 초래한다.

부의 악순환구조에 대해 좀더 자세히 살펴보자. 정당하지 못하게 획득된 부가 소비의 경로에 투입되면 파괴적 소비로 인해 자아파괴는 물론 일자리 감소와 행복의 감소가 이루어지며, 이는 다시 근로의식을 저하시켜서 능률을 떨어뜨리므로 부의 소멸로 이어진다. 부의 악순환구조의 출발점은 정당치 못한 부의 획득임을 알 수 있다. 물론 정당한 부라 하더라도 그에 걸맞은 자격을 갖추고 있지 못하면 부의 악순환구조가 발동되어 역시 부의 파괴적 경로를 밟게 됨은 이

---

3 어느 유명 인사가 불법자금을 이용하여 영화를 제작한 사건으로 인해 커다란 사회적 물의가 일어난 적이 있다. "영화만 잘 만들면 됐지 영화를 만드는 데 어떤 돈을 쓰느냐가 무슨 상관이냐?"고 반문할 것인가? 그런 반문은 정당한 것인가? 내국인 상대의 카지노 도박장에서 어떤 도박꾼은 28일간 무려 275억원의 판돈을 걸었다고 한다. 그 기간 동안 50억원 이상의 판돈을 건 사람이 11명이었다고 한다. 대다수의 국민들이 여유 돈 1억원을 모으기 위해 얼마나 많은 시간과 공을 들이는지 생각해 보라! 혹시, "도박으로 돈을 벌어서 뜻 있게 쓰려고 했다"고 주장하지는 않을까? 우리 사회에 '개같이 벌어서 정승같이 쓴다'라는 속담이 있다. 이것은 과연 옳은 주장인가? 사람되기를 포기한 상태로(개처럼) 돈을 벌어서, 어떻게 사용할 때에 이르러 고상한 정승의 인품을 가질 수 있단 말인가? 돈의 가치는 돈을 버는 과정에서 이미 상당부분 결정된다. 부모가 땀 흘려서 번 돈, 내가 정당한 노력을 쏟아서 번 돈이 그래서 더욱 가치 있는 것이다. 정당하게 번 돈은 부의 선순환 구조를 따라 소비되고 재투자되어 더 큰 부의 재창출을 가져온다.

그림 1-2 부의 악순환 구조

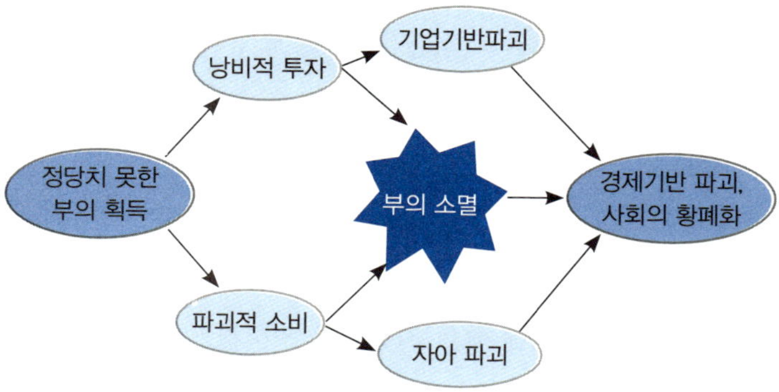

미 지적한 바와 같다.

정당하지 못하게 획득된 부가 투자의 경로에 투입되면 자본비용도 만회하지 못함과 동시에 사회적으로 가치가 없는 투자가 이루어져 가치파괴와 기업기반 파괴로 이어지며, 이로 인해 투자자불만이 고조된다. 투자자불만은 투자 회수 및 감소로 이어지고 이로 인해 필연적으로 일자리가 감소하게 된다. 일자리 감소는 다시 근로의식 저하로 이어지는데, 이는 근로자의 부의 감소는 물론 경제 전체의 소비력 감소를 의미하기도 한다. 이처럼 부가 파괴적 가능성이 발동되는 악순환구조에 투입되면 부를 지니고 이용하는 본인과 가족과 이웃이 더불어 불행해지면서 부는 소멸하고, 경제기반은 파괴되며, 사회는 황폐화되는 가공할만한 결과를 초래하게 된다.

3. 진짜부자란 무엇인가?

(1) 부의 창의 기본모형

진짜부자란 부에 걸맞은 자격을 갖춘 부자이다. 먼저, 부의 많고 적음과 부자 자격이 있고 없음을 기준으로 구분된 부의 창(windows of wealth)[4] 의 기본모형을 이용하여 진짜부자의 의미를 정립해 보고자 한다. 부의 창의 기본모형은 〈그림 1-3〉과 같이 네 가지 영역의 유형으로 구분된다.

먼저, 〈그림 1-3〉에서 영역 Ⅰ은 부자자격은 없이 부만 많은 유형을 나타낸다. 이들이 곧 **무자격부자**[5]이다. 이 영역에 속한 사람들은 전형적으로 부의 악순환 구조를 따라 파괴적 소비를 하거나 투자를 하기 때문에 부를 소멸시키는 과정에서 자아를 파괴하고 기업기반을 파괴함으로써 경제기반을 파괴하고 사회를 황폐화시킨다. 이

4 '부의 창(windows of wealth)(〈그림 1-3〉 참조)'이라는 개념은 본서에서 제시된 형태의 '부의 선순환구조(〈그림 1-1〉 참조)' 및 '부의 악순환구조(〈그림 1-2〉 참조)' 모형과 함께 필자의 독창적 개념이다.

5 속칭 졸부(猝富)란 갑자기 돈이 많아진 벼락부자를 뜻한다. '부모에게 물려받아서, 대책 없이 가지고 있던 땅이 아파트부지로 지정되어서, 하루아침에 졸부가 되었다'고 할 때 쓰는 말이다. 졸부란 또한, 도저히 부자다운 자질과 품행이라고는 찾아볼 수 없는 무자격부자라는 뜻으로도 쓰인다. 이런 졸부들이 이웃을 계속 기분 나쁘게 하고 불행에 빠뜨리는 것이 사실이다. 하지만, 절대로 모든 부자가 졸부가 아니다. 정말로 괜찮은 부자도 많다. 정말로 괜찮은 부자가 많은 사회가 우리가 꿈꾸는 선진사회일 것이다. 원래는 본인의 노력이나 자격과 무관하게 갑자기 재산이 많아져서 벼락부자가 되었다 하더라도, 생활태도를 바꾸고 인품을 수양하여 부자의 자격을 갖추려고 노력하는 사람에 대해서는 졸부 운운하는 비아냥거림을 보내서는 안 된다. 또한, 벼락부자가 된 이웃의 갑작스런 행운을 축하해 주는 아량을 가지면 그것을 배아파할 때보다 삶이 더 행복해질 것이다. 이솝우화에 나오듯이, 먹고싶지만 내가 먹을 수 없는 포도라고 해서 '못난 까마귀'의 먹이라고 깎아 내리면 되겠는가?

그림 1-3 부의 창의 기본모형

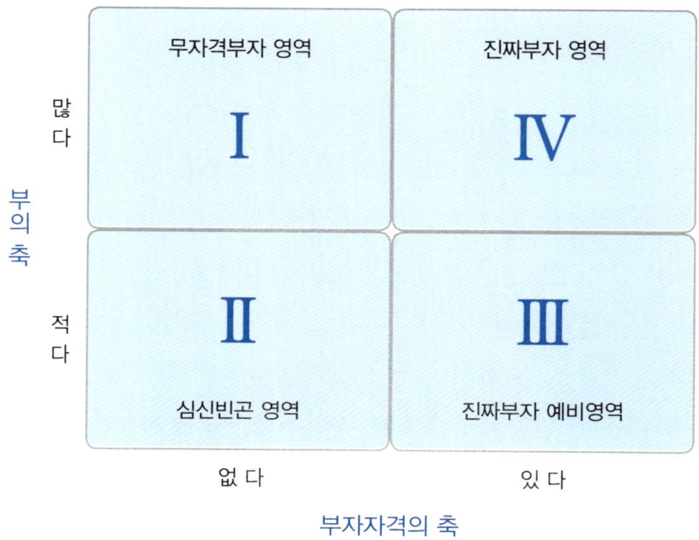

들은 미성숙한 부자이다. 미성숙한 사회일수록 부자 중에 이런 유형이 많기 때문에 부자가 존경을 받기는커녕 '뭔가 비정상적인 방법으로 부자가 됐을 거야'라는 식의 의혹의 대상이 되곤 한다. 베이컨이 "부(富)를 얻는 길은 많다. 그러나 십중팔구가 바르지 않다. 검약(儉約)은 최선의 길의 하나이다. 그러나 전혀 해가 없는 것은 아니다. 검약은 사람으로 하여금 넓게 베풀고, 자비로운 마음을 펴는 것을 방해하기 때문이다"라고 말한 이면에도 정당한 방법에 의한 부의 축적이 쉽지 않다는 생각이 깔려 있다고 볼 수 있다. 사회에 이런 분위기가 형성되면 돈 많은 사람들은 이웃을 배려하여 자중하기보다는 "돈이나 실컷 써보자"라는 식으로 무절제한 행동을 하기가 쉬워진다. 마치 부자가 되려면 비열한 짓을 해야 되는 것처럼 믿어버리고, 무조건 부자를 멸시하는 분위기를 만들면 부자들이 부의 파괴적 가능성을 발휘하는 데 써버리는 빌미를 제공하는 결과가 된다. 이것은 바람직하지 않다.

부자가 자중하고 이웃이 부자된 것을 인정하고 축하해 줄 수 있는 사회—그것은 남보다 앞서서 부자가 된 사람이 앞장서서 풀어야 할 숙제이다. 전주 이씨 완풍 종가의 경우, 소작인 1만 명이 주인에 대한 고마움의 표시로 커다란 우산을 만들어줬다는 이야기가 내려오고 있다.[6] 존경받는 부자—멋지지 않은가? 이는 먼저 베풀어야 할 사람은 바로 먼저 부자가 된 사람임을 보여주는 사례이다.

진짜부자란 자격을 갖춘 부자이다. [기본모형]

제Ⅳ영역에 속한 사람들이 이 책에서 말하는 **진짜부자**이다. 진짜부자들은 부자일 뿐만 아니라 그에 걸맞은 자격을 갖추고 있다. 이 영역에 속한 사람들은 전형적으로 부의 선순환 구조를 따라 생산적으로 소비하거나 생산적으로 투자함으로써 부를 재창출한다. 진짜부자들은 이 과정에서 자아의 품격을 고양시키고 기업기반을 강화시킴으로써 경제기반을 강화시키고 사회적 행복을 증진시킨다. 진짜부자는 성숙한 부자이다. 성숙한 사회일수록 부자 중에 이런 유형이 많기 때문에 부자가 존경을 받는다. 이로 인해, 사람들이 '나도

---

6 5백년 내력의 명문가 이야기, 2002년 1월, 원광대 동양학대학원 조용헌 교수, 푸른역사

저 부자처럼 되어 보아야겠다'라는 생각을 갖게 됨으로써 성숙한 부자의 성공비결과 인간미가 모방되고 확산되어 사회적인 학습이 이루어지면서 사회는 경제적으로 더욱 풍요로워지며, 따뜻한 인간미로 인해 살만한 세상이 되어 간다. 사회에 이런 분위기가 형성되면 돈 많은 사람들은 이웃을 배려하여 소비하고 투자하는 과정에서 자중하고 절제된 행동을 한다. 부자가 존경 수 있느냐 하는 것은 상당 부분 부자 하기 나름이지만, 거꾸로 부자 아닌 사람들이 부자에게 보여주는 태도에 따라 부자의 행동도 다르게 나타나기 마련이다.

이 영역에 속한 사람들은 물론 상대적으로 소수일 수밖에 없다. 그렇기 때문에 진짜부자가 더욱 값진 존재인 것이다. 필자는 자신을 포함해서 보다 많은 사람들이 이 영역에 들어가기를 기대한다. 누가 진짜부자인지 무자격부자인지는 그의 행동을 보면 알 수 있다. 말은 그럴 듯 하게 하는데, 행동이 진짜부자 답지 않으면 그는 진짜부자를 위장한 무자격부자에 불과하다. 말은 쉬우나 행동은 쉽지 않다. 사람의 실체는 행동으로 드러난다. 행동은 진실을 전송하는 초고속인터넷이다. 간혹 겉으로 보이는 행동을 이용해서 자신의 추한 진짜모습을 위장하는 사람도 있으나, 이런 사람은 결국은 본 모습을 행동으로 드러내게 마련이다.

제Ⅱ영역에 속하는 사람들은 부자자격도 갖추지 못하고 부의 수준도 낮은 유형이다. 이 유형은 심신빈곤자이다. 이 유형은 사회적으로는 빈곤층에 속한다. 그것을 벗어나기도 힘든 계층이라고 할 수 있다. B. 슈데르나우도 "진실로 가난하다 함은 정신도 돈도 가지고 있지 못한 인간을 말함이다"고 한 바 있는데, 이는 바로 심신빈곤의 상태를 말하는 것이다. 심신빈곤자의 경우, 이 영역에 속하게 된 원인이 외적 환경에 의한 것이든 내적 동기의 부족에 의한 것이든 결과는 매우 심각하다. 심신빈곤영역은 매우 큰 삶의 고통을 수반함에도 불구하고 이 영역을 벗어나기란 지극히 어렵기 때문이다. 제Ⅱ영역에 속한 사람 중 요행으로 부자가 된다면 그는 아직 그러한 부에 걸맞은 자격을 갖추지 않은 상태에 있으므로, 일시적으로 심신빈곤영역을 벗어나기는 하겠지만 기껏해야 무자격부자가 될 수밖에 없다. 무자격부자가 된 것이 그나마 다행일까? 무자격과 빈곤이라는 두 개의 멍에 중 하나는 벗었으니 그나마 낫다고 할 수 있을 것 같다. 하지만, 만일 그로 인해 부의 파괴적 가능성이 발동하여 자아를 더 빨리 파괴한다면 그는 제Ⅱ영역을 탈출함으로써 나아지기는커녕 오히려 더 불행해지는 결과에 이르고 만다.

마지막으로, 제Ⅲ영역에 속하는 유형은 진짜부자 예비 유형이다.

진짜부자 예비 유형으로서, 어떠한 환경 속에서도 희망을 잃지 않고 열심히 생각하며 밝은 미래를 위해 살아가는 대부분의 사람들이 여기에 속한다고 할 수 있다. 이들이 자신들의 능력을 이용하여 부의 수준을 높이면 진짜부자가 되므로, 바로 이 유형의 사람들로부터 진짜부자가 배출되는 것이다. 이러한 진짜부자들이 우리 사회를 살찌우고 심신의 풍요를 가져올 것이니, 이들에게 우리의 미래가 달려있다고 할 수 있다. 이 유형에 대해서 국가적 차원의 장·단기적 집중투자가 이루어져야 한다. 특히 젊은이들에게 부에 대한 올바른 철학과 가치관을 심어주고, 원하는 수준의 부에 걸맞은 인품과 능력을 갖출 수 있도록 자극을 가하기 위해 지속적으로 교육을 시키는 것은 대다수 국민들을 진짜부자로 만들어서 진정한 선진국으로 도약하기 위한 국가백년대계의 핵심전략이 되어야 할 것이다.

진짜부자 예비영역(Ⅲ)에 속하는 사람들이 실현 가능한 비전(꿈)과 전략을 가지고 이를 효율적인 방법에 의해 계획적으로 실천한다면, 시간의 완급이 있을지언정 반드시 존경받는 진짜부자가 될 수 있다. 진짜부자 예비영역의 층이 두텁고 그로부터 진짜부자가 계속적으로 많이 배출되는 사회가 다름 아닌 진정한 선진사회, 진정한 부자나라이다.

(2) '부의 창'에서의 이동

이제까지 부의 많고 적음과 부자자격의 유무에 따라서 사람들을 네 가지 유형으로 구분할 수 있음을 보았다. 그리고 이 네 가지 유형 중 진짜부자야 말로 우리가 추구해야 할 바람직한 부자의 모델임을 알았다. 그렇다면, 네 가지 유형은 고착되어서 더 이상의 영역간 이동이 불가능한 것일까? '무자격부자 영역에서 진짜부자 영역으로, 진짜부자 예비영역에서 진짜부자 영역으로, 그리고 심신 빈곤 영역에서 진짜부자 예비영역이나 진짜부자 영역으로 이동할 수는 없을까?' 등등의 질문이 제기될 수 있다. 만약 영역간 이동이 불가능하다면 이 세상은 어떤 이에게는 운명적인 행운의 땅이요, 어떤 이에게는 운명적인 불행의 땅이다. 정말 그럴까?

이곳에서는 다음의 〈그림 1-4〉를 이용하여 이런 의문들에 대해서 이야기해 보고자 한다.

먼저 무자격부자영역(Ⅰ)에서 진짜부자영역(Ⅳ)으로 이동하려면(14 경로) 부자자격의 축을 따라 품위를 격상시키지 않으면 안 된다. 한 때 무자격부자영역에 있었다 하더라도 늦게라도 부자자격을 갖추게 되면 진짜부자가 될 수 있다. 하지만 무자격부자가 진짜부

그림 1-4 부의 창에서의 이동

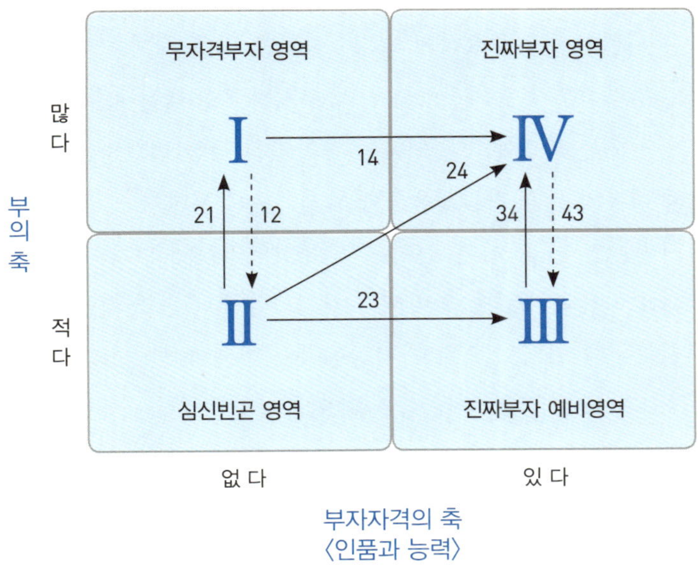

자로 변신하려면 기존의 가치관과 생활습관을 버리고 근본적인 변신을 해야 되기 때문에 쉽지 않은 일이다. 많은 무자격부자들이 기존의 영역에 안주하면서 진짜부자로서 우러름을 받는 삶의 보람에 대해 무지하고, 그를 위해 노력조차 하지 않기 때문에 사회적 혼란이 야기된다.

미국의 명 부호 록펠러는 젊어서 큰돈을 벌어서 당대 최고의 부자가 되었지만 중년에 중병을 얻어 곧 죽으리라는 진단을 받았었다고 한다. 그러나 록펠러는 의사의 충고에 따라 가난하고 소외된 사람들을 돌보는 자선사업을 시작하면서 삶의 새로운 의미를 찾게 되고, 다시 왕성하게 활동하면서 병도 낫고 그 후로 40년을 더 살면서 많은 가치 있는 일을 했다고 한다. 오늘날 록펠러 재단은 미국의 자존심으로까지 불리는 공익재단으로 정평이 나 있다. 이 일화가 어디까지 사실인지는 중요하지 않다. 하지만 많은 사람들이 믿는 이 일화는 무자격부자가 14경로를 따라 부자자격을 격상시킴으로써 진짜부자가 되는 과정에서 일어나는 자아와 극적인 변화와 이로 인한 사회적 행복의 증가 가능성을 설명하기에는 충분하다.

심신빈곤영역(Ⅱ)에서 진짜부자 예비영역(Ⅲ)으로 이동하려면(23 경로) 인품과 실력을 연마해서 자기고양을 하는 노력을 해야 한다. 이를 위해 먼저 스스로 가치관을 혁신하여 심신빈곤영역(Ⅱ)을 탈출하고자 하는 강한 내적 동기를 이끌어내야 한다. 제 Ⅱ의 영역에 속한 사람들에 대해서는 '생산적 자활프로그램' 내지는 '부의 생산적 재분배 프로그램'을 통하여 사회적인 배려를 해야 한다. 이를 통해 사회적인 빈곤 또는 소외계층을 정상적인 경제권으로 끌어들임으로써 추가적인 수요를 창출하여 추가적인 경제성장을 이룰 수가 있다. 뿐만 아니라 소득격차가 완화되면 호화·사치재 지향적인 소비패턴이 건전하게 변화되어 건전한 사회풍토가 만들어질 수 있다. 23 경로는 14 경로와 더불어 '자격혁명의 경로'라 할 수 있다.

무자격부자예비영역 또는 심신빈곤영역(Ⅱ)에서 무자격부자영역(Ⅰ)으로의 이동은(21 경로) 오직 요행에 의해서만 가능하다. 이러한 요행에 의한 이동은 그다지 바람직한 것이 못된다. 왜냐하면 제Ⅱ영역의 심신빈곤자들은 부자자격이 없는 자들이므로 요행에 의해 생긴 부를 제대로 관리하지 못하므로 부의 파괴적 경로를 따라 보시하거나 투자함으로써 자아를 파괴하고 부를 소멸시켜 결국 원점으로 돌아오기 마련이기 때문이다. 원점으로 돌아올 때는 요행에 의해 잠시 무자격부자의 위치에 있을 때보다 더욱 피폐해진 자신의 처지를 발견하게 될 것이다. 21 경로를 따라 이동할 때 달라지는 것은 추하고 배고픈 하이에나가 여전히 추하지만 배부른 돼지로 변신하는 것에 불과하다. 그래도 다행이라고 여길 수 있는 점이 있다면 부자자격의 축과 부의 축, 둘 중 한 축은 해결한 것이니 계속 심신빈곤영역에 머무는 것보다는 조금 나아졌다고 할 수 있다. 심신빈곤영역(Ⅱ)을 벗어난 무자격부자(Ⅰ)들에 대해서는 사회적 기여와 봉사를 할 수 있는 기회를 많이 제공하여 이들로 하여금 돈 이상의 고귀한 가치가 있음을 자각하여 인간적으로 거듭나게 유도해야 할 것이다. 이러한 활동의 예로는 기부운동, 해외원조운동 등이 될 것이다.[7]

심신빈곤영역(Ⅱ)에 대해서는 별도의 사회적인 관리가 필요하다. 이 영역에 대해서는 복지혜택 또는 기초생활비지원을 늘리던가 적합한 투자를 해야 된다. 이를 통해 경제력도 없고 능력도 없고 소외계층이기도 한 사회의 그늘진 영역을 줄여나감으로써 밝고 건전한

---

7 우리도 해외원조에 적극 나설 때가 됐다. 교육기관이나 공익단체에 대한 기부, 또는 사적인 기부활동을 좀 더 적극적으로 생각해 볼 수 있다. 또, 많은 돈을 기부하지 않으면 의미가 없다고 생각하는 것도 바람직하지 않다. 실컷 쓰고 남을 때 도와주겠다고 생각하면 절대로 아무도 도와줄 수 없다. 우리나라의 성공경험을 모델로 삼아서 경제개발을 시도하는 제3국이 많음은 잘 알려져 있는 사실이다. 최근 제3국에 대한 경제개발 노하우 전수 프로젝트가 성공을 거두고 있다. 우리가 해외원조에 적극 나서면 우리나라의 국가이미지가 개선되고 우리 상품이 알려져서 도와 준 것의 몇 배의 보상을 받게 될 것이다. 요즘 화제가 되고 있는 로또복권 판매이익금을 제3국 원조에 활용하는 것도 적극 검토해 볼 필요가 있다. 그러면 우리나라는 적어도 연간 2억불 내지 4억불의 해외원조를 할 수 있게 된다. 그것으로 국내기업들의 상품을 구입하여 현물원조를 한다면 우리나라 기업들의 연간 매출액이 증가하여 그만큼 경제가 활성화 될 것이다. 복권 매입자들도 제3국 주민들을 도와준다는 괜찮은 명분을 하나 얻게 되는 셈이 될 것이다. 로또복권 판매이익금의 제3국 원조는 그것을 예산 외 지출에 충당하는 데 사용하는 것보다 장단기적으로 훨씬 효과가 클 것으로 예상된다.

사회분위기를 만드는 한편, 국가 전체의 수요를 증가시켜 경제성장을 꾀할 수가 있다. 심신빈곤영역을 방치하면 계층 간의 갈등이 심화되어 사회적 불안이 조성된다. 다만, 이 영역에 대해 소비력지원(복지혜택 또는 기초생활비지원)을 하든, 투자지원 하든 반드시 부의 생산적 순환과정을 따라서 해야 한다는 것이다. 단순히 소비하고 없어져버리는 그런 소비력 지원이 아니라 자기노력을 수반하는 생산적 소비가 될 수 있도록 해야 하고, 투자자금을 지원하더라도 투자수익률이 자본비용을 초과하는 기회를 찾을 수 있도록 교육·지도를 해야 한다.[8] 이런 노력을 통한 심신빈곤영역(Ⅱ) 탈출 유도 순서는 일단 진짜부자 예비영역인 Ⅲ영역으로 이동하도록 유도하고 그 다음에 진짜부자 영역인 Ⅳ영역으로 이동(234 경로)하도록 유도하는 것이 바람직하다.

우리가 많은 관심을 가져야 하는 경로는 진짜부자예비영역(Ⅲ)에서 진짜부자영역(Ⅳ)으로의 이동경로(34 경로)이다. 진짜부자 예비영역(Ⅲ)에 속하는 유형은 진짜부자가 갖추어야 할 자격은 갖추었으나 아직은 부의 수준이 낮아서 진짜부자의 영역으로 이동하지 못하고 있는 경우이다. 미래에 대한 희망을 버리지 않고 성실하게 살아가는 대부분의 사람들이 이 영역에 속한다. 이 책에서는 이들이 어떠한 전략을 구사함으로써 보다 효율적으로 진짜부자의 영역으로

8 (선행의 역설) 생산적인 소비력 지원이나 생산적인 투자지원이 아닌 단순한 선행은 심각한 역설을 내포하고 있다. 단순한 선행은 한 편으로는 부를 재분배하는 기능이 있지만, 선행이 지나치게 강조되면 많은 사람들이 다른 사람들의 선행에 의존해서 살 수 있다는 기대를 형성하게 되므로 사회적인 근로의식저하가 초래될 수 있다. 따라서 사회 전체적인 생산성의 유지 및 향상을 원한다면, 단순한 자선적 선행은 엄격한 판단을 통해 극히 제한적으로 이루어져야 할 것이다.

이동할 수 있는지에 대해 많은 지면을 할애해서 체계적으로 설명할 것이다.

심신빈곤영역(Ⅱ)에서 진짜부자영역(Ⅳ)으로 이동하려면(24 경로) 부자자격의 축을 따라 자질향상을 꾀함(23 경로)과 동시에 부의 축을 따라 부의 수준도 높이지(14 경로) 않으면 안 된다. 한 가지 변화도 어려운데 두 가지 변화가 동시에 일어나야 하니, 심신빈곤영역에서 진짜부자의 영역으로 이동하는 것이 얼마나 어려운지 짐작이 가능할 듯 싶다. 이는 거의 불가능한 일일 수도 있다. 심신빈곤영역에서 진짜부자의 영역으로 이동하려면 천지개벽에 가까운 변화를 일으켜야 한다. 동서고금을 막론하고 이런 변화가 한꺼번에 일어났다는 이야기는 들어본 적이 없다. 자격도 안 되는 자가 우연히 일확천금을 하게 되면 그는 돈 때문에 더욱 철저히 망가져서 일확천금 하기 전보다 못한 수준으로 무너지는 것은 자주 보는 일이다. 이를 피하여 24 경로를 따라 변화를 일으키고자 결심했으면 부자자격을 갖추는 것(23 경로)이 먼저이고, 부자자격을 이용해서 부의 수준을 높여나가야(34 경로) 할 것이다. 이 순서를 바꾸면 부의 악순환과정에 빠져 다시 심신빈곤영역으로 원점회귀 하게 될 것이다.

이미 지적하였듯이, 심신빈곤영역(Ⅱ)으로부터 출발하여 진짜부자 영역(Ⅳ)으로 이동하려면, 부의 수준을 먼저 높이고 부자자격을 갖추는 경로인 'Ⅱ→Ⅰ→Ⅳ'의 경로보다는 부자자격을 먼저 갖추고 부의 수준을 높이는 'Ⅱ→Ⅲ→Ⅳ'의 경로가 더 바람직하다고 볼 수 있다. 왜냐하면, 부자자격이 안 갖추어진 상태에서 먼저 부의 수준이 높아져서 무자격부자의 영역으로 이동하게 되면—물론 이것은 요행이 아니면 불가능한 일이기도 하지만—반드시 부의 파괴적 가능성이 작동하는 부의 악순환과정에 빠지게 되므로 곧 다시 심신빈곤영역으로 추락하면서 부는 소멸되고 자아는 파괴되고 사회는 황폐화될 것이 자명하기 때문이다. 부자자격을 먼저 갖추고 나서 부의 수준을 높여 나간다면 설령 실수로 부를 잃는다 하더라도 이미 체화(體化)된 부자자격에 의해 보다 용이하게 부의 수준을 회복할 수 있다.

무자격부자가 부를 파괴하면 경로 21의 역방향인 경로 12를 따라 무자격부자영역(Ⅰ)으로부터 심신빈곤영역(Ⅱ)으로 이동한다. 경로 12는 발생하기가 아주 쉽다. 속담에 '부자 3대 못 간다'라는 말이 있다. 이는 비록 당대에 큰 부를 이루었다 하더라도 스스로 부자자격을 갖추지 못하고, 그 결과 자녀들도 부에 걸맞은 자격을 갖추지 못한다면, 당대에 이미 부의 악순환 과정에 빠져들고 자녀 대에 그것이 더욱 가속화되어 필연적으로 심신빈곤영역으로 추락함을 지적한 것이다. 경로 12를 따라 추락하지 않으려면 빨리 부자자격을 갖추도록 노력하고 자녀도 그렇게 되도록 유도해야 할 것이다.

경로 34의 역방향인 경로 43은 유자격부자가 실수를 하는 경우에 발생한다. 이것도 가능한 일이지만 그는 이미 능력을 갖춘 부자이므로 경로 12처럼 쉽게 일어나지는 않을 것이다. 이런 일이 발생한다 하더라도 시간의 완급이 있을 뿐, 다시 부의 수준을 회복하여 진짜부자의 지위를 찾을 수 있을 것이다.

경로 14의 역방향인 경로 41은 부의 수준은 높은 상태로 유지되는데 부자의 자격이 있던 사람이 부자의 자격만 없어지는 경로이니 이는 발생이 불가능하다. 부자자격으로서의 인품과 능력이라는 것은 몸 속에 체화(體化)되어 내 몸처럼 되어버린 것이기 때문이다. 마찬가지 이유로 경로 23의 역방향인 경로 32도 성립될 수 없다. 따라서 부와 부자자격이 한꺼번에 없어지는 경로 24의 역방향인 경로 42도 성립할 수 없다.

(3) 부의 창의 일반화된 모형

지금까지는 부의 많고 적음과 부자자격이 있고 없음이라는 단순한 개념을 가지고 부의 창 모형에 대해서 설명하였다. 이때 주의 깊은 독자라면 '도대체 얼마나 많이 가지면 부가 많다고 할 수 있다는 말인가? 타고난 능력이 부족한 사람은 아예 부자자격을 갖출 수 없을 것이고, 그로 인해 영원히 부자가 될 수 없다는 말인가?'라는 의문을 갖게 될 것이다.

신협중앙회 임직원을 대상으로 한 경제력 설문조사에[9] 의하면, 부자로 볼 수 있는 현금보유액에 대해 전체 응답자 630명 가운데 30%는 '5억~10억원', 22%는 '10억~20억원', 16%는 '20억원 이상' 등 68%가 5억원 이상 가지면 부자로 볼 수 있다고 답했다고 한다. 이를 보면 대다수의 사람들이 현금을 5억원 이상 갖고 있으면 부자라고 생각하고 있음을 알 수 있다. 한편, 2002.6.17일 「메릴린치」가 「캡제미니 언스트 & 영」과 공동으로 발표한 「세계의 부(富)」라는 보고서에 따르면, 전세계에 100만 달러 이상의 금융자산을 보유한 백만장자는 지난해 말 기준으로 710만명에 이르고, 한국에는 백만장자가 5만 명 정도로 아시아지역 백만장자 173만명 가운데 2.9%라고 한다. 한국은행이 2002년 7월 15일에 발표한 「상반기(1~6월) 은행 수신동향」에 따르면 6월말 현재 예금액이 5억원이 넘는 고액계

9 연합뉴스, 2002.06.17

좌 수가 7만여 계좌에 이르는 것으로 나타났다. 2014한국부자보고서'에 의하면 금융자산 10억원 이상의 부자가 한국에 16만 7천 명이라고 한다(전체 인구의 0.33%).[10]

이 정도면 부자라고 할 수 있을까? 이런 기준들은 과연 타당한 것일까? 아니다. 이론적인 시각에서 제시할 수 있는 부자로서의 부의 수준에 대한 일반적인 답은 '기대 이상'이다. 다음의 〈그림 1-5〉에 제시된 일반화된 모형을 참고하기 바란다.

예를 들어, 내 집 마련의 꿈이 간절한 사람이 내 집 마련에 성공했으면 그는 기대 이상을 이룬 것이니 그는 이미 부자이다. 그는 일단은 행복하다. 원하는 것에 비하여 많이 이룰수록 더 큰 부자가 되는 것이다. 하지만 아무리 많은 부를 이루어도 자기가 원하는 것에 못 미치면 그는 결코 부자가 아니다. 이런 사람은 부에 대한 만족감을 느낄 수가 없기 때문이다. 그는 다른 사람들보다 가진 것이 아무리 많아도 여전히 허전하고 불행하다. 이와 같은 일반모형에 따르면 최빈국 방글라데시의 빈민가에도 부자가 있을 수 있고, 세계에서 부자가 가장 많은 미국 중에서도 부자들이 가장 많이 모여 산다는 베벌리힐스의 부자들 가운데에도 매우 가난한 자가 있을 수 있다. 가난하다는 말은 너무 적게 가진 사람을 두고 하는 말이 아니라, 더 많은 것을 바라는 사람을 두고 하는 말이다(세네카). 일반모

10 닐슨컴퍼니 설문조사(연합뉴스, 2010.3.18.)에 많은 사람들이 의하면 60억 있어야 부자라고 생각하고 있으며, 국민의 약 30%는 부자가 되려면 부동산에 투자해야 한다는 인식을 하고 있는 것으로 나타났다. 부자가 되기 위한 가장 좋은 방법을 묻는 항목에 응답자의 28.3%가 부동산 투자를 꼽았다. 다음으로는 전문직 종사 22.7%, 금융 재테크 17.2%, 개인 사업 12.0%, 복권 10.4% 등이었으며 절약 등 건전한 재무 습관을 꼽은 응답자는 8.5%에 그쳤다.

그림 1-5 부의 창의 일반화된 모형

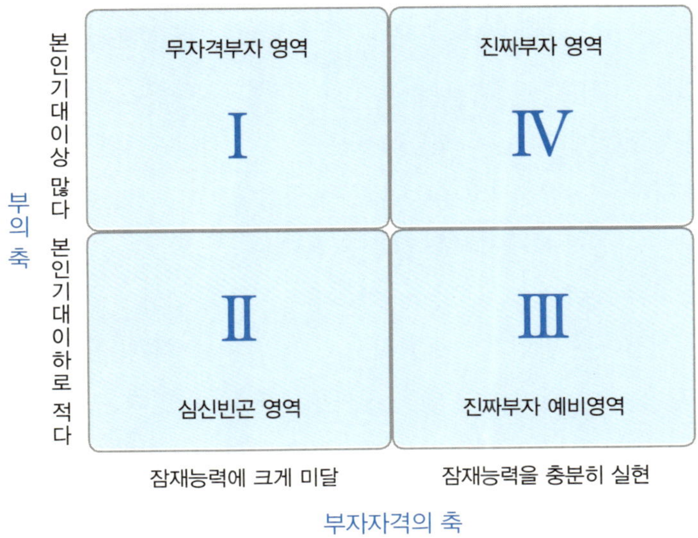

형에 의하면 부자이고 아니고는 자기 스스로 가지고 있는 기대치에 의존하는 것이지 외부에서 제시되는 숫자에 의한 것이 아니다. 진정으로 풍족한 사람은 자기가 가진 것에 만족할 줄 아는 사람이다. 러시아의 대문호 톨스토이가 "가난의 괴로움을 면하는 길은 두 가지가 있다. 그것은 재산을 늘리는 것과 자기의 욕망을 줄이는 것이다. 후자는 마음가짐으로 언제나 가능한 것이다(수정후 인용)"라고 한 말도 이를 뒷받침하는 이야기이다.

마찬가지로, 부의 창의 기본모형에서는 부자자격의 축에 관하여 부자자격이 있고 없음이라는 단순한 개념을 가지고 부의 창을 설명하였다. 이에 대해 '도대체 어느 정도의 자격을 갖추면 부자자격이 있다고 할 수 있단 말인가?'라는 의문이 제기 될 수 있다. 이에 대해 이론적인 시각에서 낼 수 있는 일반적인 답은 '자기의 잠재능력에 비해 얼마나 실현했는가'이다. 부자가 되는 데 필요한 잠재능력이 매우 큰 사람이라면 그 중 일부만 발휘해도 다른 사람들에 비해 크게 성공할 수 있다. 잠재능력이 아주 작은 사람이라면 총력을 경주해도 다른 사람을 따라잡기가 매우 어렵다. 그렇다면 잠재능력이 큰 사람은 쉽게 부자자격을 갖추어 진짜부자가 될 수 있고, 잠재능력이 작은 사람은 부자자격을 갖추기가 어려운 까닭에 진짜부자가 되기 어렵다는 말인가? 이런 식으로 논리를 전개하면 유전적으로 타고난 능력이 뛰어난 자 만이 진짜부자가 될 수 있다는 이상한 결론에 도달하게 된다. 따라서 부자자격에 관한 일반적인 판단기준은 잠재능력 실현의 정도가 되어야 한다. 이제 이런 기준이라면 타고난 잠재능력이 비록 작다 하더라도 자기의 그것을 충분히 개발했다면 그는 부자자격을 갖춘 것이 되며, 타고난 능력이 아무리 뛰어나도 자기의 잠재능력을 제대로 개발하지 못했다면 그는 부자자격을 갖추지 못한 것이 된다.

일반화된 부의 창 모형에서의 이동은 앞에서 설명한 기본모형의 경우와 동일하게 이해하면 될 것이다.

(4) 진짜부자가 보여주는 행동들(예시)

어떤 사람이 유자격부자인지 무자격부자인지 알아보는 방법은 그의 행동을 관찰하는 것이다. 일관성 있게 나타나는 행동에 비쳐진 모습이 유자격부자이면 그는 유자격부자이며, 일관성 있게 나타나는 행동에 비쳐진 모습이 무자격부자이면 그는 무자격부자인 것이다. 진짜부자가 보여주는 행동들을 생활태도의 측면, 부의 획득과 소비를 중심으로 한 경제활동의 측면, 그리고 사회적 측면 등으로 구분해서 보면 다음과 같다.

첫째, 생활태도 측면에서 진짜부자들은 다음과 같은 모습들을 보여준다. 진짜부자들은 인간이 돈보다 중요하다는 것을 잘 알고 돈의 잣대로 인간을 차별하려 하지 않는다. 그들은 계속해서 돈보다 더 높고 근본적인 가치를 발견해서 이를 추구하기 때문에 더 많은 부를 지녀도 결코 어색하거나 감당하지 못하는 일이 없다. 진짜부자들은 자녀에게 돈을 주기보다는 좋은 철학을 심어주고 좋은 교육의 기회를 주기 위해 노심초사한다. 따라서 진짜부자들은 자녀에게 돈을 얼마나 줄 수 있는지에 대해 자랑하기보다는 자녀가 얼마나 바르고 실력 있는지에 대해 깊은 관심을 갖는다. 진짜부자들은 돈을 쓰는 것 자체에 가치를 두는 것이 아니라 그 행위로 얻어지는 결과에 가치를 둔다.[11]

둘째, 부의 획득과 소비를 중심으로 한 경제활동의 측면에서 진짜부자들은 돈을 버는 과정의 정당성에 관심이 있으며, 돈을 써야 할 때와 말아야 할 때를 잘 분간한다. 이로 인해 진짜부자들은 돈을

---

11 경기도에 사는 이 남림 씨(57)는 볼펜장사와 부동산임대업을 해서 부자가 된 사람이다. 그는 재산피해 5조 4천억을 낸 전대미문의 특 A급 태풍 루사에 쓰러진 이재민들을 위해 1억 5백 9만원의 수재의연금을 기부했다. 그는 유학중인 딸 등 세 자녀와 상의 끝에 각자의 형편에 맞추어 갹출을 했다고 한다. 경제적 여유가 없는 큰 아들(30세)에게는 5개월 동안 매달 40만원씩 갚는 조건으로 2백만원을 빌려주고 작은아들(24세)에게는 학생인 점을 고려하여 9만원만 받는 식으로 그 돈을 마련했다고 한다. 이 경우가 바로 부를 사용할 줄 아는 한 예이다. 자녀에게 함부로 부모의 특권을 나누어주지 않고 각자의 능력에 맡기는 것도 귀감이 될만하다. 자신의 부가 형성된 바탕이 된 이웃의 어려움을 외면하는 자는 결코 진짜부자일 수 없다.(2002.9.4자 기사, 저자 편집 및 주석)

벌고 쓰는 과정에서 이웃을 행복하게 한다. 진짜부자들은 가치 있는 투자 안과 그렇지 않은 투자 안을 상당히 정확하게 분간할 줄 알기 때문에 돈이 있기 때문에 투자하는 것이 아니라, 투자할 가치가 있기 때문에 투자하므로 투자활동을 통하여 지속적으로 가치를 증대시켜 나간다.

셋째, 사회적 측면에서 진짜부자들은 삶에 대한 열정에 사로잡혀 성실하게 살아감으로써 타의 귀감이 되어 사람들에게 동기를 부여하고 삶에 대한 열정에 사로잡히게 한다. 진짜부자들은 돈을 써서 정상적인 절차를 왜곡시키는 일을 하지 않는다.

종합적으로 보면, 진짜부자는 부를 획득하는 과정의 정당성에 관심이 있으며 부의 선순환구조를 따라 부를 사용함으로써 자신과 이웃을 행복하게 함과 동시에 부의 확대재생산이 이루어지도록 한다. 그러므로 진짜부자는 더욱 많은 부를 지녀도 그것을 감당할 만한 가치를 발견하고 이를 실행함으로써 아무리 많은 부를 지녀도 결코 부자연스럽지가 않다.

(5) 무자격부자가 보여주는 행동들(예시)

무자격부자가 보여주는 행동들을 생활태도의 측면, 부의 획득과 소비를 중심으로 한 경제활동의 측면, 그리고 사회적 측면 등으로 구분해서 보면 다음과 같다.

첫째, 생활태도 측면에서 무자격부자들은 다음과 같은 행동들을 보여준다. 무자격부자들은 돈을 써야 할 때와 말아야 할 때를 잘 분간하지 못하고 아무 때나, 모든 것을 돈으로 해결하려 든다. 무자격부자들은 돈의 가치가 사람의 가치보다 높다는 의식을 가지고 있으며, 기회만 주어지면 이를 행동으로 보여준다. 그들은 돈이 사람의 자존심과 인격을 대신 할 수 있다고 생각한다. 그래서 그들의 행동은 많은 지출을 수반하지만 고귀하지도 여유 있어 보이지도 않는다. 그저 돈 자랑쯤으로 보인다. 누가 그들이 헤프게 돈 쓰는 것을 보고싶다고 하던가? 무자격부자들은 천박하고 각박하고 교만하며 정신적으로 빈곤하다. 그래서 친구도 없다. "부자의 겸손은 빈자의 벗이 된다(팔만대장경)"는 말이 '부자가 겸손하지 않으면 아무도 벗이 될 수 없다'는 뜻임을 그들이 알 수 있을까? 채근담에서도 "부귀한 집은 너그럽고 후(厚)해야 함에도 불구하고, 도리어 각박한 것은 곧 부귀하면서 그 행실을 가난하고 천하게 하는 것이니, 어찌 능히 복을 받겠는가?"라고 지적한 바 있다. "인색한 부자는 그 자신이 재산을 소유하고 있는 것이 아니라, 그의 재산이 그를 소유하고 있는 것이다(비온)"라고 하였으니, 부의 노예로 전락한 무자격부자의 가련한 내면세계를 알 수 있다. 무자격부자들은 계속해서 더 높은 가치를 발견하여 이를 추구하지 못한다. 그렇기 때문에 부가 점점 많아지면 이를 감당하지 못하고 부의 악순환과정에 빠져들어 부를 헛되이 소멸시킴과 동시에 자아와 이웃을 파괴하고 사회를 황폐화시킨다. 부의 선순환과정과 악순환과정,두 길 중 하필이면 나쁜 쪽이라니, 너무도 한심하지 않은가! 그러나 이것은 사실은 자연스런 결과이다. 부에 걸맞은 부자자격이 그래서 중요한 것이다. 무자격부자들은 부에 대한 자녀의 자격을 고려하지 않고 자녀에게 돈을 함부로 주며, 자녀에 관한 모든 문제를 돈으로 해결하려 든다. 자녀의 모든 문제를 아무 생각 없이 돈으로 해결하는 것을 무슨 능력의 상징인 것처럼 여긴다. 그 결과 무자격부자의 자녀는 쓸 줄만 알고 벌

줄은 모르는 무능한 인간으로 전락하고 만다. 그러니 부자 삼 대 못 가는 것은 당연한 이치이다. 무자격부자들은 돈 많이 드는 방탕하고 퇴폐적인 생활을 특권으로 알고, 무엇보다 그 '특권'을 누리기 위해 매우 바쁘게 산다. 무자격부자들은 직접 자녀를 훈육할 자신이 없으므로 돈으로 부모역할을 메우기 위해 자녀를 도피성 해외유학을 보내놓고 자녀가 현지에서 고급승용차를 굴리며 술집에 드나드는 등의 낭비를 일삼도록 방치하여, 돈 쓰고 욕먹는 결과를 자초하며 계속 그렇게 산다.[12] 무자격부자들은 돈으로 학벌도 살 수 있다고 생각한다. 무자격부자들은 경제능력이 없는 자녀에게 신용카드를 줘서 이를 남용하게 한다. 그러면서 자기는 자녀에 대해 어느 부모 못지 않게 많은 것을 했다고 주장한다. 참으로 가련한 일이 아닐 수 없다. 자격이 없는 돈을 마구 지출하는 사이에 자녀들이 얼마나 무능해지고 심신이 황폐해지는지 모르다니! 부모가 자녀에게 줄 수 있는 것이 어디 돈뿐이겠는가? 자녀에게 줄 수 있는 것 중에는 돈보다 더 중요하고 값진 것이 있다는 것을 무자격부자들은 모른다. 무자격부자들은 다른 사람의 잣대를 만족의 기준으로 삼기 때문에 돈을 아무리 많이 써도 행복을 느낄 수가 없다.

둘째, 부의 획득과 사용을 중심으로 한 경제활동의 측면에서 살펴보자. 무자격부자들은 돈을 버는 과정의 정당성에는 관심이 없고 오직 얼마나 많은 돈을 버는 지와 얼마나 많이 쓰는 지에만 관심이 있다. 따라서 무자격부자들은 부의 추구과정에서 만족할 줄을 모르

12 부모의 돈을 물 쓰듯 쓰는 그 자녀들이 스스로 벌어서 학비를 대며 근검 절약하는 선진국 사람들에게 얼마나 멸시를 당하는지 정말 모를까? 하지만, 이것이 조기유학을 보낸 모든 부모에 대해 예외 없이 적용하는 주장은 아님을 독자들은 알아주시기 바란다. 이 경우는 오직 무자격부자들에게만 해당된다.

므로 행복할 수가 없고, 원하던 물건을 갖고 나면 더 비싼 물건만 머리 속에 맴들기 때문에 항상 불행하다. 무자격부자는 위부불인(爲富不仁)이다. 즉, 무자격부자는 재산을 모으기 위해서는 남에게 인정을 베풀지 않으므로, 무자격부자에게는 부자가 되는 것과 바른 일을 함께 하는 것이 불가능하다. 무자격부자들은 가치 있는 투자 안과 그렇지 않은 투자 안을 분간하지 못하고 자신들의 허영심을 위해 투자한다. 그 결과 가치가 파괴되어 부의 수준은 점점 낮아지고 부를 관리하는 능력은 처음부터 없으므로 시간의 완급이 있을지언정 필경 빈곤의 늪에 떨어질 수밖에 없다.

셋째, 사회적 측면에서 무자격부자들의 행동을 살펴보자. 무자격부자들은 돈을 써서 정상적인 절차를 왜곡하는 것을 특권으로 알기 때문에 그에 대해 양심의 가책을 받기는커녕 오히려 자랑으로 여긴다. 무자격부자들의 눈에는 돈으로 절차를 왜곡시키지 않고 정상적인 절차를 다라서 군복무를 다 하는 사람들이 무능해 보인다. 그러면서 무자격부자들은 성실한 국민들이 피땀으로 지켜낸 땅에서 그들 위에 군림하며 특권을 누리려 한다. 그들 중에는 인부들 보는 앞에서 수표로 담뱃불을 붙이는 것을 자랑으로 여기는 자도 있다.[13] 무자격부자들은 돈을 쓰는 과정에서 이웃을 상심시키고 불행하게 할 뿐만 아니라, 자기의 헛된 욕망을 충족시키기 위해서 이웃을 좌절시키는 행동을 망설임 없이 자행한다.

이상과 같은 무자격부자들의 공통적인 특징을 함축적으로 표현하면, 그들은 부를 획득하는 과정의 정당성에는 관심이 없고 부의

13 이것은 실제로 있었던 사건이다. 그 기업은 복잡한 과정을 거쳐서 사회에 많은 피해를 일으키며 결국 망했다.

파괴적 가능성을 극대화시키는 부의 사용에 의해 만족을 얻을 수 있을 것으로 착각하고 계속 그런 행동을 하지만, 결코 만족에 이르지 못한다는 것이다. 무자격부자들은 부를 소멸시키는 과정에서 경제 기반을 파괴하고 자아와 사회를 황폐화시킨다.

4. 진짜부자의 자격

자, 그렇다면 어떤 사람이 진짜부자의 자격이 있다고 할 수 있을까? 어떤 자격을 갖추면 자기가 원하는 수준 이상으로 부의 수준을 높이고 그에 걸맞은 사람이라는 인정을 받을 수 있을까? 이곳에서는 진짜부자의 자격에 대해서 생각해 보자.

진짜부자의 자격은 '부자에 걸맞은 인품'과 '부자가 될 수 있는 능력'으로 나누어서 볼 수 있다. 인품의 축은[14] 철학(가치관)과 인간성과 동기와 생활태도의 측면으로 나누어 볼 수 있다. 인품의 축에 있는 요소들의 일부 또는 대부분을 잘 갖추고 있으면 부를 이루기가 쉽고, 많은 부를 지니고 사용해도 결코 어색하지 않으며 그의 주변에는 돈이 아닌 인간적 매력 때문에 사람이 늘 끊이질 않는다. 능력의 축은 지식역량과 대인관계역량과 대화역량과 행동화역량으로 나누어 볼 수 있다. 능력의 축에 있는 요소들의 일부 또는 대부분을 잘 갖추고 있으면 부를 이루는 데 어려움이 없고, 부를 잃어도 쉽게 회

14 인품이 있고 없고는 조금 광범위하게 해석하면 혼(魂)이 있고 없음과 같은 의미라고 필자는 생각한다. 이렇게 보면 유자격부자로 정의되는 진짜부자는 '혼이 있는 부자'라고 정의할 수 있을 것이다.

그림 1-6 부자의 자격

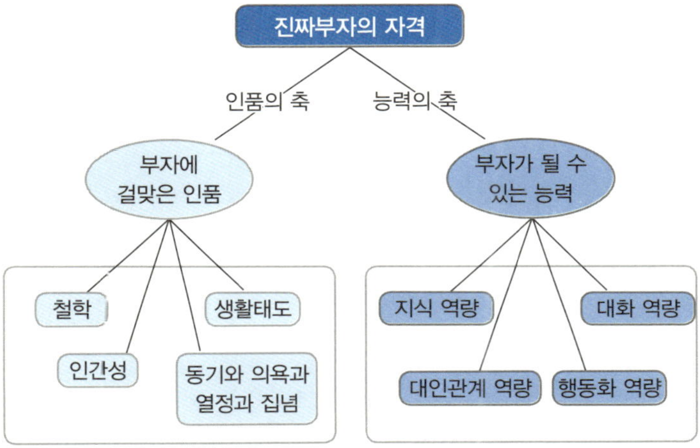

복할 수 있다. 부자의 자격은 〈그림 1-6〉과 같이 나타낼 수 있다.

부자에 걸맞은 인품으로는 철학과 인간성과 동기와 좋은 생활태도[철인동생]을 들 수 있다. 부자가 될 수 있는 능력으로는 지식역량(지식유동질화 역량)과 대인관계역량과 행동화역량과 대화역량[지대행대]을 들 수 있다. 이렇게 많은 자격을 갖추어야 진짜부자가 될 수 있다던 도대체 누가 진짜부자가 될 수 있다는 말인가? 하지만, 흔히 말하는 '참된 인성(人性)과 좋은 철학(가치관)'을 가지고 있다면 진짜부자 자격의 가장 중요한 부분은 이미 갖추었다고 할 수 있다. 여기에다 진짜부자가 되고자 하는 강한 동기와 좋은 생활태도가 더해지면 진짜부자의 자격이 아주 잘 갖추어지는 것이다. 위의 자격요건 중 일부만 갖추었다고 진짜부자의 자격이 없다고 할 수는 없다. 사람마다 타고난 기질과 재능이 다르므로 위의 자격요건 중

특히 강한 장점을 중심으로 자격을 갖추어 나가면 족하다. 장점 지향적인 사고는 밝고 적극적이고 자신만만한 사람으로 만들어 준다.

(1) 인품의 축

인품의 축에서 반드시 갖추어야 할 요소는 크게 네 가지이다. 첫째, 진짜부자는 부에 대한 좋은 철학(가치관)을 가지고 있다. 부에 대한 좋은 철학은 부에 대한 탐닉도 아니고 무관심도 아니다. 부의 생산적 가능성을 믿고 이를 극대화하고자 부를 추구하는 것이다. 부에 대한 좋은 철학을 가지고 있는 사람은 부를 이용하여 부 이상의 일을 하고자 하므로 부 자체보다 그것을 통해서 할 수 있는 가치 있는 일 때문에 항상 기대에 부풀어서 산다. 부에 대한 생산적인 철학을 가지고 있는 사람에게 부가 주어지면 그는 자아를 고양시키고 기업기반을 강화함으로써 자신과 가족과 이웃을 행복하게 하고 경제기반을 강화한다는 것은 이미 지적한 바와 같다. 부에 대한 파괴적인 철학을 가지고 있는 사람에게는 이와 정 반대의 과정이 기다리고 있다.

둘째, 진짜부자는 인간성의 측면에서 순수와 여유와 아량이 있다. 시대와 국적을 막론하고 세계적인 부자와 지도자들은 대부분이 시골소년(country boy) 출신이었다. 왜일까? 그들에게는 투박한 대자연으로부터 배우는 순수와 여유와 아량으로 만들어진 여백이 있기 때문에 오랜 세월을 두고 사람을 끌어들이는 힘이 있어서 그렇다. 그들이 끌어들인 사람들로 인해 지혜가 생기고 돈이 불고 권력이 형성된다. 사람에게 여백이 필요한 이유가 여기에 있다. 순수란 사물을 왜곡 없이 비쳐보는 명경지수(明鏡止水)의 투명함이요, 여유란 조급하지 않은 정신적, 육체적 공간이요, 아량이란 인간적 시행착오를 인정하는 태도이다. 순수와 여유와 아량으로 인한 여백은 정신을 유연하게 하며 누구든 들어올 수 있는 여지를 제공함으로써 지친 사람들이 들어와서 쉬고 위안을 받을 수 있도록 도와준다. 명심보감에서 '그릇이 차면 넘치고, 사람이 자만하면 이지러진다'고 하였는데, 항상 여백을 가지고 있는 사람은 그 그릇이 충분히 크므로 차고 넘치고 자만하고 이지러지는 일이 없다. 에머슨이 이르기를 '마음이 맑고 깨끗한 사람은 온 세계가 맑고 깨끗하게 보이고, 마음이 잡된 사람은 온 세계가 잡되고 더럽게 보인다'고 하였다. 에머슨의 이 지적은 순수의 힘에 관한 것이라고 볼 수 있다. 순수한 사람은 사물을 단순하게 보고 집중하는 능력도 뛰어나다. 단순함은 에너지를 결집시키는 힘이 있다. 성공하는 사람은 송곳처럼, 어느 한 점을 향하여 일한다(보비). 생각이 복잡하여 스스로에 대해서도 이해하지 못 하는 사람이 어떻게 남들을 이해시켜서 더불어 크고 중요한 가치를 추구할 수 있을까? "두 가지, 세 가지 일로 마음을 두 갈래, 세 갈래 내는 일이 없어야 한다"는 말은 생각이 복잡해서 중요한 일을 하지 못하는 사람에게 집중의 중요성을 보여주고자 한 퇴계 이황 선생의 충고이다. 자연과 어우러져 살면서 참고 용서하고 기다리는 법을 터득하다 보면 아량도 생긴다. 한 철의 수확을 위해서 추운 겨울을 견디면서 파종을 준비해야 하고, 봄비를 기다려 파종을 하고 나면 땡볕 아래서 수도 없이 김매고 가꾸고 보살펴야 하며, 가뭄과 장마와 태풍을 견디는 과정에서 체득하게 되는 아량, 그것이 인간사에 대한 참을성 있는 성품을 가르치는 선생이 아니고 무엇이랴! 순수와 여유와 아량—그것은 진짜부자가 가지고 있는 인간적인 측면의 매력이며 무엇과도 견줄 수 없는 최고의 자산이다. 누구나 마음에 여백을 가지고 항상 자신을 돌아본다면 이러한 순수와 여유와 아량과 그로 인한 정신적 여백을 지닐 수 있음이야!

소득의 일부(예를 들면 1%)를 이웃과 나누기를 생활화하는 것도 순수와 여유와 아량을 통한 여백을 찾는 방법으로서 생각해 볼 수 있다. 이러한 생활은 자기의 부의 정당성을 확인시켜 주는 힘이 되기도 한다. 조지 소러스라는 국제적인 금융가를 알 것이다. 그는 수백억불의 투자기금을 움직이는 세계 최대의 금융가다. 외환위기를 겪는 나라마다 그의 도움을 받으려고 애를 쓴다. 우리나라도 사정은 마찬가지였다. 그에게는 또한 국제투기꾼이라는 오명도 함께 따라 다닌다. 하지만, 그가 세계에서 자선사업을 가장 많이 하는 자선사업가라는 것 역시 잘 알려진 사실이다. 소러스가 혼란스런 금융시장을 구해주는 마술사이든 오히려 혼란을 조장하는 투기꾼이든, 야누스적인 두 얼굴을 하고 있지만, 그는 분명 부의 가치를 알고 한 부분의 여백을 통해 부를 공유하는 방법을 아는 사람임에는 틀림이 없는 것 같다.

셋째, 동기(motivation)와 의욕(desire)과 열정(passion)과 집념(tenacity) 면에서 진짜부자가 될 사람은 남다르다. 진짜부자는 삶에 대한 강한 동기와 의욕이 있다. 집념을 가지고 도전하지 않으면 아무 일도 시작되지 않는다. 무엇이든 건성으로 대충대충 하는 것이 없으며, 사람과 일에 있어서 열정적이고 집요하다. 열정이 사람을 감동시키고 집요함이 업무수행 능력을 향상시킨다. 진짜부자들의 목표에 대한 집념은 타의 추종을 불허할 정도다. 어쩌면 이러한 동기와 열정과 의욕과 집념이야말로 진짜부자가 가지고 있는 가장 본질적인 공통점일 수도 있다. 의욕 없이 되는 대로 살면 진짜부자는 고

사하고 우연히 무자격부자가 될 기회도 잡을 수 없다. “어떤 위대한 것도 열정 없이는 결코 이루어질 수 없다(에머슨).” 열정의 원천은 순수이다. 순수한 사람은 가치 있는 일을 위해 심신을 바칠 수 있다. 마치 빈 독에 많은 물을 담을 수 있는 것처럼, 순수한 사람은 많은 것을 이룰 수 있다. 머리로 계산만 하면서 시간을 보내는 것보다는 행동으로 옮겨서 시행착오를 겪을 때 깨닫고 배우는 것이 훨씬 많다. 틀리면 고쳐서 다시 도전하면 된다. 해보지도 않고 무엇이 잘못 되었는지 어떻게 알 수 있겠는가? “인생, 특히 청춘은 모든 것이 실험이다”(스티븐슨, 고쳐 씀).

한국현대사의 불후의 기업가인 고 정주영 회장을 생각해 보라. 그는 무일푼으로 강원도 감자바위를 탈출하여 한국 최고의 기업과 부를 일군 이 시대의 큰 기업가 중 한 사람이다. 그는 70이 넘은 나이에도 20대 젊은이를 능가하는 의욕과 열정을 가지고 있었던 것으로 유명하다. 그는 ‘아침에 일어나 할 일을 생각하면 가슴이 설레어서 늦잠을 잘 수가 없다’고 했다. 이 얼마나 경탄할만한 일인가? 희망에 사는 사람은 항상 젊다(청남). 그와 그를 닮은 기업가들의 가슴에 끓어 넘치는 청춘의 열기가 우리 경제의 고로(高爐)를 달구어서 우리 기업을 세계적인 기업으로 만들었다. 정 회장과 그를 닮은 기업가들의 땀과 혼이 한국경제를 이만큼 키워놓은 것이다. “여전히 이 땅에는 할 일이 많다. 청춘들이여, 서둘러라(베토벤, 수정함).” 다음의 사무엘 울먼의 시를 보며 젊은이다운 열정이 어떤 것인지 생각해 보자. 사무엘 울먼이 청춘을 장밋빛 같은 뺨, 앵두 같은 입술, 하늘거리는 자태와 같이 스러져 가는 물리적 현상에서 찾지 않고 강인한 의지, 풍부한 상상력, 불타는 정열, 신선한 정신, 유약함을 물리치는 용기, 안이함을 뿌리치는 모험심에서 찾은 것은 가히 놀라운 통찰이 아닐 수 없다.

청 춘

사무엘울먼 작

청춘이란 인생의 어느 기간을 말하는 것이 아니다. 청춘이란 마음의 상태를 말한다. 그것은 장밋빛 같은 뺨, 앵두 입술, 하늘거리는 자태가 아니라 강인한 의지, 풍부한 상상력, 불타는 정열을 말한다.

청춘이란 인생의 깊은 샘에서 솟아 나오는 신선한 정신, 유약함을 물리치는 용기, 안이함을 뿌리치는 모험심을 의미한다. 때로는 이십의 청년보다 육십이 된 사람에게 청춘이 있다. 나이를 먹는다고 해서 늙는 것은 아니다. 이상을 잃어버릴 때 비로소 늙는 것이다.

세월은 우리의 주름살을 늘게 하지만 열정을 가진 마음을 시들게 하지는 못한다. 고뇌, 공포, 실망 때문에 기력이 땅으로 꺼져 들어갈 때 비로소 마음이 시들어 버리는 것이다.

육십세이든 십육세이든 모든 사람의 가슴속에는 놀라움에 끌리는 마음, 젖먹이 아이와 같은 미지에 대한 끝없는 탐구심, 삶에서 환희를 얻고자 하는 열망이 있는 법이다.

그대와 나의 가슴속에는 남에게 잘 보이지 않는 그 무엇이 간직되어 있다. 아름다움, 희망, 희열, 용기, 영원의 세계에서 오는 힘, 이 모든 것을 가지고 있는 한 언제까지나 그대는 청춘이다.

영감이 끊어져 정신이 눈속에 파묻히고 비탄이라는 얼음속에 갇힌 사람은 비록 나이가 이십세라 할지라도 이미 늙은이와 다름없다. 그러나 머리를 높이 들어 희망이란 파도를 탈 수 있는 한, 그대는 팔십세일지라도 영원한 청춘의 소유자인 것이다.

네 번째로, 인품의 축에 존재하는 정말로 중요한 부자자격은 바로 생활태도이다. 이에는 정직함, 성실함, 근면함, 진지함, 정당한 대가를 추구하는 태도 등이 해당된다. 정직(正直)이 최선의 정책이라고 셰익스피어도 지적한 바 있다. 정직이란 바르고 곧은 것을 말한다. 정직의 근본은 상대방에 대해 고의적으로 정보를 왜곡하거나 결과적으로 왜곡될 여지를 제공하지 않는 것이다. 정직한 사람에 대해서는 상대방이 불안감을 느끼지 않기 때문에 장기적으로 거래의 기회가 많아지고 거래비용이 낮아진다. 이것은 곧 정직성이 금전과 등가물(等價物)인 신용을 창출할 수 있음을 의미하는 것이다. 그래서 정직한 사람에게 성공의 문이 쉽게 열리는 것이다.[15] 정직하지 못한 사람은 잠깐 동안은 무엇인가 더 얻은 듯 하지만 사람들이 불안감을 느끼고 그를 기피하기 때문에 기회가 사라지고 거래비용이 증가해서 결국 모든 것을 잃게 된다. 정직하지 못한 사람은 마침내 스스로도 믿지 못하므로 아무 것도 이룰 수 없는 최대의 비용을 치르게 된다. 이와 유사한 상황을 두고, 버나드 쇼(George Bernard

---

15 듀퐁(Dupont)은 세계 최고의 종합화학 기업군이다. 듀퐁가(家)는 미국이민이었는데, 그 집안에 내려오는 설화로 유명하다. 미국이민에 나선 듀퐁가의 선조들이 천신만고 끝에 미국의 해안에 도착했을 때 그들이 가진 거라곤 허기진 배와 금화 두 닢이 전부였다. 오랜 항해 끝의 배고픔이란 고통의 극을 보여주는 것이었다. 그런데, 누가 차려놓은 것일까? 해변에 음식이 한 상 차려져 있지 않은가? 그들은 너무도 배가 고픈 나머지 누구를 찾아서 허락을 구할 겨를도 없이 허겁지겁 그 음식을 먹어치웠다. 정신을 차리고 나서 주인을 찾았으나 주인은 나타나지 않았다. 그러나, 그들은 주인이 나타나지 않는다고 몰래 그 자리를 뜨지 않았다. 그들은 목숨이 걸린 전재산인 금화 두 닢 중 하나를 음식값이라고 생각하고 상에 남겨놓은 후 신께 감사하며 여행을 계속했다. 듀퐁가는 지금도 이 사건을 가문의 자랑스런 교훈으로 삼고 있다고 한다. 누가 보지 않아도 양심을 지키는 정직함—그 정신이 오늘날 세계 최고의 화학종합 기업군을 일으킨 힘이 아닐까?

Shaw)는 "거짓말쟁이가 받는 가장 큰 형벌은 그가 다른 사람으로부터 신임을 받지 못한다는 것보다 그 자신이 아무도 믿지 못한다는 슬픔에 빠지는 데에 있다"고 하지 않았는가? '남에게 꾼 돈을 갚지 않는 사람은 도둑질을 하는 것과 다를 게 없다'라든가 '빌린 돈을 약속대로 갚은 자는 신용을 곱으로 늘인다'라는 말은 신용의 의미와 그 중요성에 대해 지적한 것이다. 비근한 예로, 정부에서 매출신고나 납세실적에 근거하여 재해보상을 한다면 납세자들이 정직하게 세무신고를 하는 것이 일종의 보험과 같은 성격을 띄게 되므로 성실한 납세관행이 정착될 것이며, 일상의 정직성이 사회적인 가치를 갖는 전통이 수립되는 데 도움이 될 것이다.

성실함과 근면함은 모든 부자들의 공통분모이다. 성실함과 근면함은 게으름피지 않고 열심히 일하는 것으로 나타난다. 성실함과 근면함의 토양 위에서 창의력과 번득이는 아이디어가 진가를 발휘할 수 있는 것이다. "일이란[16] 인간이 사회에 제공하는 가치 있는 모든 것으로 이해되어야 한다(E. 프롬)"고 하였다. 카알라일은 "근면은 덕행(德行)의 근본이다"라고 지적했다. "사람의 말에는 성실과 신의가 있고, 사람의 행실에는 돈독함과 정성이 함께 있어야 한다. 이렇게만 된다면 이 세상에서 이루어지지 않는 일이 없다(공자)"고 하였다. "청년들에게 권할 만한 세 마디가 있다. 일을 해라. 일을 해라. 일을 해라(비스마르크)." 성실함과 근면함이 없다면 우여곡절 끝에 부자가 되었다 하더라도 그것은 무더위에 스쳐 가는 한 차례의 소나기에 불과하다. 성실하고 근면한 사람은 부란 그에

---

16 이후로 문장의 뜻을 좇아서, '노동'이라는 말을 '일'이라는 말로 바꾸어 썼다.

상응한 정당한 대가를 지불하고 얻는 것이라는 것을 알기 때문에 불필요한 지출을 하지 않을 뿐만 아니라 지출의 시기를 선택할 줄 안다. '부자가 되는 유일한 방법, 그것은 내일 할 일을 오늘 해 치우고, 오늘 먹어야 할 것을 내일 먹는 일이다'라는 말은 부자가 되는 전략으로써 근면과 절약과 저축의 중요성을 강조한 것이다. '겨울 땔감에 필요한 돈을 여름철 한가한 때 놀면서 낭비하지 말라'라는 말은 저축의 중요성과 무계획한 낭비의 폐해를 경계하는 것이다. 인간은 오직 일에 의해서만 이 세상에서 차분히 살 수 있다. 그래서 일하지 않는 사람은 언제나 불행하다(아우엘바흐). 그렇다. 일이란 인간이 행복하게 되기 위해 없어서는 안 될 조건이다(톨스토이). 근면은 태만, 불성실, 빈곤의 세 가지 부끄러움을 쫓아준다(볼테일). R. 라이니크는 "일이 집안으로 들어오면 빈곤은 도망쳐 나간다. 그러나 일이 잠들어 버리면 빈곤이 창으로 뛰어 들어온다"고 하였다. 이는 근면이 빈곤의 천적이며 인간은 근면에 의해 품위를 찾을 수 있음을 강조하는 말이다. 인간이 자기 일에 몰두하여 즐기고 있을 때만큼 사랑스러울 때가 없다. 더구나 그 기쁨뿐이 아니라 전혀 자기를 잊고 일에 몰두하고 있을 때의 그 사람의 진지한 표정도 또한 아름답다(라트브루호). "일이 재미있으면 인생은 낙원이다. 일이 의무라면 인생은 지옥이다(막심 고리키)"라는 말은 삶의 과정에서 일이란 불가피한 것임을 강조하면서, 기왕에 해야 할 일에 대해 성실함과 근면함을 통해 삶의 즐거움을 발견할 수 있음을 강조한 말이다. 여기에 창의성을 더해서 일할 수 있다면 얼마나 즐거울까?

소비생활에 있어서의 성실성에 관해서는 로버트 기요사키의 말을 참고할 수 있다. 로버트 기요사키에 의하면[17] 부자들은 사치품을 맨 나중에 사는데, 가난한 사람들과 중산층 사람들은 그것을 맨 처음에 사는 경향이 있다고 한다. 그들은 '필요 없는 것을 사면 필요한 것을 팔게 된다(프랭클린)'는 것을 모른다. 가난한 사람들과 중산층 사람들은 부자로 보이기 위해 큰 집과 보석, 모피, 혹은 고급 승용차를 사곤 한다. 그렇게 하면 부자로 보이지만, 사실 그들은 점점 더 빚만 질뿐이다. 가난한 사람들과 중산층 사람들은 자신들의 피와 땀, 그리고 아이들에게 물려주어야 할 유산으로 사치품을 산다. 사치하는 사람은 능력에 비해 씀씀이가 많기 때문에 항상 모자라서 남에게 인색하다.[18]

영국의 대문호 셰익스피어도 "돈을 빌리지도 말고 꾸어 주지도 말라. 빚은 검약의 칼끝을 무디게 한다. 자칫하면 꾸어준 돈의 원금도 잃고 친구도 잃게 된다"고 하여 불성실한 생활태도로 인한 낭비와 빚의 무서움을 경고한 바 있다. '빌린 돈은 어떠한 돈이건 입구는 넓고 출구는 좁게 마련이다'라거나, '어려워 빌릴 때 웃지 말라. 갚을 때가 되면 울게 된다'라는 말 역시 불성실한 생활태도로 인한 빚의 무서움을 경고하는 격언들이다.

불성실하고 게으른 사람이 상속이나 복권, 슬롯머신 도박 등으로 돈벼락을 맞고 하룻밤에 벼락부자가 되었다고 해보자. 이런 사람은 특이한 행운으로 돈은 많아졌지만 여전히 무자격자인 까닭에 무자

---

17 부자 아빠 가난한 아빠, 1997, 로버트 기요사키, 샤론 레흐트; 형선호 역, 2000, 황금가지

18 이덕형(李德馨) – 자는 한음(漢陰), 조선시대 명재상으로 오성(鰲城) 이항복(李恒福)과 더불어 당대에 추앙을 받았고 많은 일화를 남겼다.

격부자의 본질적 특성에 의해 부의 파괴적 순환구조에 빠져서 자신과 이웃을 파괴하므로, 오히려 돈벼락을 맞지 않느니만 못한 처지를 맞게 된다.[19] 레우왈레이스가 이른 바, "과도한 재산을 소유하게 되었을 때보다 더 시련을 당하게 되는 적은 없다"는 말을 되새겨 보자. 자격이 안 되는 과도한 재산은 재앙이다. 하지만, 자격이 되는 돈은 많을수록 자신과 사회에 축복임을 알아야 한다. 이를 두고, 도스토예프스키도 "고뇌를 거치지 않고는 행복을 알 수 없다. 천상의 왕국은 노력에 의해서 얻어지는 것이다"라고 말한 바 있다.

진지함과 정당한 대가를 추구하는 태도 또한 진짜부자에게 요구되는 매우 중요한 품성이다. 작은 일에 진지하지 않으면서 어찌 큰 일에 진지할 수 있을까? 나폴레옹 황제도 "개선으로부터 몰락까지

---

19 1998년 2월 24일에 펜실베이니아주에서 복권 잭팟으로 1천6백만 달러짜리(약 265억원; 당일 달러당 원화환율 1,656)짜리 복권에 당첨된 윌리엄 포스트라는 사나이는 복권에 당첨되어 되려 패가망신한 사람이다. 포스트가 복권에 당첨되자 그의 남동생은 돈을 노리고 형을 죽이기 위해 살인 청부업자를 고용한 혐의로 체포됐다. 또 그의 다른 형제자매들은 포스트를 끈질기게 졸라대서 자동차나 식당 등, 각종 사업에 투자하도록 만들었다. 포스트는 투자한 돈에서 단 한 푼도 돌려 받지 못했다. 포스트의 전 애인은 당첨금을 나누어주지 않았다고 그를 고소했다. 이런 일들이 겹치자 법원은 포스트가 채무관계를 청산할 때까지 그의 당첨금을 조건부 날인증서 구좌에 보관해 둘 것을 명령했다. 결국 그는 각종 채무를 해결하기 위해 당첨된 복권을 경매에 부쳤다. 결과적으로 그가 확보한 돈은 그가 펜실베이니아에 있는 침실 세 개가 있는 작은 집을 구입하기 위해 사용한 돈과 복권이 당첨됐다고 흥청망청 써버린 돈을 포함해서 총 2백만 달러 정도였다고 한다. 고작 그 작은 집 정도가 그의 복권 당첨금에서 최후로 남은 전부였다. 현재 포스트는 월 450달러의 사회복지연금과 극빈자를 위한 정부보조식량으로 살아가고 있다. 샌프란시스코에 위치한 '돈, 의미와 선택' 연구소의 스티븐 골드바트 공동국장의 말에 의하면 복권 당첨자중 3분의 2정도가 5년 이내에 당첨금을 모두 탕진한다고 한다. 포스트의 사건은 부에 걸맞은 자격이 없는 자가 요행히 돈벼락을 맞아 부자가 되면 부의 파괴적 순환구조에 빠져서 패가망신하게 됨으로써 오히려 요행히 부자가 되지 않음만 못하다는 것을 보여주는 단지 하나의 예에 불과하다.(2002.05.17, CNN 한글뉴스, Joins.com, 저자 편집)

의 거리는 단 한걸음에 지나지 않는다. 나는 사소한 일이 가장 큰 일을 결정함을 보았다"라고 하여 사소한 것에서부터 진지해야 크고 중요한 일에 진지할 수 있음을 강조했다. 평소에 건성으로 생활하는 사람이 어느 날 갑자기 큰 기회를 잡았다고 어떻게 갑자기 진지한 태도를 가질 수 있을까? 평소에 몸에 밴 생활태도는 하루아침에 바꿀 수 있는 것이 아니다. 그래서 '습관이 운명이다'라는 말이 설득력을 갖는 것이다. 좋은 생활습관이 좋은 운명을 실현한다는 말이다. 우암 송시열의 "용이 용을 낳고 봉이 봉을 낳는다"는 금언도 좋은 생활습관에서 좋은 삶이 나오고 나쁜 생활습관에서 나쁜 삶이 나온다는 인과관계를 강조한 말로 해석할 수 있을 것이다. 정당한 대가를 추구하는 태도가 없으면 우연한 횡재나 공짜에 연연하게 된다. 그 결과 평소에 불성실한 생활태도를 갖게 되고 자기계발(自己啓發)에 게으르게 되어 아무런 과실도 기대할 수 없는 잡초와 같은 인생으로 전락하고 만다. 우리 주위에 보면 잡기에 능하여 작은 내기를 할 때마다 곧잘 이기곤 하는 사람이 있을 것이다. 그들 중 크게 되는 사람을 보았는가? 그것은 절대로 있을 수 없는 일이다! 잡기에 능한 사람들은 대개 잡기를 통해 요행히 얻게 되는 작은 이익에 익숙해져서 장기적으로 실력을 연마하지 않으므로 결코 큰 인물이 될 수가 없다.

(2) 능력의 축

이는 부를 획득하는 데 필요한 능력에 대해 알아보자. 이러한 능력의 전부를 갖추면 가장 좋겠지만 그 중 일부에 강하더라도 원하는 수준의 부를 이루는 데 매우 유리한 상황에 놓이게 된다. 부자의 능력을 갖추고 이를 잘 활용하면 부의 수준이 계속 올라가서 어느덧 부자가 되어 있는 것을 깨닫게 될 것이다. 그 과정에서 느끼게 될 삶의 기쁨은 추가적인 보너스의 의미를 갖는다.

능력의 축에서 반드시 갖추어야 할 요소는 크게 네 가지이다. 이에는 지식역량과 대인관계역량과 행동화역량과 대화역량이 해당된다. 지식의 힘은 스톡(stock, 저량(貯量))으로 쌓여 있을 때 발휘되는 것이 아니라 유동질(flow)화 되어 살아 움직일 때 발휘된다. 따라서, 지식역량의 질에 대한 척도는 얼마나 많은 학벌을 쌓았느냐 하는 것이 아니라 작은 지식이라도 이를 얼마나 훌륭하게 유동질화 할 수 있는 능력이 있느냐 하는 것이 되어야 한다. '되로 배워서 말로 써먹는다'라는 말은 지식의 유동질화 능력을 강조하는, 조상들의 지혜가 담긴 격언이리라. 학벌지상주의자나, 정규교육을 받지 못했다고 체념하는 사람은 지식을 정체되어 있는 스톡의 개념으로 파악하는 사람이다. 프랑스의 철학자 알랭의 다음 이야기를 새겨보면 생각이 달라질 것이다.

> 배우지 않은 자의 슬픔이여! 이것은 게으름뱅이의 자기변명이다. 그렇다면 공부를 하라! 공부한 일이 있으니까 이제는 배우지 못했다는 말이 우스꽝스런 말이 된다. 과거에 기대를 갖는다는 것은 과거를 한탄함과 마찬가지로 어리석은 일이다.

지식역량이 뛰어난 사람은 지적 호기심이 강하고 창의력이 풍부하다. 정규교육을 많이 받지 못한 사람도 끊임없이 머리를 쓰고 아는 지식을 활용하려고 노력하면 여느 고학력자 못지 않은 창의력을 발휘할 수 있다. 학벌보다 중요한 것은 지식활용역량이며, 이는 끊임 없이 지식획득과 적용을 위해 노력하는 것이다. 어머니를 생각해보라. 혹시 학벌이 높지 않더라도 어머니가 아는 것이 부족한 적이 있었는가? 발명왕 에디슨과 한국 근대사의 큰 기업인인 정주영 회장과 마쓰시다 전기의 창업자 마쓰시다 고노스케, 등등 드러난 사람들뿐만 아니라 우리 주변의 크고 작은 중소 영웅들을 찾고자 한다면 그 예는 너무도 많다. 이런 경우 지식역량이 체계를 잘 갖추지 못한 것이 약간의 흠인데, 일생동안 끊임없이 독서하고 머리를 연마한다면 얼마든지 극복할 수가 있다. 지식역량을 체계화하고 활용하는 데 다른 사람의 도움을 받을 수도 있다. 정규학력이 없는 것 자체는 무서운 것이 아니다. 그러나 정규학력이 없다는 것을 빌미 삼아서 자신을 낮은 수준의 사람으로 자리 매김 해 놓고 자포자기한다는 것이 무서운 것이다. 그렇게 되면 이미 지식역량을 송두리째 포기하고 인생마저 유기한 것이 된다.

대인관계역량이란 더불어 추구할 수 있는 역량이다. 대인관계역량은 사람을 모으고 설득하고 교육시켜서 자기사람으로 만드는 역량이기도 하다. 대인관계역량은 혼자서는 못 하는 더 큰 일을 성취하도록 해준다. 개인적 성취의 한계를 초월하게 하는 힘이 바로 대인관계역량이다. 여럿이 분업하고 협업함으로써 혼자서는 할 수 없는 더 크고 중요한 가치를 이루어낼 수 있다는 것이 대인관계역량의 필요성에 대한 증거이다. 이것이 소위 윈윈(win-win) 전략, 즉 상생전략(相生戰略)이다. 이러한 결과는 각자가 확실하게 장점을 살리면서 서로에게 도움을 줄 때 얻어진다. 의존적(dependent) 상태에서 벗어나 남에게 폐를 안 끼치는 독립적(independent) 상태에 이르면 개인은 비로소 자기 몫을 해내는 성숙한 단계에 도달한다. 한 걸음 더 나아가서 서로 협조하면 서로의 장점을 극대화하는 상호의존적(inter-dependent)인 상태, 즉 상생의 상태에 도달하게 된다. 이따금, 개인적으로는 무능해 보이는 사람이 많은 사람들을 이끌면서 큰 일을 하는 것을 보고 의아해 하거나 심지어 개탄하는 수가 있는데, 사실은 이런 사람들에게서 뛰어난 대인관계역량이 발견된다. '개가 두 마리 모이면 사자도 이길 수 있다'는 격언은 대인관계역량의 위력을 단적으로 말해 주는 것이리라. 대인관계역량은 자기가 할 일은 안 하고 다른 사람에게 의존하는 것이 아니다. 대인관계역량은 자기의 책임을 확실하게 이행하는 데서 출발한다. 대인관계역량이 제대로 발휘되려면 동료나 상사나 부하를 위해 기꺼이 희생하는 정신을 발휘해야 한다. 왠지 사람들이 자기를 따르지 않는다면 자기가 권위와 권리만 챙기고 절대로 희생하지 않았는지 반성해 보아야 한다. 명심보감에서 '의리 없는 친구는 가히 사귀어서는 안 된다'라고 지적한 것처럼, 자기가 바로 그 의리 없는 친구가 아닌지 생각해 보아야 할 것이다. '나쁜 짓을 할 때에는 남의 도움을 받지 말라. 그러나 좋은 일을 할 때에는 남의 도움을 받는 것이 좋다'라는 말은 좋은 일일수록 협력해서 더욱 크고 좋게 하거나 좋은 일에 사람들을 동참시켜서 행복을 나누고 그 결과 좋은 일을 지속적으로 할 수 있어야 한다는 뜻이리라. "좋은 친구를 만든다는 것은 큰 자본을 얻는 것과 같다(C. 레만)"는 말의 참뜻이 대인관계역량의 중요성을 강조하는 것임은 명백하다. 협업과 분업을 통해 능률을 극대화하는 대인관계역량의 중요성에 대해 생각할 때 친구와 나의 관계를 어떻게 설정하는 것이 좋을 지에 대해서는 다음의 탈무드의 지적을 새겨봄직하다.

> 친구가 없어도 일을 해 나갈 수 있다고 생각하면 잘못이다. 친구가 없으면 혼자서 일을 처리할 수 없다고 생각하는 것은 대단히 잘못된 생각이다. 그리고 자기가 없으면 친구가 일을 할 수 없다고 생각하는 것은 더욱 큰 잘못이다. **- 탈무드**

친구란 넓게 보면 같은 뜻으로 무엇인가를 공유할 수 있는 존재이다. 공유할 수 있는 것으로는 시공간(時空間)도 있고 사상도 있고 부(富)와 같은 물적 자원도 있고 사람이나 조직과 같은 인적 자원도 있고 정보도 있고 관심분야도 있고 취미도 있고 정서도 있다. 이렇게 보면 친구란 나이에 의해서 결정되는 것만은 절대 아님을 알 수 있다. 그런데 평소에 친구임을 확인해 주는 공식코드가 있으니, 그것은 바로 그 또는 그녀의 이름을 기억하고 불러주는 것이다. "이름이란 모든 말 중 가장 듣기 좋고 중요한 소리다(데일 카네기)"라는 말이 이를 웅변해 준다. 대인관계 역량을 키워나가기 위해서는 친구의 이름을 기억하고 부드럽게 불러주는 것이 생활화되어야 한다.

행동화역량은 그 자체로서도 아주 중요한 역량이면서, 동시에 진짜부자가 되기 위해 필요한 나머지 역량들을 극대화시켜 주는 추진체이다. 사람들은 천재에 대해서 이야기할 때 그 사람의 두뇌역량에 대해서만 관심을 갖는다. 이런 천재들은 '두뇌의 천재'라고 할 수 있다. 하지만 두뇌의 천재의 다른 쪽에 두뇌역량은 뛰어나지 않지만 행동화역량이 뛰어난 '행동의 천재'가 있음을 알아야 한다. 세계 제일의 선박부호였던 오나시스, 철강 왕이라는 불후의 명성을 얻은 카네기, 빈손으로 한국 최대의 부자가 된 정주영, 혼다 그룹의 창업자 혼다 쇼이치로, 한국을 반도체 강국으로 부상시키는 불씨를 댕긴 이병철 회장 등등—이들의 가장 현저한 공통점은 그들의 탁월한 행동화역량이다. 행동화역량이 뛰어난 사람은 어떠한 사소한 결점이라도 다 극복하고 새 시대를 열어갈 수 있다. 행동화역량은 나아갈 길을 열어준다. 다음의 말을 기억하자.

"우리는 길을 찾거나 아니면 만들게 될 것이다."

– 한니발

한니발의 말처럼, 우리는 길을 찾거나 아니면 만들어야 한다. 길을 찾기 위해서도 가장 필요한 것이 행동이요, 길이 없을 때 새 길을 만드는 데 가장 필요한 것 역시 행동이다. 행동하는 자는 행동하지 않는 자를 늘 이긴다. 행동화역량의 중요성이 여기에 있다. 비스마르크는 "앞에 무슨 일이 생길 것인가 묻지 마라. 오로지 전진하라! 그리고 대담하게 운명에 부딪쳐라! 이 말을 따르는 자는 물새 등에 물이 흘러 버리듯 인생의 역경은 가볍게 뒤로 사라진다"고 하여 행동(전진)과 운명에의 도전 정신이 반드시 승리할 수 있음을 강조하였다. 카알라일은 "인생의 목적은 행위이지 사상이 아니다"라고 하였다. 이는 행동화역량의 중요성에 대한 매우 강력한 주장이라고 할 수 있다. 계획은 존재에 선행한다. 하지만 행동이 없는 계획은 무계획적인 시행착오(행동)만 못하다. 실천이 전제된 계획이야말로 진정으로 가치가 있다. 잘 되는 기업은 다소 엉성하더라도 수립한 계획을 실천한다. 하지만, 결국 휴지통에 들어가고 마는 그럴 듯한 계획들이 얼마나 많은가? 결국 버려질 계획을 만들기 위해 들어간 시간과 노력과 비용이 지금 이 시간에도 많은 기업을 좀먹고 있다. 이것이 어디 기업만의 이야기이겠는가? 계획이 없으면 아무것도 실행할 수 없을 것으로 생각하면서 주로 계획을 세우는 데 정열을 쏟고, 막상 실행의 의미에는 그다지 관심이 많지 않은 이들에게는 도산 안창호 선생의 다음 이야기가 꼭 필요하다.

소에게 무엇을 먹여야 가장 좋겠냐는 토론으로 세월을 보내다가 소를 굶겨 죽였습니다. 백(百)의 이론보다, 천(千)의 회의보다, 만(萬)의 웅변보다 풀 한 짐 베어다가 쇠죽 쑤어본 일이 있는 사람이 누구입니까?

필자는 꿈을 실현하기 위해 없어서는 절대로 안 되는 것이 행동임을 재삼 강조하고 싶다. 꿈이 많으면 행복하다. 꿈이 실현 되기를 간절히 원하는데 행동이 없으면 머리가 무겁다. 행동을 시작하면 뭔가 구체화되기 시작하면서 머리가 개운해진다. 꿈이 있는 사람에게 가장 중요한 것은 행동이요 실행이다! 문을 열려면 밀거나 당기거나 해야 한다. 자동문이라 해도 충분히 바짝 다가가서 센서를 자극해야 문이 열린다. 누가 자기의 삶을 포기하고 다른 사람의 길을 일일이 준비해 줄 수 있겠는가? 이것은 있을 수 없는 일이다. 자신의 행동화역량에 불을 지펴서 자신의 몸과 정신을 로켓 삼아 미래를 향해, 거친 광야를 향해 비상(飛上)해야 한다. "끝나 버리기 전에는 무슨 일이든 불가능하다고 생각하지 말자."[20]

부자가 되기 위한 능력의 축 중 대화역량이란 대화를 통해 자기의 진실을 전달하여 상대방에게서 원하는 행동을 이끌어내는 역량이다. 이것은 말 잘하는 언변과는 다르다. 눈을 감고서는 달빛을 보려 해도 볼 수 없다. 뒷짐을 지고서는 따뜻한 악수를 할 수 없다. 대화역량의 바탕은 상황을 바르게 인식하고 진실을 전달하고자 하는 태도에서 출발한다. "자신을 드러낼수록 상대방도 나를 믿고 자신의 속마음을 말한다"는 주장은 진실성의 중요성을 일깨우는 말이다. 뛰어난 대화역량은 위대한 꿈과 진실성과 열정과 지식유동질화역량에서 나오는 것이다. 대화역량이 부족하면 자신의 세계를 확장해 나가는 데 많은 지장을 받게 마련이다. 하바드대 졸업생 중 성공한 사람들이 최우선적으로 꼽는 성공비결은 대화기술이라는 조사에서 보듯이 대화역량은 매우 중요한 역량임을 알 수 있다. 대화기술의 근본은 상대방의 이야기를 들어주는 것이다. 마음을 비우고 들으면 상대방의 진심을 알 수 있다. 미리 선입견을 가지고, 또는 주관적 예단(豫斷, 미리 판단함)을 가지고 들으면 상대방의 이야기는 귓가에 스쳐 가는 돌풍에 불과하다. 이렇게 되면 대화하기 전과 후의 쌍방의 태도에는 변화가 있을 수 없다. 그러므로 들을 줄 모르는 사람은 대화할 줄 모르는 사람이라고 할 수 있다. 상대방이 말할 틈을 주지 않거나 말을 끊거나 가로채거나 무시하고 딴 짓을 하는 사

---

20 키케로(Marcus Tullius Cicero)

람은 대화역량이 없는 사람이다. 이런 사람은 진짜부자가 되기 위해 필요한 중요한 역량의 하나가 결핍되어 있으므로 진짜부자가 되기가 쉽지 않다.

5. 역사와 일화 속의 진짜부자들

이곳에서는 이 책에서 제시한 모형에 비추어 볼 때 진짜부자로 살았거나 현재 진짜부자로 살고 있는 사람들을 소개하려고 한다. 지면의 한계로 인해 여기에서 소개할 수 있는 사람은 잘 알려진 소수에 불과하다. 사실 우리 주변에는 드러나지 않은 진짜부자들이 많을 것으로 생각된다. 필자가 소개하는 사람들보다 더 대단한 진짜부자도 얼마든지 있을 수 있다. 필자가 소개한 진짜부자에 대한 이견(異見)도 있을 수 있을 것이다. 독자들께서는 이 점을 참고하시기 바란다.

(1) 12대 동안 만석꾼을 지낸 경주 최부잣집[21]

혜택 받은 자로서의 책임을 다하고 사회에 환원할 줄 알았던 진짜부자

우리 조상 중에는 세계 어디에 내 놓아도 자랑할만한 진짜부자의 가문이 있었다. 그 가문 중 하나가 바로 12대 400년 동안 계속 1만석의 부를 유지해 온 경주 최부잣집이다. 최부잣집은 부에 대한 올

---

21 5백년 내력의 명문가 이야기, 2002년 1월, 원광대 동양학대학원 조용헌 교수, 푸른역사

바른 경륜과 철학이 발휘하는 힘을 유감 없이 보여주는 좋은 예이다. 우선, 이 집안의 가훈을 보자. ▸과거시험은 보되 진사 이상의 벼슬은 하지 마라(정쟁에 휘말려 '멸문지화'를 당하는 일을 피하기 위한 것). ▸재산은 만석 이상 모으지 말고, 만석이 넘으면 사회에 환원하라. ▸흉년에는 가난한 사람의 논을 사지 않는다. ▸과객(지나가는 손님)을 후하게 대접하라. ▸사방 100리 안에 굶어 죽는 사람이 없게 하라. 참으로 숙연해지기까지 하는 올곧은 철학들이다.

경주 최부자 댁에는 또한, 며느리는 시집온 후 3년간 무명옷을 입으라는 내훈도 있었다고 한다. 근검절약을 몸에 익히지 않으면 부를 유지할 수 없다는 철칙을 너무도 잘 알고 실천했음을 보여주는 대목이다. 경주 최부자 댁에서는 보릿고개 때는 집안 식구들도 쌀밥을 먹지 못하게 했고, (당시 부의 상징이었던) 은수저는 절대 사용하지 못하게 했다고 한다. 1년 쌀 소작료 3,000석 중에서 1,000석은 과객 대접에, 또 1,000석은 빈민 구제에 쓴 집안이 바로 최부자 댁이었다고 한다. 채근담에 '맛좋은 음식은 삼분을 감하여 다른 사람이 먹도록 사양하라. 이는 곧 인생을 사는 가장 안락한 법의 하나이다'라고 한 바 있는데, 최부자 댁은 자기들의 철학에 의해 그런 행위를 이끌어 낸 것 같다. 이런 것들이 허풍스런 사치에 기울지 않을 뿐만 아니라, 이웃의 가난과 불행을 비웃기에 앞서 베풀 줄 아는 여유와 아량으로 인한 여백이 있는 진짜부자의 모습이라 아니할 수 없다.

경주 최부잣집에는 「자처초연(自處超然, 스스로 초연하게 지내고), 대인애연(對人靄然, 남에게는 온화하게 대하며), 무사징연(無事澄然, 일이 없을 때에는 맑게 지내며), 유사감연(有事敢然, 유사시에는 용감하게 대처하고), 득의담연(得意淡然, 뜻을 얻었을 때는 담담하게 행동하며),

실의태연(失意泰然, 실의에 빠졌을 때에는 태연하게 행동하라)」이라는 소위 육연(六然)의 내훈이 전해지고 있다고 한다. 최부잣집은 근세까지 이 가훈을 실천했다. 일제 때 최준은 '백산상회'라는 유령회사를 설립해 상해 임시정부로 거액의 독립운동 자금을 지원했다. 이로 인해 최씨 집안은 위기를 겪기도 했다. 마지막에는 전 재산을 대구대학교(영남대학교의 전신)의 설립에 투입하면서 부의 세습에 대한 시대변화를 수용했다. 그후 남은 모든 재산은 영남대학교 재단에 기부했다. 이로써, 최부잣집의 부의 내력은 후대 젊은이들의 혈관을 타고, 12대 400년의 한계를 초월하여 영원히 계승·발전하는 결과가 되었다. 얼마나 멋지고 위대한 선택인가?

최부잣집에서 중시하는 가훈과 철학들은 대부분 가진 자의 베풂과 솔선수범, 즉 '노블리스 오블리제'임을 알 수 있다. 이것이 시오노 나나미가 「로마인 이야기」에서 몇 번이나 강조한 것처럼, 로마제국이 세계 최강국으로서의 위상을 천년 동안 유지한 원동력임을 재삼 되뇌일 필요도 없다. 로마의 귀족들은 평민이나 노예들과 달리 유사시에 전쟁에 나가서 피를 흘리고 전 재산을 바쳐서 나라를 지켰던 것이다. 이로 인해 그들의 특권도 지킬 수가 있었다. 이런 관점에서 본다면, 이 땅에서 남다른 부와 특권을 누리면서 오히려 그를 악용해 자녀를 병역기피 시킨 것으로 의심받는 사람들 중 실제로 그런 사람이 있다면, 그의 의식수준은 주권이라고는 전혀 없던 천민이나 노예에 지나지 않는다. 서양사는 이탈리아 르네상스의 후원자인 메디치가(家), 근세유럽 최고의 명문가로 알려진 합스부르크 왕가와 미국의 케네디가, 그리고 부시가 등을 노블레스 오블리제를 실천한 명문가로 꼽고 있다고 한다. 경주 최부잣집은 혜택 받은 자로서의 책임을 다하고, 사회에 환원할 줄 알았던 진짜부자로서, 남들은 3대도 어렵다는 조선 최고부자의 지위를 400년 간이나 유지했다.

최부잣집의 사례를 보면 인품과 능력의 전모를 두루 갖춘 진짜부자, 즉 유자격부자의 전형(典型)을 엿볼 수가 있다. 또한, 누가 과연 유자격부자인지에 대한 판단기준은 '어떻게 사느냐(How to live)'로 나타나는 행동에 있음을 일깨워 준다. 경주 최부잣집의 사례는 우리 사회에도 정말 자랑스런 진짜부자의 전통이 있다는 역사성과 함께 오늘날도 얼마든지 가능하다는 희망을 보여주는 좋은 예이다.

어느 국민의식 조사에[22] 의하면 한국인의 35.7%가 부자는 마음도 나쁘다고 생각하고 있고(일본 25.0%, 중국 17.4%), 48.6%가 부자는 열심히 일하는 사람들이 아니라고 생각하고(일본 47.0%, 중국 39.9%) 있으며, 81.2%가(중국 52.2%) 기업 오너의 재산은 사회에 환원되어야 한다고 생각하는 것으로 나타났다. 요는 부자는 마음도 나쁘고 성실하지 못 하며, 베풀지도 않는다는 것이다. 최부잣집의 경우와는 정 반대의 행동들을 현대의 우리나라 부자들이 자행하고 있다고 국민 대다수가 생각한다는 것이다. 이러한 의식이 일본보다 강하며, 특히 사회주의 국가인 중국보다 강한 것은 충격적인 일이 아닐 수 없다. 이는 우리나라 사람들이 그동안 무자격부자들로 인해 얼마나 큰 상처를 입었는지를 보여주는 하나의 증거라고 보아야 한다. 부자답지 않은 부자, 돈만 많고 격은 안 되는 엉터리 부자들은 사람들의 선망과 존경의 대상이 되기는커녕 멸시와 경계의 대상밖

---

22 중앙일보 2003.5.1

에는 되지 못함을 알 수 있다. 무자격부자들로 인해 진짜부자, 즉 유자격부자들 마저 피해를 입지 않을 수 없는 현실이 참으로 안타깝다. 한국인이 지나치게 자존심이 강하다거나 평등 지향적인 의식을 가지고 있어서 그렇다는 말로는 절반도 설명이 안 되는 현상이다. 이러한 현상은 부자들 스스로 해결하지 않으면 아무도 해결해 줄 사람이 없다.

그 해결의 좌표 중 하나가 바로 400년 내력의 경주 최부잣집이 될 수 있을 것이다.

(2) 빌게이츠(빌게이츠 3세)

5백 불로 시작한 세계 제일의 부자

빌게이츠는 재산이 최고 5백 수십억불이 넘기도 하며,[23] 최근 10년간 타의 비교를 불허하는 단연 세계 제일의 부자이다. 그는 어떻게 그럴 수 있었을까? 부모가 원래 부자여서 많은 사업자금을 대주고 큰 재산을 물려주었기 때문에 가능한 것은 아니었을까? 처음부터 워낙 대자본으로 시작했기 때문은 아니었을까? 아니다. 빌게이츠는 단돈 5백불을 가지고 그의 친구와 함께 낡은 차고를 빌리고 8비트 중고 애플컴퓨터 한 대를 사서 IBM이 요구하는 개인용 컴퓨터(PC)에 탑재되는 운영체제(OS)를 개발하기 시작하여 오늘에 이르렀다. 당시 IBM은 사무용컴퓨터의 거인이었으나 PC의 도전이 예상

23 빌게이츠의 재산은 대부분 자기가 설립한 회사(마이크로소프트)의 주식으로 되어 있기 때문에 주가의 등락에 따라 변동이 심하다. 2002년 9월 11일 현재 빌게이츠의 재산은 430억 달러(51조 6천억원) 정도이다.

됨에 따라 그에 대해 적당히 견제하면서 사무용컴퓨터 시장을 지키기 위한 준비작업으로 PC용 OS를 개발했던 것이다. IBM사의 판단에는 사무용컴퓨터가 여전히 컴퓨터산업의 주도권을 장악할 것이고, PC는 그저 조그마한 보조적 제품에 불과했으며, 더구나 PC용 OS는 '본질적으로 기계(하드웨어)'인 컴퓨터를 작동시키는 보조수단에 불과했다. 이것은 당시 젊은 빌게이츠가 가지고 있던 컴퓨터사업이라는 업(業)에 대한 개념과 전혀 다른 것이었다. 빌게이츠가 보기에는 컴퓨터의 생명은 하드웨어에 있는 것이 아니라 그것을 살아 움직이게 하는 소프트웨어에 있는 것이었다. 그렇다면 컴퓨터 산업의 핵심은 소프트웨어에서 찾아야 하고, 소프트웨어 산업은 하드웨어산업을 능가하는 잠재적 가치가 있는 것이 아닌가? 이러한 결론에 도달한 그는 하버드 대학을 중퇴하고 소프트웨어 개발에 전념했다. 그의 생각은 적중했고 그는 지금 세계 최고의 부자가 되어 있다. 소프트웨어의 본질은 지식역량을 기계에 구현하는 것임을 생각해 보면 빌게이츠는 부의 근원이 지식역량에 있음을 깨달은 현대 지식사회의 증인인 셈이다. 빌게이츠의 공헌으로 인해 지금 많은 사람들이 얼마나 편리한 세상에서 살고 있는가?

빌게이츠는 부의 본질을 알고 이를 구현하는 능력이 뛰어날 뿐만 아니라 부자로서의 인간적 자질도 뛰어난 유자격부자이다. 이것은 그가 1998년에 1억달러 규모로 시작했던 자선재단을 자산가치가 2백40억달러(약 280조원)가 넘는 세계 최대규모의 자선재단으로 발전시킨 것을 보아도 짐작할 수 있다. 그는 이 돈으로 세계 최빈국의 보건문제를 해결하는 데 도움을 주려고 한다. 이 일의 일환으로 74개국 어린이들에게 통상적 백신 접종을 확산시키려는 운동, 개도국에 새 백신을 신속히 보급하려는 운동, 그리고 에이즈와 말라리아 예방백신을 최초로 개발하려는 노력을 계속하고 있다.[24]

빌게이츠는 어느 날의 한 신문기사를 보고 큰 충격을 받았다. “가난한 나라가 전 세계 질병의 90%에 걸리지만 보건자원 혜택은 단 10%만 받는다. 그런 중세적 보건여건이 워낙 널리 퍼져 있어서 사회·경제 발달에 지장을 초래한다.” 그런 내용이었다. 포르토프랭스에서 북쪽으로 세 시간쯤 가면 해안도시인 몽트루이 위쪽에 이브와라는 작은 마을이 있다. 그곳 농민들은 바위투성이 언덕에서 옥수수·콩·사탕수수 농사를 지으면서 먹을 것만 충분하면 다행이라고 생각하며 살고 있다. 여기에서는 1년 내내 물이 부족해 여인들이 몽트루이의 우물로 내려와 양동이에 물을 길어 머리에 이고 산길을 올라간다. 아기는 자주 낳지만(한 부부가 7~8명을 낳는 일이 비일비재하다) 살아서 어른이 되는 건 확실치 않다. “다섯살이 되기 전에 죽는 아기도 꽤 있다”고 한 마을주민은 당연하다는 투로 설명했다. “열흘만에 죽는 아기도 있고, 8개월이나 2년 뒤 죽는 아기도 있다”고 한다. 자녀가 일찍 죽지 않는다는 확신이 선 부모는 아이를 적게 낳고 저축을 더 한다. 그러면 투자자본 창출에 도움이 되고 그것이 발전을 부르는 선순환 고리가 형성된다. 전체 어린이의 20%가 다섯 살이 되기 전에 숨지는 모잠비크에서 게이츠 재단은 보건요원 양성과 어린이들에 대한 파상풍·디프테리아·백일해·B형 간염 백신접종을 목적으로 하는 프로그램을 지원한다.

빌게이츠는 1980년대 말과 90년대 초 MS가 초대형 기업이 되면

---

24 이후의 내용은 ‘Geoffrey Cowley, 뉴스위크, 2002.2.19’에서 발췌 후 요약함.

서 사회에 뭔가를 돌려줘야 하지 않겠느냐는 압박감을 느꼈다고 한다. 빌게이츠의 부친인 빌게이츠 2세는 빌게이츠(3세)가 느끼는 압박감을 부채질했고 빌게이츠는 마침내 부를 이웃과 나누고 더불어 행복해지는 것에 대해 깊이 생각하고 실행으로 옮기게 된 것이다. 빌게이츠의 재단 운영방식도 독창적이다. 게이츠 재단은 정부나 기타 비영리기관이 대등한 수준의 보조금을 지원한다는 조건이 있어야만 보조금을 지급하고, 수혜자에게 목표 달성을 요구한다. 그렇게 하지 않으면 지원이 끊길 수 있다. 이런 독특한 방식은 일부 자선단체들의 비판을 받는다. 사람들에게 높은 기준에 맞추라고 요구하는 것은 레드먼드에서나 통하지 문맹자가 수백만 명인 곳에서는 통하지 않는다는 논리다. 하지만 이런 비판은 반드시 옳다고 볼 수는 없다. 도움을 받는 사람이 그것을 당연한 것으로 여기기 시작한다면 그 도움의 효력은 더 이상 없어진다. 도움을 당연한 것으로 여기게 되면 이제 도움을 줌으로써 행복이 증가하는 것이 아니라 도움을 주지 않으면 불행해지는 상태가 되어버린다. 빈곤한 중에서도 부의 파괴적 순환구조가 생길 수 있음을 보여주는 예이다. 부가 지출되는 과정에서 생산적인 순환고리를 만들기 위해서는 게이츠 재단이 요구하는 스타일의 '도움에 상응하는 노력'이 반드시 따라야 한다. 그 정도의 노력도 하지 않을 생각으로 무슨 도움을 받을 수 있단 말인가? 도움을 받는 사람들에게 높은 기준을 요구하는 것도 훌륭하다. 그들이 끝까지 무기력한 심신빈곤자로 남기를 원하지 않는다면, 그래서 그들이 재단의 도움을 지렛대 삼아서 한 단계 도약하여 문맹도 떨치고 자립하기를 원한다면, 높은 기준을 요구하는 것은 너무도 합리적이다.

빌게이츠가 세계 최고의 부자이기 때문에 그를 질시하는 사람들도 많다. 그가 9천4백만 달러를 기부해서 학교와 도서관에 컴퓨터를 기증하자 일부의 한심한 사람들은 그것이 소프트웨어 시장 확대를 노린 행위라고 비난했다. 그러는 그들은 도대체 무엇을 했는가? 우리 사회에는 실천 없는 말쟁이가 필요 없다! 말을 할 자격은 정말로 행동했느냐 하는 것일 따름이다. 지금까지의 행동을 보면 빌게이츠는 부를 이루는 능력에 있어서 천재적일 뿐만 아니라, 부를 생산적 순환과정에 따라 의미 있게 나눌 수 있는 넉넉함까지 가지고 있는 진짜부자임을 알 수 있다.

(3) 메리 베툰과 꿈을 관리하는 이사 제임스 갬블

메리 베툰(Marry Bethune)은 1875년 미국 남캐롤라이나 주에서 흑인노예 부부의 딸로 태어나 베툰-쿡먼 대학을 설립한 사람이다. 그녀가 15세 되던 해, 주인집 거실에서 어떤 책 한 권을 집어든 순간 누군가가 "내려 놔! 읽지도 못 하는 주제에 어디에 감히 손을 대는 거야!"라며 모욕을 주었다. 순간 베툰은 그 자리에 털썩 주저앉고 말았다. 그녀는 글을 읽는 능력이 흑인 아이들과 백인 아이들을 근본적으로 다른 종류의 인간으로 구분하는 기준이라는 것을 깨달았다고 한다. 그녀는 "글을 배워야 한다. 글을!"이라고 마음속으로 외치고 이를 실천에 옮겼다. 그때 마침 집에서 8킬로미터 떨어진 곳에 흑인도 다닐 수 있는 학교가 생겼고, 그곳에서 그녀는 열심히 공부했다. 이어서 그녀는 덴버 시의 학교에서 공부를 하고, 시카고의 무디성서학교(Moody Bible Institute)까지 진학했다. 물론, 학비를 마련하기 위한 고생은 말로 표현하기 어려울 정도였다고 한다. 하지만 이런 역경 속에서도 그녀는 흑인 소녀들을 가르치겠다는 꿈에 사로잡혔고 그 꿈을 위해 모든 것을 이겨낼 수 있었다.

졸업 후 그녀는 플로리다 주의 데이토나 비치(Dagtona Beach)에서 2층 짜리 낡은 건물을 임대해서 학생들을 맞이할 준비를 하였다. 그러나 계약금을 치르고 나니 수중에 남은 것은 1달러 50센트가 전부였다. 심각한 재정문제에 봉착한 것이다. 하지만 그녀는 좌절하지 않았다.

그녀는 마침 겨울휴가 차 데이토나 비치에 와 있는 제임스 갬블(James Gamble)이라는 부자에게 도움을 청하기로 마음먹었다. 그래서 그에게 편지를 보내 학교 운영문제를 논의하기 위한 면담을 요청했다. 약속을 받고 찾아간 그녀는 갬블 씨에게 흑인 소녀들을 위한 교육이 얼마나 절실한 문제인가 역설했다. 그녀는 "제가 온 것은 단순히 돈을 얻기 위해서가 아닙니다. 갬블 씨, 이사가 되어주십시오. 저의 꿈, 바로 이 학교의 꿈을 관리하는 이사 말입니다. 이 학교를 운영해 보겠다는 제 꿈이 정말 어리석다고 생각하십니까? 저는 노력 여하에 따라서 제 꿈이 시대가 염원하는 과업이 될 수도 있다고 생각합니다." 갬블 씨는 그녀의 진심과 열정에 감동하여 일단 학교를 방문기로 약속했다. 베튠은 갬블 씨 외에 함께 이사가 되어 주면 좋겠다고 생각되는 유지들 몇 명을 더 초청했다. 시장과 부동산업자 한 사람, 그리고 두 명의 흑인 목사였다. 손님들이 모두 모였을 때, 그녀는 자신의 학교에 관한 취지를 설명한 뒤, "저는 오늘 이 학교의 이사회를 구성하고자 여러분을 이 자리에 모시게 되었습니다"라고 말을 맺었다. 그녀의 말이 떨어지자 갬블 씨는 "저는 이 학교의 이사로 취임할 것을 승낙합니다"라고 제일 먼저 말했다. 곧 이어 다른 네 명도 흔쾌히 이사취임을 승낙했다. 이 학교가 개교 50주년을 맞이했을 때는 최초의 낡고 초라한 2층 짜리 건물은 대지 36에이커[25]에 19개의 빌딩을 갖춘 베튠-쿡먼이라는 커다란 대학으로 성장했다. 처음에 다섯 명에 불과하던 학생은 1천 3백 명이 넘었다.

자, 여기서 우리는 두 명의 주요 등장인물을 볼 수 있다. 한 명은 메리 베튠이라는 흑인노예 출신의 교육자이고 다른 한 명은 제임스 갬블이라는 부자이다. 메리 베튠은 15세부터 글을 깨우치기 시작하여, 인종차별과 신분차별의 벽을 넘어 모든 역경과 좌절을 극복하고 젊은이들의 혼(진짜부자의 자격)을 일깨우고 교육을 통해 삶을 개척할 능력을 일깨운 점에서, 미국 명예의 여성 전당에 올라 있는 것이 당연하리 만큼 귀감이 되는 인물이라는 생각을 하게 된다. 다음으로, 제임스 갬블이라는 인물을 생각해 보자. 그는 부자였다. 많은 부를 가지고 있었기 때문에 부의 여러 가지 가능성을 최대로 발휘할 수 있는 기회를 가지고 있는 사람이었다. 그것이 생산적 가능성이 됐든, 파괴적 가능성이 됐든 …. 많은 무자격부자들이 그러하듯이, 이웃의 시선은 아랑곳하지 않고 사치와 향락을 위해 그 돈을 써버릴 수도 있었다. 그런데 그는 그렇게 하지 않았다. 그는 자기의 부를 생산적 가능성을 최대로 발휘할 수 있는 과정으로 입증된 교육에 사용했던 것이다. 멋지지 않은가? 금전 형태의 이익은 그의 직접적인 관심사가 아니었다. 금전 형태의 이익은 나중에 그 학교를 졸업한 학생들이 성공의 한 부분으로 누리게 될 것이다. 젊은이들의 꿈을 관리하는 것으로부터 얻는 즐거움은 다른 어떤 것과도

---

25 145,684.8㎡, 44,069평

비교할 수 없다는 것을 그는 알았다. 즉, 제임스 갬블이라는 부자는 부를 생산적 경로를 따라 바르게 사용할 줄 아는 유자격부자였던 것이다.

(4) 에디슨의 동업자 반즈

자아상을 현실로 이끌어 내어 무일푼 백수에서 대부호가 된 비전과 열정의 사나이

토머스 에디슨이 그 유명한 발명왕이라는 것 외에 그가 세계 최고의 종합전기전자회사인 제너럴일렉트릭(GE)의 창업자라는 사실을 아는 사람은 그리 많지 않다. 에디슨은 사업가로서도 성공했는데, 그의 발명품을 상품화해서 성공시킨 인물은 에드윈 반즈(Edwin C. Barnes)라는 동업자이다. 반즈가 에디슨과 동업을 하겠다는 꿈을 가졌을 때, 그의 마음은 주체할 수 없는 열정으로 들끓었다. 그의 머릿속에는 오직 에디슨의 동업자로서의 자신의 모습밖에는 떠오르지 않았다. 하지만 그의 앞에는 두 가지 어려운 장애가 놓여 있었다. 하나는 에디슨과 전혀 알지도 못하고 소개시켜 줄 사람도 없다는 것이었고, 또 하나는 그에게는 에디슨의 발명연구소가 있는 뉴저지까지 갈 차비조차 없다는 것이었다. 이쯤 되면 왠만한 사람 같으면 현실로 눈을 돌려 꿈을 접고 말았을 것이다. 하지만 그는 포기하지 않았고, 마침내 에디슨의 동업자가 되어 커다란 성공을 거두었다.

에디슨과의 첫 만남에서 반즈는 당신과 동업자가 되기 위해 먼 곳에서 찾아왔노라고 다짜고짜 말했다. 그때 그의 몰골은 영락없는 거지행색이었지만 눈빛만은 굳은 결의로 빛나고 있었다. 에디슨은 그런 반즈의 모습에 끌려 연구소에서 함께 일하도록 허락했다. 처음에 반즈는 에디슨 연구소의 평범한 임금노동자에 불과했다. 그러나 그는 한 번도 자신의 일을 하찮고 따분한 것으로 생각해 본 적이 없었다. 그는 항상 에디슨과 동업자가 되고 말겠다는 다짐을 거듭했고 그런 마음은 그의 용모에까지 영향을 미쳐서 시간이 지나면서 그의 얼굴에는 에디슨의 공동경영자로서의 이미지가 나타나기 시작했다.

그러던 중 에디슨은 신제품인 녹음기(Dictating Machine)를 완성했다. 연구소의 다른 세일즈맨들은 이 신제품에 별로 관심을 보이지 않았지만 반즈는 이것이야말로 실로 획기적인 제품이요, 자신의 꿈을 이룰 절호의 기회라고 판단했다. 그래서 에디슨에게 녹음기 판매를 맡겨 달라고 간청하여 허락을 받아냈다. 결과는 대성공이었다. 녹음기는 날개돋친 듯이 팔려나갔다. 반즈는 많은 돈을 벌었고 마침내 에디슨의 동업자가 되었다. 신념과 열정으로 자아상을 현실로 이끌어 내어 무일푼 백수에서 대부호가 된 사건이었다.

반즈에게는 유형적 자산이라곤 아무 것도 없었다. 그런데 그가 어떻게 부자가 될 수 있었을까? 그의 마음속에는 신념과 열정이 만들어낸 부자의 자아상이 굳게 자리잡고 있었고 이것을 현실화 할 수 있는 행동화역량이 있었다. 신념과 열정과 행동화역량, 그것이 작동되면 원하는 것을 무엇이든 다 이룰 수가 있는 것이다. 반즈의 경우를 생각하면, "돈이 없어서 …"라는 말은 우리의 행동을 가로막는 특별한 구실이 되지 못한다는 것을 알 수 있다. 반즈의 마음속에 자리잡고 있었던 것은 다름 아닌 자격 있는 진짜부자로서의 확고한 자아상이었던 것이다.

(5) 이병철 삼성그룹회장

철학과 지식역량으로부터 가치를 찾은 선구적 기업가

오늘날 삼성전자는 세계적인 기업이 되어 있다. 삼성전자의 시가총액은 일본 최고의 종합전자회사인 소니(SONY)의 그것을 능가했다. 삼성의 이러한 힘은 창업자인 고 이병철 회장의 지식역량 중심의 경영철학에서 찾을 수 있다. 이병철 회장은 1968년 삼성전자의 출범에 맞추어 중앙일보에 기고한 글에서 다음과 같이 말했다.[26]

"앞으로 삼성전자는 텔레비전 수상기, 비디오테이프 등 민생용 전자기기로부터 오늘날 전자산업의 혁명이라고 할 수 있는 집적회로(IC)의 생산은 물론이고, 더 나아가 정보처리기기인 전자계산기와 우주산업의 기초제품까지도 생산하여 삼성의 빛을 온 누리에 비출 뿐 아니라 후손들에게도 그 영광을 전하고자 한다."

현재 이 회장의 꿈은 그 이상으로 이루어졌음을 우리는 잘 알고 있다. 현재 삼성전자는 세계 최대의 반도체 회사로 성장했으며 분기 순이익률이 세계에서 가장 높은 것으로 정평이 나 있는 인텔을 앞지르는 기업이 되었다. 물론 여기까지 이르는 데는 우여곡절도 많았다. 1984년에는 일본업체가 삼성이 이제 막 양산체제에 들어간 64K D램을 덤핑함으로써 1984년 중반에 3.5$ 수준이던 가격이 1985년 8월에는 30센트까지 폭락하여 고전을 면치 못한 적도 있었다. 전자산업은 소위 지식기반산업으로 분류된다. 이 회장은 향후 지식기반 산업이 점점 큰 비중을 차지할 것이라는 것을 어떻게

---

26 철학이 있는 경영자들, 1991, (주)유나이티드컨설팅그룹

예견할 수 있었을까?[27] 그것은 그의 끊임없는 '공부' 덕이다. 그에게는 항상 일본을 넘나들며 뛰어난 경제인들과 교류를 하고 의견을 교환하면서 공부를 통해 터득한 대단한 직관력이 있었다. 이 회장은 자신의 꿈을 실현하기 위해서는 우수한 인재를 많이 확보하는 것이 근본이라고 생각하고 '인재보국'의 기치 아래 우수한 인재들을 어느 기업보다 많이 확보했다. 그리고는 이 우수한 인재들에 대해 국내 기업 중 가장 많은 1인당 교육비를 투자해서 지속적으로 재교육을 시켜 자질향상을 꾀하고 철저한 외부정보관리와 내부조직관리를 해 나갔다. 그래서 오늘날 삼성이라는 단어에 항상 '관리'라는 말이 따라 다닌다.

요컨대 이 회장은 가치의 근본은 지식이며 지식은 사람의 몸 속에 체화되는 것이므로 사람이 곧 기업이요 사람이 최고의 자산이라는 것을 너무도 잘 알고 있었던 것 같다. 이것이 이 회장의 뛰어난 면이고, 그가 진짜부자의 자격을 잘 갖춘 인사였다는 것을 웅변해 주는 면이다. 지식의 축적과 유동질화는 단기간 내에 되는 것이 아님을 생각하면, 삼성의 지식기반산업 주도권은 쉽게 무너질 것 같지가 않다. 다른 기업이 단기간 내에 이를 극복하려면 지식역량을

---

27 한국산업연구원의 분석에 의하면 지식기반 산업의 비중이 1997년에 35.8%이던 것이 2005년에는 45.0%, 2010년에는 48.6%로 우리나라 산업의 절반이 지식기반 산업화 할 것으로 예상됐다. 지식기반 산업이라고는 찾아보기 힘들었던 1970년도에 그나마 지식기반 산업에 가장 가깝다고 할 수 있었던 기계·전자 산업이 제조업 전체에서 차지하는 비중이 10.8%에 불과했고(한국은행 '국민계정'), 그 중 전자산업은 기계산업에 비해 극히 미미했던 것을 상기해 보자. 그런 와중에 이병철 회장이 1968년도에 전자산업에 뛰어들면서 이미 나름대로의 방식으로 '지식기반산업 주도권'을 주창한 것은 대단한 선견지명이다.(산업연구원에서는 지식기반산업에 전자부품, 통신기기, 컴퓨터, 가전, 정밀화학, 신소재, 환경산업, 생물산업 등을 포함시키고 있다.)

갖춘 인재를 영입하는 수밖에 다른 대안이 없으므로 향후 기업 간 인재쟁탈전이 갈수록 더욱 치열해질 것도 예상할 수 있다.

(6) 정주영 현대그룹회장

더불어 잘 살 수 있는 터전을 만든 소박한 진짜부자

현대그룹의 창업자인 고 정주영 회장은 우리나라 건설 및 중공업의 기틀을 다지고 발전시키는 데 결정적인 기여를 한 불세출의 기업가이다. 그는 강원도 통천군에 있는 아산리라는 외진 시골마을에서 가난한 농부의 아들로 태어나 당대에 우리나라 제일의 부자가 되었다.[28] 그는 소박하고 담담하나 그야말로 열정적인 삶을 살았다.

정주영 회장의 말을 빌리자면[29], 정주영 회장의 부친은 근면·성실한, 그러나 지독히 가난한 농사꾼이었다. 그의 부친은 그를 일등 농사꾼으로 만들려고 했다. 청년기에 이르기까지 그의 생활은 농사철에는 등이 휘어지게 농사일을 하다가 조밥과 콩죽으로 혹독한 겨울을 견뎌내는 그런 것이었다. 그 모진 가난을 벗어나고자 세 번의 시도 끝에 19세가 되던 해에 고향을 벗어나, 정 회장은 우여곡

---

28 정주영 회장과 관련해서 '그는 자신의 재산이 얼마인지 모른다'고 사람들이 농담처럼 말하곤 했다. 하지만 이것은 웃을 일이 아니다. 재산이 예금이나 채권이나 상장주식 형태로 있으면 매일 매일 그 가치를 알 수 있지만 부동산 형태로 있거나 비상장주식 형태로 있으면 실제로 거래가 발생하지 않는 한 정확한 가치를 절대로 알 수가 없다. 특히 많은 재산이 쉽게 시가를 알 수 없는 다양한 형태의 자산으로 존재하는 경우라면 더욱 그렇다. 그는 "국세청에서 당신의 재산이 3조원이라고 알려 와서 그런 줄 알고 있다"고 해서 웃음을 자아낸 적도 있다. 그러나, 국세청이 파악한 재산은 실제 시장가치가 아니라 장부가치이니 그것도 실제 재산과 다를 수 있다.

29 아산 정주영 연설문집, 1985, 아산고희기념출판위원회

절 끝에 쌀가게 점원으로 취직하는 것으로 시작해서, 우리나라 제일의 부자가 되기에 이르렀다. 그는 한 때 이광수의 「흙」에 나오는 주인공처럼 변호사가 되어 도시에서 살아야겠다는 꿈도 가졌다가 실패하고, 그 외의 무수한 좌절을 겪었다고 한다. 하지만 그는 결코 포기하지 않았다. 그는 결국 자신의 꿈을 이루었다. 그를 끊임없이 괴롭히는 가난에서 벗어나서 밝고 아름답고 희망적인 세상을 만들 것을 생각하면 그는 항상 가슴이 벅찼다고 한다. 그는 탁월한 지식유동질화역량과 인간적 역량과 행동화역량을 고루 갖추고 있었으며, 이것들을 잘 활용한 결과 맨손으로 시작해서 우리나라 경제발전의 견인차 역할을 하면서 우리나라 제일의 부자가 될 수 있었다.

고 정주영 회장은 "뜻을 가져야 이룬다"고 하여 부자가 되기 위한 비전과 목표의식의 중요성을 강조한 바 있다. 또한, 그가 "모든 만남을 발전의 기회로 삼는다"고 말한 것은 인간적 역량의 중요성을 잘 알고 강조한 말이다. 그는 또 "가장 큰 자산은 신용"이라고도 했고 "노력해야 운을 잡는다"고도 했다. 그는 '근검(勤儉)이 부의 원천'이라는 것을 굳게 믿고 실천했다. 그는 청운동 고옥에서 평생 검소한 모습으로 살았다. 그는 비싼 음식을 찾아서 식도락을 즐기지도 않았다. 현장근로자들이 먹는 음식, 그것이 우리나라 최고의 부자인 그가 먹는 음식이었다. 그런 그의 모습은 거짓도 위장도 아니었다. 그는 또 '우리나라의 1인당 국민소득이 2천불도 되지 않는데 사는 것은 1인당 국민소득이 1만불이 넘는 일본사람보다 더 사치스럽게 산다'고 개탄하기도 했다(1984). 그 역시 '인적자원이 최고의 자본'이라고 하여 인간의 몸에 체화된 능력이 가치의 원천임을 강조하

기도 했다.[30]

이상에서 보는 바와 같이 정주영 회장은 인품의 축과 능력의 축을 따라서 부자자격을 두루 잘 갖추고 그것을 유감 없이 발휘한 인사임을 알 수 있다. 특히 그는 더불어 잘 살 수 있는 커다란 터전을 만들어서 근로자들과 함께 행복을 추구했다는 점에서 더욱 돋보이는 진짜부자였다. 기업인의 특별한 사회적 기여는 그가 꿈을 실현하는 일을 시작함으로써 비로소 일자리가 창조되고, 삶에 필요한 것들이 만들어지기 시작한다는 사실에 있다. 정주영 회장은 가치 있는 일을 찾고, 벌이고, 키우는 능력이 뛰어났을 뿐 아니라 잘난 척 하거나 자기는 남들보다 더 잘 먹고 더 안락하게 지내야 한다는 값싼 생각도 하지 않았다. 무자격부자들과 다른 이런 점들이 정주영 회장을 진짜부자로서 더욱 빛나게 하는 것들이다.

(7) 그라민 은행의 설립자 무하마드 유누스

가난한 이웃을 부자로 만드는 진짜부자의 으뜸

방글라데시는 1인당 국민소득이 전 세계에서 가장 낮은 국가 군

30 정 회장은 측근에서 따르는 소수를 키우는 데는 성공했지만 경영능력이라는 무형의 핵심자원을 하부구조까지 확산시키는 데는 얼마나 성공했는지 확실치 않다. 이는 정 회장이 성실성과 근면성과 도전정신을 강조한 것에 비해, 그보다 본질적인 가치의 원천이자 더욱 소프트한 자원인 인적역량을 개발하기 위해서는 장기적이고 체계적인 시스템구축을 해야 한다는 마인드가 상대적으로 취약했기 때문으로 여겨진다. 상명하복(上命下服)에 의해 일사천리로 움직이는 조직이 괴력을 발휘하던 시대는 우리나라에서도 80년대를 일기로 이미 끝이 났다. 이제는 조직의 구성원 하나 하나가 높은 생산성을 발휘해야 하는 때가 되었다. 머리 쓰는 소수와 몸 쓰는 다수의 단순공존의 시대는 급속히 우리 곁에서 멀어지고 있다. 인적역량의 중요성은 시간이 갈수록 커질 것이다.

에 속하는 나라이다. 그러면서도 방글라데시는 런던정치경제대학의 행복도 조사에서 1위를 차지하는 나라이다. 이러한 나라에서 그라민은행(Grameen Bank)[31]을 설립하여 수많은 사람들을 빈곤의 늪으로부터 탈출시켜온 사람이 무하마드 유누스이(Muhammad Yunus)다. 그는 1976년에 치타공 시의 작은 마을 조브라에서 42명의 가난한 주민에게 불과 8백56타카(27달러)에 지나지 않는 푼돈을 빌려주는 것으로 시작하여 현재는 방글라데시 전역에 1천 1백 75개의 지점을 개설하여 성공적으로 영업을 하고 있는 은행가이다.[32]

무하마드 유누스는 모국인 방글라데시의 절망적인 빈곤과 기아상태를 직접 목격하고, 가난한 사람들에게 필요한 신용을 제공하기 위하여 은행을 설립했다. 그가 개척한 '소액신용금융(microcredit)'이라는 이름의 사업모델은 기존의 전통적 금융의 법칙을 완전히 깨는 것일 뿐 아니라, 금융의 정도(正道)가 무엇인지 새삼 깨닫게 해주는 이 시대의 탁월하고 창조적인 제도적 자산 가운데 하나이다.

그라민 은행은 사회·경제적 여건이 비슷한 사람들 다섯 명이 모여서 자기들이 가난한 사람들이란 사실을 증명하고 소그룹을 조직하면 담보나 보증 없이 신용만으로 소액융자를 해준다. 소집단 내에 속한 동료들의 지원과 압박이라는 메커니즘을 통해 개인의 대부보다 더 안전하게 한 그룹의 구성원들에게 대부할 수 있는 아주 독창적인 시스템인 셈이다. 그라민은행의 상환율은 98%로 세계에서 가장 높다. 이렇게 경이로운 업적은 대부는 돈 많은 기업과 개인을

---

31 그라민은 방글라데시어로 마을이라는 뜻이다.

32 가난한 사람들을 위한 은행가, 2002년 8월, 무하마드 유누스 지음, 정재곤 역, 세상사람들의 책

상대로 하는 것이라는 식으로 기존의 은행가들이 가지고 있는 고정관념과 편견들이 아주 잘못된 것이라는 사실을 증명했다. 유누스가 이끄는 그라민은행은 이러한 사고 아래 소자본으로 농업, 어업, 가내수공업은 물론이고 도시의 자영업, 그리고 나아가서 정보통신 분야에서도 새로운 고용을 창출하며 빈곤을 완화시켜 나가고 있다. 최근 유누스가 밝힌 수치에 따르면, 그라민 은행으로부터 융자를 받은 사람들의 42%가 이미 빈곤의 굴레에서 해방됐다.

이런 놀라운 성과가 국제사회에서 높은 평가를 받게 되어 지금 그라민 은행을 모델로 하여 6개 대륙 58개 국가에서 소액신용금융 프로그램을 운영 중이다. 이에 대한 열렬한 지지자였던 미국의 클린턴 대통령과 힐러리 여사가 아칸소 주지사 시절에 유누스의 도움을 받아 '선의의 기금(Good Faith Fund)'을 설립한 이래, 현재 미국에만 약 4백여 개의 독립 프로그램이 운영 중이다. 유누스는 미국에 '그라민 재단'까지 만들어 국제적으로 왕성한 활동을 벌이고 있고, 대륙간 연대사업도 계속 들불처럼 번지고 있다. 그에게 "빛나는 광채 같은 위대함과 칼날 같은 예리한 정신을 가지고 있고, 우리들 중의 천재이고 나에게는 성인이다"라는 찬사가 따라 다니는 것은 자연스러운 일이다. 이런 찬사는 이 책에서 말하는 부자자격을 강조하는 것임을 알 수 있다.

이런 활동이 직접적인 계기가 되어 1997년 2월에는 "2005년까지 1백만 명의 절대빈민 가정을 돕는다"는 슬로건 아래 워싱턴에서 '소액신용금융 정상회담(Microcredit Summit)'이 개최되었고, 2002년 11월에는 다시 뉴욕에서 5주년을 기념하는 세계적인 대규모 행사가 열릴 계획이다.

이 얼마나 대단한 일인가? 그야말로 수많은 사람들을 좌절뿐인 심신빈곤영역으로부터 탈출시킨 것은 정말로 대단한 일이 아닐 수 없다. 유누스를 보면 이웃을 부자로 만들 수 있는 사람이야말로 진짜부자 중 으뜸이라는 사실을 깨달을 수 있다. 절대빈민층이 빈곤을 탈출하여 소득수준이 높아지면 경제 내의 소비수요가 증가하고 이로 인해 기업이 살고 사회가 윤택해지고 가난한 사람들에게 또 다른 기회가 주어지고, 이로 인해 또 다시 수요가 증가하고 기업은 성장하고 사회는 더 윤택해지고… 하는 선순환 구조가 형성된다. 그야말로 부의 생산적 순환구조가 작동되는 것이다. 진짜부자가 되려면 유누스처럼 가난한 사람들에게 잘 살 수 있다는 희망과 그것을 실행할 수 있는 기회를 주어 '더불어 잘 살겠다는' 고양된 가치를 가질 필요가 있다. 유누스는 부의 생산적 가능성을 극대화시킬 줄 아는 산 표본이라고 할 수 있다. 주변 사람들이 모두 가난해져도 홀로 부자로 살 수 있을까? 절대 그럴 수 없다! 함께 부의 수준이 올라가지 않으면 더 큰 부자가 될 수 없다. 부의 순환, 부의 환류의 원리에 대해서 이해해야 한다. 부의 선순환과정에 의한 부의 확대재생산은 이렇게 이루어지는 것이다.

WEALTH

Chapter 2

진짜부자가 되기 위한 전략

지금까지 부의 본질이 무엇이고, 부의 창 모형을 이용해서 진짜부자란 무엇이며, 진짜부자가 갖추어야 할 자격은 무엇인지 체계적으로 살펴보았다. 이어서 역사와 일화 속의 진짜부자들에 대해 살펴보고 행복지수라는 개념을 도입하여 얼마나 행복해질 수 있는지도 알아보았다. 기회이자 가능성이라고 할 수 있는 부를 선순환구조를 따라 소비하거나 투자하면 자아의 고양이 이루어지고 자신과 이웃이 행복해지며 기업기반이 강화되므로, 부의 확대 재창출과 함께 경제기반강화 및 사회적 행복의 증대가 이루어진다는 것을 알았다. 진짜부자란 부의 생산적 가능성을 발휘할 줄 아는 유자격부자이며 누구나 추구해야 할 위상임을 알았다. 이제 진짜부자가 되기 위한 가장 효율적인 방법이 무엇인지 알아볼 때가 되었다. 그 방법을 필자는 '진짜부자가 되기 위한 전략'이라고 이르고자 한다.

전략이란 비전을 실현하기 위한 핵심 행동강령이라고 할 수 있다. 잘 짜여진 실효성 있는 전략은 비전 실현을 위한 효과적인 무기이다. 진짜부자가 되기 위한 전략의 큰 틀은 '비전(꿈)과 목표와 전략과 실행계획'으로 구성된다. 이 큰 틀 전체의 토대를 이루는 것은 진짜부자다운 철학과 기꺼이 시행착오를 겪고자 하는 실천적 도전정신이다. 진짜부자에 걸맞은 철학과 실천적 도전정신을 확고하게 가지고 있다면 진짜부자가 되기 위한 전략의 틀을 가동시킬 에너지가 이미 장전되어 있다고 할 수 있다. 진짜부자가 되기 위한 전략의 큰 틀은 다음의 〈그림 2-1〉과 같다.

이제 전략의 구조에 대해서 살펴보자. 이를 설명하는 방법은 위로부터(top down) 하는 방법과 아래로부터(bottom up) 하는 두 가지 방법이 있다. 필자는 상위개념이 바르게 잡혀있고 그것이 하위개념에 일관성 있게 반영되어야 함을 중시하여 위로부터 설명해 나가고자 한다. 전략을 수립함에 있어서 첫 단추가 되는 최상위 개념을 제대로 수립하는 것에서부터 최하위 개념인 실행계획에 이르기까지 일관성을 확보하는 것이 대단히 중요하다는 것을 재차 강조하고자 한다.

그림 2-1 진짜부자가 되기 전략의 체계

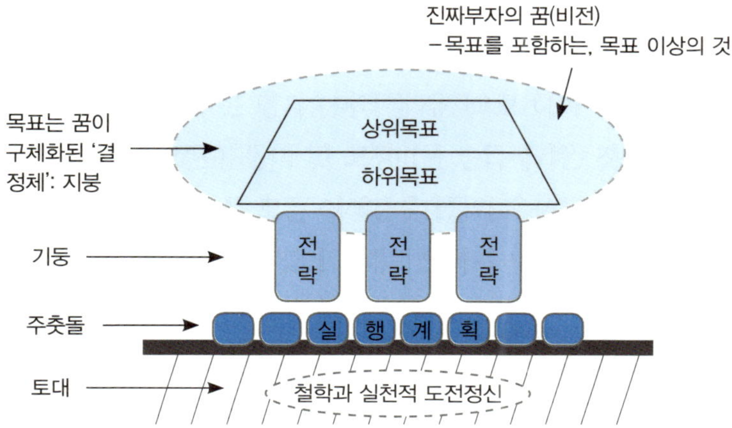

1. 진짜부자의 꿈(vision)

진짜부자가 되기 위해서는 진짜부자가 되고자 하는 명확한 꿈(비전)을 가져야 한다. 시간이 갈수록 더욱 또렷해지는 꿈을 가지고 이를 집요하게 추구하면 그 꿈은 더 이상 꿈이 아니라 절실한 현실이 된다. 이런 의미에서 꿈이란 시간이 흘러갔을 때 미래에 모습을 드러내는 가상적 존재가 아니라, 반드시 이루어질 수밖에 없는 미래를 강한 의지에 의해 끌어 당겨서 현재에 실존하도록 만든 실상이다.

진짜부자의 꿈은 목표를 포함한 그 이상의 것이다. 확신에 가득 차고 너무 좋아서 미치도록 매달릴 수 있고 하면 할수록 재미있는 그런 꿈 말이다. 가진 것은 돈 밖에 없는 무자격부자의 꿈이 아니라 부는 물론 부 이상의 것(부자자격)을 갖춘 진짜부자의 꿈은 가질 만한 가치가 있는 것이다. '미치면 미치고 안 미치면 못 미친다'라는 말이 있다.[1] 꿈쟁이(visionary)가 되어야 그 꿈을 현실로 가져올 수가 있다. 꿈은 현실과 동떨어진 미래에 있는 것 같지만, 사실은 꿈이 있는 사람은 언제나 그 꿈을 실행하는 과정 중에 있으므로 그는 미래를 당겨와서 그것을 현재화 시켜놓는 것이다.

김종래의 「CEO 칭기즈칸」 중에는 다음과 같은 말이 있다. "한 사람의 꿈은 꿈이지만 만인(萬人)의 꿈은 현실이다. 그들(성공한 사람들)의 성공 비결을 한 마디로 요약하자면 '꿈'이다. 한 사람이 꿈을 꾸면 꿈으로 끝날지 모르지만, 만인이 꿈을 꾸면 얼마든지 현실로 가꿔낼 수 있다는 신념을 그들은 지녔다. 미래를 향한 비전을 함께 지닌다면 얼마든지 세상을 바꿀 수 있다는 걸 그들은 알았다." 여기서 반드시 짚고 넘어가야 할 것은 현실이 되어버린 만인(萬人)의 꿈 이전에 어느 한 사람의 꿈이 먼저 있었다는 사실이다. 단 한 사람의 꿈이 그의 진실성과 열정으로 말미암아 만인에게 감염되어 현실로 나타나는 것이다. 이렇게 보면 진실과 열정이 담긴 꿈은 바라는 것의 실상이요 보이지 않는 것의 실체라고 할 수 있다.[2]

진짜부자의 꿈은 밝고 아름답고 진지한 것이어야 한다. 진짜부자의 꿈을 가진 사람은 지금 당장은 가진 것이 없어도 항상 밝고 자신

---

1 강헌구, 2000, 한언

2 이 글은 '고도원의 아침편지(2003.4.15)'에서 따와서 수정한 것이다. '고도원의 아침편지(http://www.godowon.com)'는 매일 아침 짤막하고 좋은 글들을 무료로 보내주고 커뮤니티를 관리하는 등 따뜻한 '디지털 문학활동(필자 명명)'을 활발하게 전개하고 있다.

만만하고 활기에 차 있으며 허황되지 않으므로 이웃에게 믿음과 희망과 또 다른 꿈을 줄 수 있다. 그래서 꿈은 전염성이 있다고도 한다. 진짜부자의 꿈을 가지고 있다면 비록 남루한 옷을 입고 있어도 얼굴에서 광채가 나고 비록 굶주렸어도 그에게서 넘치는 기를 느낄 수 있다. E. 톨러는 "꿈꾸는 힘이 없는 자는 사는 힘도 없다"고 하였다. 어떤 이는 '기가 넘치면 행운이 찾아온다'고도 한다. 모두 일리 있는 말이다. 자신만만하고 패기와 의욕이 넘치는 성실한 사람을 보면 그와 더불어 일을 하고 싶지 않겠는가? 그러므로 이런 사람에게 기회와 행운이 찾아오는 것은 지극히 당연한 일이다. 행운이 찾아오는 데에는 지혜가 필요하지 않다. 그러나 행운을 붙잡을 때에는 지혜가 필요하다. 독일의 문학천재 괴테는 "꿈을 품고 무언가 할 수 있다면 그것을 시작하라. 새로운 일을 시작하는 용기 속에 당신의 천재성과 능력과 기적이 모두 숨어 있다"고 하였다. 일의 출발점은 꿈을 갖는 것이요, 그 꿈은 용기 있는 도전정신에 의해 이루어질 수 있음을 보여주는 말이다.

꿈이 진지하다는 것은 그 꿈이 단순한 몽상이 아니라 구체적인 형상화가 가능해야 하고 그 꿈을 위해서 열정을 바칠 각오가 되어 있어야 하며, 이미 확보하고 있는 역량과 꿈을 이루는 과정에서 추가적으로 획득할 역량에 의해서 실행 가능한 것이어야 한다는 것을 뜻한다.

2. 진짜부자의 목표

진짜부자의 목표는 비전이 구체화된 실체이다. 진짜부자의 꿈을 가지고 있다면 이제 그 꿈을 형상화시켜서 구체적인 형태로 만들 필요가 있다. 구체화되지 않은 꿈은 몽상에 불과하다. 피터 린치는 "그림으로 그릴 수 없는 아이디어에는 결코 투자하지 말라"고 했다.[3]

꿈의 형상화는 청소년기에 이루어질 수도 있고, 뒤늦게 장년기에 이루어질 수도 있고, 평생에 걸쳐서 서서히 이루어 질 수도 있다. 꿈의 형상화가 일찍 이루어지지 않았다고 해서 꿈을 이룰 수 없는 것은 아니다. 무수한 시행착오를 겪은 후에 비로소 큰그릇으로 성장하는 경우도 있다. 꿈과 목표가 클수록 장기간의 계획과 더욱 많은 인내와 투자가 필요하다. 그것이 힘들다면, "청춘을 늦게 맞이하는 사람은 오래도록 젊음을 그대로 간직할 수 있다"고 한 빅토르 위고의 말에 힘을 얻을 수 있을 것이다. G. 마치니가 "목적이 멀면 멀수록 더욱 더 앞으로 나아감이 필요하다. 성급히 굴지 말라. 그러나 쉬지 말라"고 말한 것은 장기적인 목표일수록 굳은 의지와 중단 없는 도전이 필요함을 지적한 것이리라. 일찍 이루어지면 미래에 대한 불확실성을 없애주기 때문에 다들 일찍 이루어지기를 원하지만, 급조된 건물이 부실하듯이 너무 일찍 이루어지는 사람은 긴 세월을 거치면서 풍부한 경험을 쌓아서 서서히 완성되는 만성(晩成)의 대기(大器)를 결코 능가할 수가 없다.

---

3 Peter Lynch, 1993, Beating the Street, 1999, 권영건 역, 새로운 사람들

독자들 중 어떤 이는 '아직 꿈의 구체화를 이루지 못한 경우가 있다면 도대체 언제 해야 한단 말인가?' 라는 질문을 하고 싶을 것이다. 그 답은 매우 간단하다. 바로 '지금'이 그 때이다. 왜냐하면 아직까지 하지 못한 것을 가장 빨리 할 수 있는 시기는 바로 지금이며, 지금 또 다시 미룬다면 다음에는 미루기가 더 쉬워져서 영원히 할 수 없기 때문이다. 지금이 꿈의 결정체를 찾아낼 때이다. 사람이 뜻을 세우는 데는 늦고 이름이 없다. 성공에는 나이 제한이 없다.

진짜부자가 되기 위한 목표는 상위개념의 목표(상위목표)와 하위개념의 목표(하위목표)로 나누어 볼 수 있다. 상위목표는 하위목표를 달성하기 위한 보다 궁극적인 목표이다. 이에 대해 하위목표는 상위목표 달성을 위한 보다 현실적이고 직접적인 목표이다. 상위목표와 하위목표를 구분해서 가지고 있는 것은 중요하다. 이는 눈앞의 목표를 달성하고 난 이후에 부의 악순환 구조에 빠져들지 않기 위해서다.

하위목표는 상위목표의 구현을 용이하게 하기 위한 것이고, 상위목표는 하위목표의 당위성을 확보하기 위한 것이다. 이런 구분 없이 일단 눈앞의 목표를 달성하고 나면 그 다음엔 어찌할 바를 몰라서 혼란에 빠지게 되고, 이로 인해 그 동안 닦아 온 진짜부자의 길에서 벗어나게 된다. 성서에 나오는 '소돔과 고모라'의 일화를 보자. 소돔과 고모라 성은 비옥한 땅을 가지고 있는 천혜(天惠)의 성이었다. 그들은 쉽게 부유해졌으며 주위의 부러움을 샀다. 그러나 하위목표인 부유함을 달성하고 난 후 그보다 더 본질적이며 중요하고 가치 있는 상위목표를 찾아내지 못했다. 이 때문에 부의 파괴적 가능성이 발동되는 부의 악순환 구조에 휩쓸려 자신과 이웃을 파괴함으로써 결국 멸망을 자초하고 말았다. 이 예화에서 상위목표의 중요성을 엿볼 수 있다.

하위목표는 여행의 결과 도착하는 목적지와 같은 것이고, 상위목표는 그 목적지에 도착해서 무엇을 할 것인가에 관한 것이다. 만약 목적지에 도착해서 무엇을 해야 할지 몰라 방황한다든지 부질없는 짓을 하여 결국 자신과 이웃을 해친다면, 온갖 고생을 다 해서 그 목적지에 도달하는 것이 도대체 무슨 의의가 있단 말인가?

3. 진짜부자가 되기 위한 전략

이제 진짜부자가 되기 위한 전략에 대해서 알아보자. 좋은 전략이 있으면 보다 쉽게 진짜부자가 될 수 있다. 전략이란 목표를 달성하기 위해 선택된 핵심적 행동강령이다. 전략은 건축물의 기둥과 같은 것이다. 기둥이 없으면 건축물이 형태를 지탱할 수 없듯이 전략이 없으면 진짜부자가 되기 위한 행위의 실체를 유지할 수 없다. 그렇다면 맨주먹으로 시작해서 큰 부를 이루었을 뿐만 아니라 부의 생산적 가능성을 잘 발휘하는 과정에서 뭇 사람들의 존경과 사랑을 받는, 그렇지만 지식적인 면에서는 부족한 진짜부자들은 전략도 없이 어떻게 그렇게 될 수 있었을까? 결코 그렇지 않다. 이러한 유형의 진짜부자들에게 전략이 없었다고 하는 편견은 완전히 잘못된 것이다. 그들에게는 단지 지식인에게서 발견되는 수사와 형식이 없을 뿐이다. 중요한 것은 화려한 수사와 형식이 아니라 확고한 의지와 행동화역량이다.

그들과 진지하게 이야기해 보라. 그들에게는 비록 글로 나타내진 못했지만 가치 있는 멋진 꿈(비전)이 있었고, 꿈이 형상화된 명확한 목표가 있었고, 그것을 실행하기 위한 전략과 실행계획이 있었다. 그들에게는 무엇보다도 인생에 대한 좋은 철학과 두려움 없이 시행착오 할 수 있는 실천적 의지가 있었다. 맨손으로 위업을 이루고 길이 존경받는 위인들에 대한 전기를 아무거나 뽑아서 읽어 보라. 전략의 틀이 그들에게서 어쩌면 그렇게 잘 구현되고 있는지 알 수 있을 것이다.

필자가 자주 예로 들고 있는 고 정주영 회장의 경우를 보자. 그는 비록 문서화된 전략은 가지고 있지 않았지만 이 책에서 말하는 전략의 체계에 너무도 잘 들어맞는 진짜부자 되기 전략을 가지고 있었다. 먼저 그는 '대한민국 최고의 부자'라는 꿈(비전)이 있었다. 하위목표로는 우리나라에서 가장 건설을 잘 하는 사람, 우리나라에서 자동차를 가장 잘 만드는 사람 등의 목표를 가지고 있었으며, 상위목표로는 작은 국내시장을 극복하기 위해 해외시장을 개척한다는 목표를 가지고 있었다. 이를 실천하기 위한 전략으로서 '근면, 성실, 담담함' 등의 행동강령을 가지고 있었다.

잘 형상화된 전략체계가 세워져 있으면 더 빨리 목표에 도달할 수도 있고 더 새롭고 위대한 꿈(비전)을 형성하여 이룰 수도 있다. 전략의 힘은 꿈을 더욱 가치 있게, 목표를 더욱 명확하게 해주고 목표에 도달하는 시간과 비용을 절약시켜 주는 데 있다.

전략적 마인드를 가지고 전략적 사고를 하는 것이 좋은 전략을 수립하기 위한 전제조건이다. 전략적 사고의 첫 번째 단계는 적극 의지를 가지고 자신에 대해서, 그리고 자신이 처한 상황에 대해서 올바르게 이해하는 것이다. 현실을 무시한 전략은 이루어진다 해도 너무 큰 희생을 치러야 한다. 현실을 벗어나지 못한 전략은 추가적인 발전과 성장을 가로막는다. 현실적 상황을 직시하고 그를 창조적으로 극복할 수 있는 전략이 필요하다. 두 번째 단계는 구체적 현상들을 창조적으로 재구성하는 것이다. 창조적 재구성이란 현상의 단순 조합이나 분해가 아니라 현상을 필연적 구조로 재구성하는 것을 의미한다. 세 번째 단계는 질문을 제기하여 상황 속의 핵심이슈를 정확히 파악해 내는 것이다. 핵심이슈를 제대로 파악하는 것은 태도와 방법의 문제이다. 네 번째 단계는 핵심이슈에 대한 접근방법을 결정하는 것이며, 다섯 번째 단계는 결론을 도출해 내는 것이다. 마지막 단계는 구체적 해결방안을 수립하는 것이다.[4] 다음의 〈그림 2-2〉에 전략적 사고의 프로세스가 제시되어 있다.

그림 2-2 전략적 사고의 프로세스

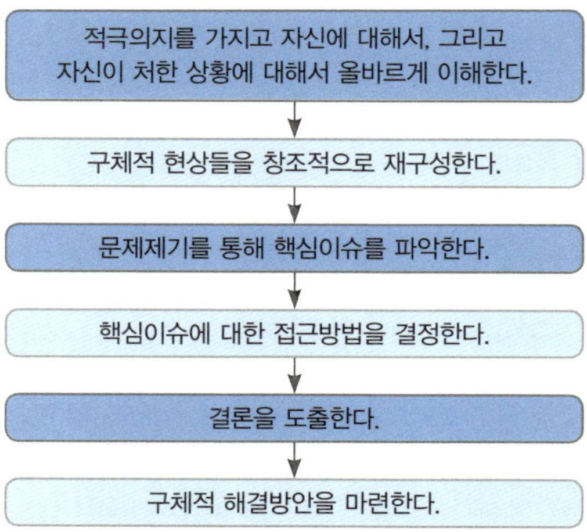

4 국제경쟁시대의 전략마인드, 이광현, (주)유나이티드 컨설팅 그룹, 1993

4. 진짜부자가 되기 위한 실행계획

진짜부자가 되기 위한 구체적인 전략이 수립되었으면 이제 그보다 더 구체적이고 실행 가능한 계획을 세워야 한다. 실행계획에는 장기·중기·단기의 시간계획과 행동묘사가 있어야 한다.[5] 예를 들어 진짜부자의 자격을 갖추기 위한 장기계획으로 '지적역량 구축'을 선택했으면 중기계획으로는 '2년마다 새로운 자격증 취득'을 선택할 수 있고 단기계획으로는 '자격증 취득을 위한 월별, 주별, 일별 학습계획'을 선택할 수 있다. 더 구체적으로는 '일일 단위의 생활계획표'를 작성하여 활동시간, 수면시간, 운동시간, 그리고 식사 및 휴식시간의 개략을 정하여 규칙적으로 생활할 수 있다면 더욱 좋다.

성공한 사람들 중에는 종교를 가지고 있는 이들이 많다. 이는 아주 당연한 결과이다. 왜냐하면 건전한 종교는 생산적인 좋은 가치관과 생활태도를 심어줌으로써 진짜부자가[6] 되기 위한 철학의 문제를 상당부분 해결해 줄뿐만 아니라 목표달성을 위한 집요한 실천을 도와주기 때문이다. 규칙적으로 기도하고 남들보다 부지런히 일하고 생산적 목적을 위해서 부를 사용하는 사람을 생각해 보자. 일단 그는 삶에 있어서 철학의 문제는 이미 해결했거나 해결의 실마리를 찾아냈다고 할 수 있다. 그토록 확신을 가질 수 있음이야! 또 규

---

5 이에 관해서는 부자되기 '전술 5의(4)시차별 부자자격 목표 구현의 시각화'에 보다 구체적으로 제시되어 있다.

6 일반적으로 종교가 추구하는 목표가 부자되기는 아니다. 굳이 부자되기와 종교를 결부시켜 보자면, 진짜부자 즉, '유자격부자'가 부를 획득하여 이것을 '생산적 가능성'으로 활용함으로써 '자신과 이웃을 행복하게' 할 수 있다면, 그것은 결국 건전한 종교의 가르침과 다르지 않다.

칙적으로 기도할 때마다 그가 무엇을 위해 기도할 것인지 우리는 알 수 있다. 즉, 그는 주로 자기가 그 날 낮에, 그리고 장차 실행할 일을 위해 기도할 것이다. 이처럼 남들에 앞서서 미리 계획하고 남들보다 열심히 실행한다면 그는 시간의 완급이 있을지언정 결국 원하는 것을 이루고 말 것이 분명하다. 항상 자녀를 위해 기도하는 부모 밑에서 바르고 큰 인물이 나는 이유도 이와 비슷하다. 부모가 자녀를 위해 기도함으로써 첫째, 자녀에게 좋은 철학(가치관)을 직·간접적으로 심어주는 효과가 있으며, 둘째, 자녀에 대한 성취 암시효과가 있고, 셋째, 부모 스스로 행동에 신중을 기하고 자격을 갖추려고 노력하는 데서 자녀에게 모범을 보이는 효과가 있기 때문이다.

실행계획은 건축물의 주춧돌과 같은 것이어서, 주춧돌이 없으면 건축물의 하중을 감당하고 있는 기둥을 받쳐줄 수 없고 결국 건축물의 존재가 불가능하듯이, 구체적 실행계획이 없으면 전략도 무용지물이 되고 훌륭한 목표와 비전도 한갓 헛된 몽상에 불과하다. 크고 아름다운 건축물이 튼튼한 초석을 딛고 서 있듯이 목표와 비전을 이루기 위해서는 현실성 있는 확고한 실행계획이 있어야만 된다.

5. 철학과 실천적 의지

이상에서 우리는 비전(꿈)과 목표와 전략과 실행계획이라는 네 단계의 개념을 가지고 진짜부자가 되기 위한 전략의 기본 틀에 대해 살펴보았다. 이제 이것들로 구성된 전략이 실제로 살아서 힘을 발휘하기 위한 토대가 무엇인지 알아보자.

결론부터 말하자면 전체 전략체계의 기본토대는 바로 좋은 철학과 실천적 의지이다. 좋은 철학은 곧 생산적인 철학이다. 생산적인 철학을 가지고 있고 그것이 행동화가 가능한 정도로 활성화되어 있으면 아무리 열악한 황무지 같은 환경에 처해져도 그것을 비옥한 땅으로 바꾸어서 이웃과 더불어 행복을 나눌 수 있는 아름다운 세상을 만들 수 있다. 생산적인 철학을 가지고 있는 사람에게 있어서 열악한 환경은 한 명의 가혹한 코치가 따라 붙는 것에 불과하다. 가혹한 코치 덕에 그는 언젠가 대선수로 변신할 수 있다. 역대 위인들은 부모로부터 많은 부를 물려받은 것이 아니라, 오히려 가혹한 환경을 물려받았다. 하지만, 겉으로 드러나지는 않았지만 그들은 그 가혹한 환경과 함께 그것을 옥토로 바꿀 수 있는 좋은 철학을 물려받았던 것이다. 그 훌륭한 철학이 위인들을 만들어낸 것이다. 이쯤 되면 진짜부자가 되기 위한 필수 불가결한 요소일 뿐만 아니라 진짜부자가 되기 위한 전략의 틀을 활성화시키기 위해서 정말 필요한 것이 무엇인지 알 수 있을 것이다. 중요한 것은 부모에게 기초재산을 얼마나 물려받았는가 하는 것이 아니라, 얼마나 좋은 철학을 물려받았는가, 또는 좋은 철학이 형성되도록 어떤 자극을 받았는가 하는 것이다. 부모로부터 좋은 철학과 함께 그것을 실행할 수 있는 건강한 신체를 물려받았다면 부모로부터 받을 수 있는 것은 거의 다 받았다고 할 수 있다. 진짜부자의 근본 토대는 다름이 아니라 좋은 철학인 것이다.

생산적인 좋은 철학을 가지고 있는 사람에게서 공통적으로 발견되는 특징은 그들이 희망을 가지고 산다는 것이다. 어떤 경우에도 희망을 버리지 않는다면 원하는 것을 반드시 이룰 수 있다. 희망을 가지고 살면 그 때문에 되지도 않을 것을 위해 고생만 더 한다는 억지 주장을 하는 사람도 간혹 있을 수 있으나, 이는 그가 필요·충분한 노력을 하지 않았기 때문이며, 한 순간이라도 희망을 가지고 행복하게 살 수 있었던 것에 대해 감사할 줄 모르기 때문이다. 작은 일에 최선을 다 할 줄 모르는 사람은 큰 일에도 최선을 다 할 줄 모르듯이, 작은 것에 감사할 줄 모르는 사람은 큰 것에도 감사할 줄 모른다. 이런 사람은 언제나 불만 속에서 불행하게 살 수 밖에 없다. 삶에서 희망이 얼마나 큰 자산인지는 미국의 하버드대학을 졸업한 사람들을 대상으로 한 조사결과를 보면 알 수 있다. 조사결과, 건강하고 성공적인 삶을 영위하고 있는 졸업생들은 대체로 대학시절에 낙천주의자였다는 사실이 밝혀졌다고 한다. 반면에 비관주의적인 태도를 지녔던 사람들은 낙천적이었던 사람들에 비해 거의 3배 정도나 병원에 자주 드나들었으며 투병에 사용한 기간도 2배 이상 길게 나타났다고 한다.[7] 상식적으로 생각해 보아도 비관적인 태도를 지니고 있으면 늘 암울하고 괴로운 느낌 속에 살 것이다. 그로 인해 면역시스템이 약해져서 걸핏하면 병에 걸려서 남들보다 두 세 배나 많은 돈과 시간을 병치레에 사용한다면 뭔가 발전적인 일을 위해 사용할 돈도 시간도 없는 상태가 될 것이다. 그 사이 남들은 또 저만치 전진해 있지 않겠는가? 그래서 비관주의자는 또 한 걸음 뒤처지게 될 것이다. 지금 당장 마음의 병상을 박차고 벌떡 일어나 우리의 심신을 나약하게 만들던 그 병상을 들쳐 메고 후들거리는 다리일 망정 두 발로 걷고 뛰는 도전을 해야 한다. 뛰면서 흥겹게 노래

7 스마트경영, 1994, 윤은기, (주)유나이티드컨설팅그룹

도 해보자. 희망이라는 무한 에너지를 연료 삼아서….

좋은 철학과 함께 또 하나의 중요한 토대는 바로 실천적 의지이다. 실천적 의지는 이미 지적했듯이 실패를 두려워하지 않고 기꺼이 시행착오 하고자 하는 도전정신을 말한다. 실천적 의지가 없다면, 단지 망상 속에서 다이어트에 성공하고 좋은 직장에 취직하고 사랑하는 사람과 결혼해서 애를 낳고 좋은 집을 사서 집들이를 하고 그 아이들을 좋은 대학에 보내고 좋은 배우자와 결혼시킨 후 귀여운 손자를 품에 안고 행복하게 지내는 것을 그리는 것과 같다. 망상에서 깨어보면 항상 다이어트에도 성공하지 못하는 원점에 있음을 알고 얼마나 큰 절망을 느끼겠는가? 실천적 의지가 없는 자는 강가에 앉아서 수많은 물고기(기회)가 오가는 것을 보면서 그것을 잡을 수 있는 천 가지의 그럴듯한 방법을 생각해 내지만 고기를 잡기 위해 단 한 번도 물 속에 들어가지 않는 자와 같다. 예악지(禮樂志)에서는 "강에서 물고기를 보고 탐내는 것보다 돌아가서 그물을 짜는 것이 옳다"고 하여 헛되이 욕심을 내는 것보다 직접 그물을 짜는 '실천'의 중요성을 강조했다. 깨닫기만 하고 실천을 안 하면 깨달음이 아무 소용없다(칼 힐티). 칼 힐티는 또한, "우선 무엇보다 중요한 것은 대담하게 시작하는 것이다. 한 번 펜을 들어서 첫 금을 긋거나, 혹은 팽이를 들고 한 번 내리치거나 하면 그로써 벌써 일은 훨씬 용이해지고 있는 것이다"라고 하여 많은 생각을 하는 것보다 과감하게 실행하는 자세의 중요성을 강조했다. 실천적 의지가 있는 사람은 몸을 움직여 작은 것을 시도해 보고 방법을 개선하여 더 큰 것을 시도하여 이루고, … 이것을 계속해 나간다. 실천적 의지가 있는 사람은 단 하나의 계획을 세우더라도 실제로 실행할 수 있는 계획을 세운다. 항상 실행할 수 없는 허황된 계획을 세우는 사람은 실행 의지에 의심을 받을 수밖에 없다. 실행과 시행착오를 통해 계속 다듬어지는 현실성 있는 계획과 강인한 의지는 그래서 불가항력의 힘을 발휘하는 것이다.

자, 실천하자. 도전하자. 틀리면 솔직하게 인정하고 고쳐서 다시 하자. 몸을 움직이자. 손에 구정물을 묻히자. 물 속에 뛰어 들어 공들여 만든 그물(전략)을 힘차게 펼치자. 행동하는 자는 행동하지 않는 자를 늘 이긴다!

6. 부자의 싹: 부자의 사고방식대로 살면 부자가 된다

우리 속담에 될성부른 나무는 떡잎부터 알 수 있다고 하였다. 진짜부자가 될지 안 될지 알아볼 수 있는 시금석(試金石)은 그가 부자의 사고방식과 생활태도를 갖고 있는가를 관찰하는 것이다. 부자의 사고방식과 생활태도를 가지고 성실하게 살아간다면 그는 결국 부자가 될 것이고 가난한 자의 사고와 생활태도를 가지고 살아간다면 그는 결국 가난한 자가 될 것이다. 진짜부자들처럼 생산적인 좋은 철학을 가지고 생각을 하고 전략을 짜고 이를 실행한다면 반드시 진짜부자가 될 것이다!

우리는 선택해야 한다. 부자가 될 것인가, 가난한 자가 될 것인가를!

그렇다. 우리는 선택해야 한다. 우리의 삶은 결국 사는 과정에서 형성된 선택의 집합이다. 집합을 구성하는 요소들이 좋으면 좋은 삶인 것이다. 부자가 되기로 선택하고 부자의 사고로 살아간다면 부자가 될 것이다. 가난한 자가 되기로 선택하고 가난한 자의 사고로 살아간다면 가난한 자가 될 것이다. 누가 가난한 자가 되고자 하겠는가? 누구든 이렇게 반박할 것이다. 하지만 가난한 자의 사고와 행동을 반복한다면 그는 어쨌든 가난한 자가 되기로 선택한 것이라고 보아야 한다. 무서운 일이 아닐 수 없다. 그러면 어떤 사고와 행동에서 부자가 될 사람과 가난한 자가 될 사람이 구별되는지 알아보자.

부자는 "돈이 부족한 것은 모든 악의 근원이다. 공부 열심히 해서 좋은 회사를 차려야 한다. 무엇보다 위험을 관리하는 법을 배워라. 똑똑한 사람을 고용해야 한다"라고 말한다. 하지만, 가난한 자는 "돈을 좋아하는 것은 모든 악의 근원이다. 공부 열심히 해서 좋은 직장을 구해야 한다. 돈을 안전하게 사용하고 위험을 피해라. 똑똑한 사람이 되어야 한다"라고 말한다.[8] 부는 기회요 가능성이라는 정의를 이용하면 부자의 주장은 "무엇을 할 수 있는 가능성(기회)이 없다는 것은 매우 나쁜 것이다"라고 고칠 수 있다. 논리의 모순이 없다. 하지만 가난한 자의 주장은 "무엇을 할 수 있는 가능성(기회)이 있다는 것은 매우 나쁜 것이다"라고 고칠 수 있다. 완전히 모순된 주장임을 알 수 있다. 예를 들어서, 일자리가 생겨서 굶주림을 면하게 된 것이 모든 악의 근원이라니! 또, 없던 돈이 생겨서 꿈에

---

8 부자 아빠 가난한 아빠, 1997, 로버트 기요사키, 샤론 레흐트; 형선호 역, 2000, 황금가지. 「부자 아빠 가난한 아빠」는 부에 대한 탁월한 견해가 많다.

그리던 대학에 갈 수 있게 된 것이 모든 악의 근원이라니! 부가 많다는 것은 가능성이 많다는 것이다. 이것을 생산적인 경로를 따라서 소비하거나 투자하면 자신과 이웃을 행복하게 함과 동시에 더 많은 부를 얻을 수 있다. 무자격부자들의 경우에서처럼 부의 파괴적 가능성을 발동시키는 것이 문제인데, 이런 경우는 가능성을 뜻하는 부가 많아져서 그런 것이 아니라 그에 걸맞은 자격이 없고, 파괴적인 철학을 가지고 있기 때문이다. 심신빈곤자들은 "땅바닥에 엎드려 있으면 넘어지는 일이 없다. 높이 오르지 않으면 높은 곳에서 떨어지는 일이 없다"고 하며 현실에 안주한다. 그래서 심신빈곤자들은 심신의 가난을 벗어나지 못하고 고통 속에서 산다.

로버트 기요사키는 부자들에게서 배우는 여섯 가지 교훈을 제시하고 있다. 새겨볼 가치가 있는 것으로 판단되어 인용한 후 해석을 덧붙인다. 첫째, 부자들은 절대, 돈을 위해서 일을 하지 않는다는 것이다. 부자가 되려면 돈의 힘을 정복하는 것을 배우고, 남들이 보지 못하는 것을 보아야 한다. '돈을 쫓아가면 돈이 달아난다'는 우리나라의 속담을 생각하게 하는 말이다. '돈을 사랑하는 마음만으로는 부자가 될 수 없다. 돈이 당신을 사랑하지 않으면 안 된다'는 말도 부자가 되기 위해서 필요한 것은 돈에 대한 단순한 애착보다는 부의 본질을 정복하는 것이 더 중요함을 강조한 말이다. 둘째, 부자들은 자녀들에게 돈에 관한 지식을 가르친다. 그래서 돈이 자신을 위해 일하게 만드는 법을 터득하게 한다. 어릴 때의 경제교육이 부자되는 밑거름임을 부자들은 알기 때문이다. 셋째, 부자들은 남을 위해 일하지 않고, 자신을 위해 사업을 한다. 이는 원하는 수준의 부를 이루기 위해서는 단순 봉급생활자로 살기보다는 독자적인 사업을 하는 것이 더 효과적인 방법임을 지적한 말이다. 그렇다고 모든 사람이 일시에 독립할 수는 없는 일이고, 봉급생활자라 하더라도 최소한 월급 이외의 수입원을 확보할 필요가 있음을 강조한 말이라고 할 수 있다.

로버트 기요사키가 제안하는(상식 차원의) 여덟 가지 투자의 범주에는 '사업, 주식, 채권, 뮤추얼 펀드, 수입을 창출하는 부동산, 어음이나 차용증, 지적 재산권이 나오는 로열티(예를 들면 음악, 원고, 특허 등), 그밖에 가치가 있거나 수입을 창출하거나 즉시 시장성이 있는 것' 등이 있다. 필자의 견해로는 위의 다양한 투자 유형 중 본인의 투자 철학과 목표와 취향에 맞는 것을 선택할 필요가 있다. 진짜부자가 되려면 자산의 성격을 잘 알고 자신의 성격을 잘 알아서 서로 부합되게 선택해야 한다. 넷째, 부자들은 세금의 원리와 기업의 힘을 안다. 로버트 기요사키는 부자가 되기 위해 반드시 필요한 네 가지의 '금융IQ'를 제시한다. 이는 다음과 같다(필자가 일부 수정 및 편집함).

① 금융(재무, 회계)지식: 금융지식은 숫자들을 읽는 능력이다. 이는 부의 제국을 건설하려면 필수적인 지식이다. 관리할 돈이 많아질수록 정확성도 더 필요하다. 이것은 좌뇌적인 지식, 즉 세부적인 지식인 재무보고서를 읽고 이해하고 분석하는 능력이다. 이러한 능력이 있으면 여러 사업의 강점과 약점을 파악하여 투자할 수 있다.

② 투자전략: 투자전략은 '돈이 돈을 만드는 과학'이다. 이것에는 전략과 계획이 포함된다. 이것은 우뇌적인 지식, 즉 창의적인 지식

이다. 돈이 돈을 만든다는 것은 추가적인 부의 창출이 이루어짐을 뜻한다. 즉, 자본비용을 초과하는 초과수익을 발생시킴을 뜻한다.

③ 시장의 법칙: 이는 수요와 공급의 원리에 대해 아는 것이다. 알렉산더 그레이엄 벨은 시장이 원하는 것을 시장에 주었다. 빌게이츠도 그랬다. 현대자동차도 그랬다. 삼성전자도 그랬다. 시장의 법칙을 알면 가치 있는 투자기회를 발견할 수 있다. 수요를 발견하거나 수요를 창출해야 한다. 그러면 부자가 될 수 있다. 주식, 채권, 부동산, 각종 금융상품도 수요와 공급이라는 똑 같은 시장 원리의 지배를 받는다.

④ 법률지식: 법률지식은 회계, 기업, 그리고 정부의 규제와 경제주체들 간의 게임규칙을 아는 것이다. 이로 인해 세금혜택을 누릴 수 있고 각종 소송에서 보호받을 수 있다. 소송에서는 법에 대해서 잘 아는 사람이 유리하다. 부자들은 세금의 원리와 기업의 힘을 알고 이를 잘 활용한다. 부를 관리하는 마지막 기법은 세금에 대해서 잘 알고 이를 활용하는 것이다.

로버트 기요사키에 의하면, "사람들이 부자가 되지 못하는 다섯 가지 이유는 '돈을 잃는다는 두려움(무조건적인 위험 회피), 냉소주의, 게으름, 나쁜 습관, 거만함' 등이다. 거만함은 자기중심적인 무지이다." 필자의 견해로는 순수와 여유와 아량으로 인한 여백이 없는 자에게서 거만함이 나타난다. 그릇에 더 이상 담을 공간이 없으면 넘치는 것과 같은 원리다.

다섯째, 부자들은 돈을 만든다. 부자들은 단순·소극적인 태도로 패키지 투자를 하여 위험을 회피하기보다는, 전문가가 컴퓨터 부품을 사서 더 좋은 성능의 컴퓨터를 더 싸게 조립하듯, 전문적인 투자 전략을 구사한다. 이를 통해 늘 남들을 능가하는 그 무엇을 창출하므로 더욱 부자가 된다.

여섯째, 부자들은 돈을 위해 일하지 않고, 배움을 위해 일한다. 돈을 위해 일을 한다면 늘 지겹고 피곤할 수밖에 없다. 하지만 일을 하는 과정에서 배움이 있고 새로운 발견이 있다면 일이 얼마나 즐겁겠는가? 일을 즐기는 중에 돈도 따라오는 것이니 정말로 행복할 것이다. 이런 일을 찾을 수만 있다면 인생의 행복은 보장될 것이다.

로버트 기요사키는 "돈을 안전하게 굴리지 말고, 영리하게 굴리라.[9]

돈은 아이디어에 불과하다. 돈이 있어야 돈을 번다는 생각은 경제적으로 똑똑하지 못한 사람들의 생각이다. 그들은 단지 돈을 버는 과학을 배우지 않을 뿐이다"라고 일침을 가한다. 이와 함께, 로버트 기요사키는 부자가 되기 위해서는 10가지 힘을 갖추어야 한다고 제안한다. 그것은 '정신의 힘(나에게는 현실보다 더 크고 강력한 이유와 목적이 있다), 선택의 힘(나는 매일 선택한다), 협조의 힘(친구들을 세심하게 선택한다), 빠른 배움의 힘(하나의 방식을 숙지하고 다음에 새것을 배운다), 자기통제의 힘(먼저 자신에게 지불하라), 좋은 조언의

---

9 스마트머니(smart money)라는 말이 있다. 이는 본래 장세 변화에 따라 신속하게 움직이는 자금을 일컫는 말이다. 시장정보에 민감하고 분석 능력이 있는 기관들이 보유한 현금유동성 등이 여기에 해당한다. 이에 대해 움직이는 속도가 스마트머니에 비해 다소 떨어지는 자금을 정크머니(Junk Money) 라고 한다. 하지만 스마트머니는 다른 의미로 시장이 매우 효율적이라는 의미로도 쓰인다. 이 말은 곧 투자자들이 매우 똑똑하다는 뜻이기도 하다. 영리하면 더 빨리 부자가 될 수 있다!

힘, 공짜로(덤으로) 무언가를 얻는 힘, 초점의 힘(돈의 힘을 이용해서 자산을 관리하는 법을 집중적으로 터득한다), 신화의 힘, 주는 것의 힘(가르치면 받으리라)' 등이다. 위의 제안들은 필자가 제시한 부자자격과 일맥상통하는 것들이 많다. 필자는 진짜부자의 인품의 축에 따른 자격으로 철학(정신의 힘, 좋은 조언의 힘), 인간성, 동기(신화의 힘), 생활태도(자기통제의 힘) 등 네 가지를 들었고, 능력의 축에 따른 자격으로 지식역량(초점의 힘, 빠른 배움의 힘, 주는 것의 힘), 대인관계역량(협조의 힘), 행동화역량(선택의 힘), 대화역량 등 네 가지를 들었음을 상기하기 바란다. 로버트 기요사키는 대화역량이라든가 순수와 여유와 아량이 만들어내는 여유와 여백이라는 인간성과 관련된 이야기는 하고 있지 않음이 필자의 주장과 비교된다.

로버트 기요사키가 제안하는 부자가 되기 위해 필요한 몇몇 요령들로는 다음과 같은 것들이 있다. 즉, 지금 하는 것을 중단하라(잠시 여유를 갖고 무엇이 되고 무엇이 안 되는지 평가하라. 안 되는 것은 더 이상 하지 말고 새로운 것을 찾아라), 새로운 아이디어를 찾아라, 행동하라, 당신이 하고 싶은 것을 먼저 한 사람을 찾아라, 지식을 위해 투자하라(강의를 듣고 테이프를 사라), 많은 제안을 하라, 한 달에 10분 정도 특정지역을 조깅하거나 걷거나 드라이브하라(그러면 좋은 부동산을 살 수도 있다), 올바른(정당한) 가격을 찾아라, 더 부자가 되고 싶다면 더 크게 생각하라, 역사에서 배워라.

로버트 G. 알렌[10]의 부자 되기 원리를 살펴보자. 그리고 이것과 필자가 전개하는 논리를 잘 비교해 보고 공통점들을 짚어보기 바란

10 거부가 되는 지름길은 없는가?(How To Become A Rich Man), 로버트 G. 알렌(알렌그룹 회장), 1993, 김만행 역, 행림각

다. 그는 부자가 되는 원리로 '소득의 일부를 떼어서 불려나갈 것. 소득보다 지출이 작을 것. 빚을 조심할 것(사람들은 카드나 외상으로 물건을 사면 마치 그것이 공짜로 주어진 것처럼 생각한다). 오직 한 가지 일에 매달릴 것. 외부활동에 신중할 것(절제할 줄 알아라). 말을 삼갈 것(사업비밀이나 구상을 함부로 말하지 말라). 언제나 성실할 것(성실함은 다이아몬드나 루비보다도 더 귀한 것이다)' 등을 주문한다. 그는 또한, 부자가 되기 위해서 필요한 것은 '욕망, 신념, 긍정적 사고방식, 정직과 신용'이라고 했다. "부는 마음에서 생겨난다. 마음가짐부터 부자가 되라. 일에 몰두하는 마음에서 부가 생긴다. 배짱이 있어야 큰 돈을 벌 수 있다"고도 했다. 그는 '부에 대해서 나쁘게 생각하지 말고, 부자가 될 가능성에 대해 부정적으로 생각하지 말아야 한다'고도 충고한다. "돈은 남을 희생시켜야 벌 수 있다고 생각하거나, 돈을 잘못된 방향에 사용하지 말며, 돈을 벌면 독점하지 말고 더 많이 베풀되 신념을 반영할 수 있는 뜻 있는 목적에 사용하라. 기쁜 마음으로 돈을 주면 몇 배가 되어서 돌아오게 마련이다, 돈을 숭배하지 말라. 「나는 돈을 가질 자격이 있다」고 생각할 정도로 자기에게 충분한 애정을 쏟아라. 돈을 가진 사람을 부러워하거나 시샘하는 태도는 부자가 되는 데 큰 장애가 된다. 빚지지 말고 생활하라"는 조언도 새겨봄직하다. 그는 돈이란 내면의 창조력이 밖으로 드러난 심벌이라고 말한다. '돈을 버는 데는 많은 돈이 든다'라든가, '내가 아닌 정부, 사장, 혹은 누구에겐가 나의 재정적 번영에 대한 책임이 있다'는 그릇된 생각을 버리라는 그의 충고도 새겨보아야 한다.

로버트 기요사키가 제안하는 것들이나 로버트 G. 알렌 등이 주장하는 것을 보면 부의 근원이 돈 자체가 아니라 마음과 정신과 철학 등임을 알 수 있다. 이것들을 필자가 이 책에서 체계적으로 제시한 진짜부자의 자격(〈그림 1-6〉 참조)과 잘 대응해서 새겨보기 바란다.

[실행의 미학: 가르시아의 밀서]

'앤드류 썸머즈 로이완'은 미국과 스페인이 전쟁 중이던 당시 미 육군의 젊은 중위였다. 그는 매켄레이 대통령[11]의 지시에 의해 미국 군사정보국장으로부터 어렵고 막중한 임무를 부여받게 되었다. 그것은 쿠바에 있는 유격대 대장 가르시아 장군에게 전쟁의 승패를 가름할 수 있는 긴급하고 중대한 밀서를 전달하는 것이었다. 하지만 가르시아 장군의 유격대는 적군에 둘러싸여 있어서 외부에서는 아무도 접근할 수가 없었다. 상황은 매우 다급했다. 어떻게 할 것인가! 그때 누군가 대통령에게 말했다. "로이완이라는 사람을 보내시지요. 그는 틀림없이 가르시아를 찾아낼 것입니다."

로이완 중위는 가르시아에게 전달할 밀서를 받았다. 로이완은 대통령의 밀서를 기름먹인 가죽주머니에 넣고 쿠바로 향했다. 4일 뒤 쿠바해안에 도착한 그는 보트에서 내려 밀림으로 사라졌다. 그리고 3주 후 로이완은 가르시아 장군 앞에 나타나서 밀서를 전달했다. 걸어서 사지(死地)를 돌파하여 그는 마침내 대통령의 밀서를 전달하는 데 성공했던 것이다.

밀서를 받아든 로이완 중위는 "그는 지금 어디에 있습니까? 언제까지 가면 됩니까? 그런 위험을 무릅쓰고 이 밀서를 꼭 전해야만 됩

11 미국의 제25대 대통령으로서 1898년 4월 11일 스페인과의 전쟁 승인을 국회에 청원했다. 그는 전쟁이 시작된지 113일만에 미국을 승리로 이끌었다.

니까? 하필이면 왜 제가 꼭 그 일을 해야 합니까? 제가 죽으면 책임질 겁니까?" 그는 이런 질문을 하나도 하지 않았다. 어설프게 자기의 의견 따위도 말하지 않았다. 그는 다만 밀서를 받아들고 가르시아 장군에게 곧바로 향했을 뿐이다.

그를 표창한 사령관은 이렇게 말했다. "본인은 전쟁사에 있어서 로이완 중위의 이번 업적이야말로 가장 용감하고 영웅적인 행위임을 확신하는 바입니다."[12]

그가 성공적으로 임무를 완수할 수 있었던 것은 그의 철학(불굴의 정신자세와 진실된 용기)과 실행의지였다. 로이완 중위의 일화는 실행의 미학의 극치를 보여준다. 로이완의 모습은 지금 미국의 여러 대학에 청동상으로 남아서 젊은이들에게 무언의 메시지를 전달하고 있다. 실행의 진정한 의미에 대해서…

나는 혹시 가정이나 회사에서 일이 생겼을 때, 불만이 가득 찬 태도로 이런 저런 변명과 함께, 그 일을 해서는 절대로 안 되는 구구한 논리를 늘어놓은 적은 없는가? 그래서 책임질 일을 피하고 나면 처음에는 고된 임무를 회피하는 기쁨(?)을 만끽할 지 모르지만, 이런 태도가 몸에 배면 아무 것도 할 수 없는 무능력한 자가 되고 말 것이며, 아무도 그에게 일을 맡기려 하지 않을 것이므로 그는 결국 아무 짝에도 쓸 모 없는 무용지물이 되고 만다는 것은 자명한 사실이다. 실천적 철학과 그를 뒷받침 해주는 강인한 의지와 묵묵한 실

---

12 이 이야기는 1899년 2월 22일 엘버트 후바드라는 출판가에 의해 세상에 알려져 베스트셀러가 된 실화이다. 이 이야기는 책으로 출간되었는데, 1984년 당시까지 전 세계적으로 4천만 부 이상이 판매되었다. 이 책은 러시아, 일본, 독일, 프랑스, 중국 등 수십 개 국어로 번역·출판되었고, 특히 러시아와 일본에서는 정부관리, 군인 등에게 1부씩 배부되었다.

행력이야말로 무엇인가 가치 있는 일을 하는 사람들이 딛고 서 있는 굳건한 토대이다.

[선택과 운명과 철학의 관계]

운명은 누적적 선택의 결과이다. 선택의 근본 바탕은 철학이다. 운명은 선택의 부분집합이요, 선택은 철학의 부분집합이라고 할 수 있을 것이다. 운명론자들이 이야기하는 운명이라는 것이 따지고 보면 선택의 하위개념에 불과하고 선택은 또한 철학의 하위개념에 불과한 것이다. 철학이라는 최상위개념이 잘 서 있으면 선택이라는 차상위개념이 바르게 이루어질 것이므로 당연히 좋은 운명을 실현하게 될 것이다.

성공적인 삶을 영위하고 있는 사람들을 면밀히 살펴 보라. 그들은 삶의 과정에서 매번 또는 평균적으로 선택을 잘 했기 때문에 성공에 도달할 수 있었다. 선택의 기로에 서 있을 때는 '당장은 힘들지만 바르게 될 수 있는 가능성'과 '당장은 편하지만 잘못 될 가능성' 중에서 그들은 늘 '당장은 힘들지만 바르게 될 수 있는 가능성'을 선택했다. 혹시 모순된 길을 걷는 중이었다 하더라도 어떤 전환점을 맞으면 그를 계기로 당장은 힘들더라도 바른 길을 택함으로써 결국 성공할 수 있었던 것이다. 이와는 달리 현재 매우 난처한 지경에 이른 사람들의 경우를 보면 그들은 거듭되는 안이한 선택의 결과 그렇게 된 것이다. "잘난 사람은 다름이 아니라 자기가 할 수 있는 일을 한 사람이다. 그런데 범인(凡人)들은 할 수 있는 일을 하지 않고, 할 수 없는 일만 바라보고 있다. 내가 할 수 있는 정도의 일은 때를 놓치지 말고 하라. 그것으로 사람은 충분하다. 인생의 불행은 자기가 할 수 있는 일을 하지 않는 데 그 근원이 있다"라고 한 R. 롤랑의 말을 음미해 보자. 예를 들어 공부하고 미래를 생각하는 데 몰두해야 할 젊은 시절에 시간을 낭비하고 나면 그 다음에 기다리는 것은 계속 놀면서 인생을 낭비할 또 다른 한 때 뿐이다. 그리 하여 인생의 길을 찾지도 못한 채로 인생낭비의 악순환은 계속된다. 확고한 결심으로 어떤 전환점을 찾지 못하고 이것이 계속 되면 인생은 잿빛이 되고 만다.

이것이 과연 운명이라고 할 수 있을까? 아니다. 잘 된 사람이건 아니건 간에 선택의 기로에서 판단을 해야 했던 주체는 바로 자기 자신이었던 것이다. 그러니, 운명이라는 말은 이제 더 이상 의미가 없는 것이 되어버린다.

운명이란 누적된 선택의 결과에 불과하다! 매순간 거듭되는 올바른 선택에 의해 얼마든지 원하는 운명을 개척해 나갈 수 있다!

선택행위를 촉발(trigger)하는 가장 근본적 메커니즘은 그 사람의 의식구조 깊숙이 자리잡고 있는 철학(가치관)이다. 생산적인 철학을 가지고 있는 사람은 선택의 순간에 결과적으로 가장 생산적인 것이 무엇일까 생각한다. 그래서, 다소 시간이 걸리고 힘들더라도 생산성이 가장 높은 선택을 한다. 생산적인 철학을 가진 사람들은 환경을 성숙시키거나 시간을 압축하는 미학을 안다. 의식구조 내부의 생산적인 철학으로 인해, 좋은 결과를 얻기 위해 고통스런 과정을 견딜 준비가 되어 있는 것이다. 이로 인해 그들은 인위적으로 불가능할 때는 환경이 성숙될 때까지 기다릴 줄 알며, 때가 되어 일단 실행하기로 마음을 먹으면 모든 정열을 집중해서 최단 시간 내에 과업을 완수한다.

이와는 반대로 파괴적인 철학을 가지고 있으면 선택의 순간에 결과를 생각하지 않고 그저 쉬운 것이 무엇일까 생각한다. 파괴적인 철학을 가진 사람에게 약간의 시간이 더 걸리고 조금 더 힘들다는 것은 그것이 아무리 좋은 결과를 가져올 것으로 기대되더라도 죽기보다 싫은 것이다. 그래서 그들은 시간을 압축하기 위해 정당한 절차를 무시한 채 범죄를 저지르기도 하고 환경을 잘못 성숙시켜서 실기(失機)를 하기도 한다.

로버트 기요사키의 지적에 의하면, 대부분의 사람들은 부자가 되지 않기로 선택한다고 한다. 인구의 90%에게 부자가 되는 것은 '너무나(힘들고) 골치 아픈'일이다. 그래서 그들은 다음과 같은 변명을 늘어놓는다. "나는 돈에 관심 없어" 혹은 "나는 절대로 부자가 되지 못할 거야" 혹은 "나는 걱정할 필요가 없어. 아직도 젊으니까" 혹은 "돈을 좀 벌면 그때 가서 미래를 생각하면 되지 뭐" 혹은 "내 남편이(아내가) 재산관리를 합니다".[13] 그러한 패배주의적 선택의 결과 그들은 부자가 되지 못하고 살아가는 것이다.

이제 우리는 진짜부자요 성공한 사람이 되기 위해서 정말로 필요한 것은 자기의 주체적 선택과 그 선택의 저변에 깔려 있는 철학임을 알았다. 생산적인 좋은 철학을 먼저 갖도록 노력하는 것이야말로 진짜부자, 진짜 성공한 사람이 되기 위한 첫걸음이다.

---

13 부자 아빠 가난한 아빠, 1997, 로버트 기요사키, 샤론 레흐트; 형선호 역, 2000, 황금가지

WEALTH

Chapter 3

진짜부자 되기 전술: 자금운용의 기본 노하우

진짜부자가 되기 위한 전략에 대해 알았으니 이제 진짜부자가 되기 위한 전술에 해당되는 자금운용기법에 대해 알아보자. 자금운용기법은 진짜부자 되기 실천기술에 해당된다. 실천기술에 능하면 보다 효율적인 전략 구사가 가능하다.

지피지기(知彼知己)이면 백전불태(百戰不殆)라고 했다. 자신을 알고 적을 알면 백 번 싸워도 위태롭지 않다는 손자병법의 명제이다. 이 명제가 자금운용 전술에도 적용될 수 있다. 성공적인 자금운용을 위해서는 먼저 투자대상 자산의 성격인 현금흐름 형태에 대해서 잘 알고(知彼), 자기 자신의 성향을 잘 알아야(知己) 한다. 이와 함께 투자환경의 변화에 대해서 잘 알아야 하고, 자신의 투자능력의 한계를 잘 알고 투자의 한도를 설정할 줄도 알아야 한다. 그런 연후에 포트폴리오 구성을 통해 위험과 기대수익률을 관리해야 한다. 투자전략의 일관성을 유지하는 것도 중요하다. 그러나, 여기서 그치면 안 된다. 반드시 '그 이후'를 생각해야 한다.

진짜부자가 되기 위한 전술, 즉 자금운용기법은 다음의 〈그림 3-1〉과 같은 구조를 가지고 있다.

그림 3-1 자금운용기법의 구조

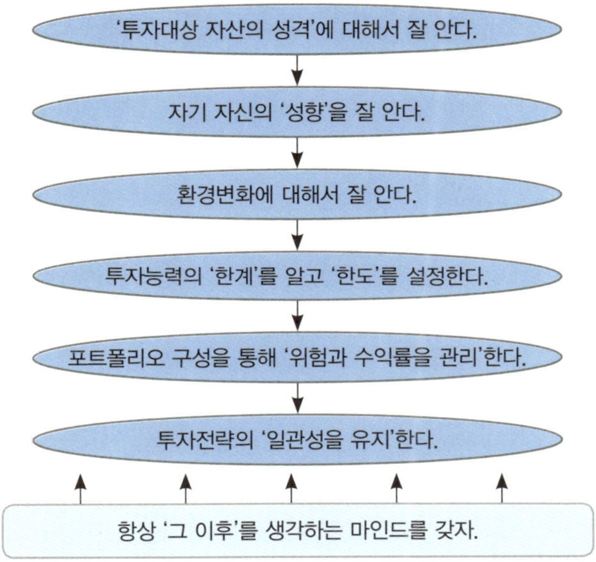

전술 1. 투자대상 자산의 성격에 대해서 잘 알자

투자대상 자산의 성격은 그 자산의 현금흐름(cash flow) 형태에 의해서 구분된다. 현금흐름의 수준이 높은 자산이 있는가 하면 낮은 자산이 있다. 현금흐름이 안정적인 자산이 있는가 하면 불안정한(위험한) 자산이 있다. 현금흐름의 수준이 높으면 수익성이 높다고 말한다. 현금흐름이 불안정한 자산은 기대하는 수준의 현금흐름을 얻지 못할 가능성이 크기 때문에 위험한 자산이라고 말한다. 현금흐름

그림 3-2 현금흐름 형태와 자산의 성격

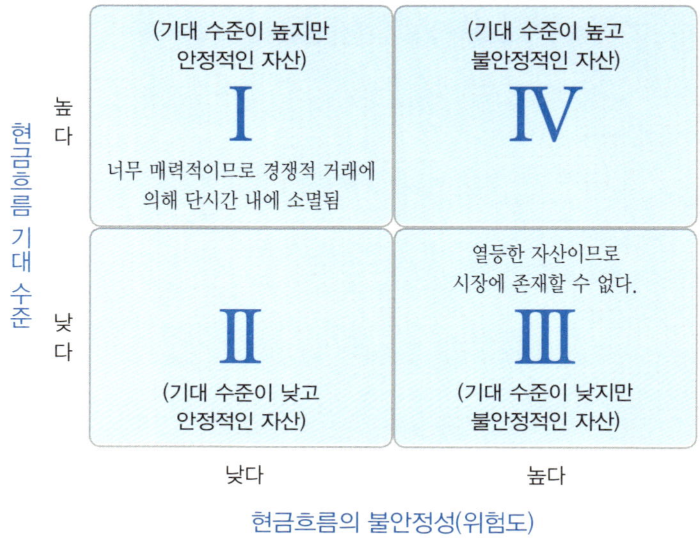

과 위험의 높고 낮음에 따라 자산의 성격을 분류하면 네 가지 유형으로 구분된다. 이를 시각적으로 나타내면 〈그림 3-2〉와 같다.

〈그림 3-2〉에서 보듯이 현금흐름의 수준이 높지만 안정적인 자산(Ⅰ)이 있는가 하면 현금흐름의 수준이 낮고 안정적인 자산(Ⅱ)도 있고, 현금흐름 수준이 낮지만 위험한 자산(Ⅲ)이 있는가 하면 현금흐름 수준이 높고 위험한 자산(Ⅳ)도 있다.

Ⅰ 영역의 자산은 현금흐름의 수준은 높지만 위험도는 낮으므로 너무도 매력적인 자산이다. 돈은 많이 벌리는데 위험이 작은 자산이라니! 이보다 더 매력적일 수 있을까? 이런 자산이 존재한다면, 발견하는 그 순간 여기에 투자하지 않을 사람이 있을까? 모든 투자

자들과 모든 기업들은 바로 이런 투자기회를 찾아서 밤낮으로 헤매고 있다. 계속 이런 자산을 찾아 낼 수만 있으면 무한대의 부를 획득할 수 있다. 그러니 이렇게 매력적인 투자기회는 누구라도 그냥 놔둘 리가 없다. 따라서 이렇게 매력적인 투자기회는 경쟁적 거래에 의해서 단시간 내에 시장에서 사라지고 만다. 물론 제일 먼저 투자한 사람이 가장 큰 이득을 얻고, 이어서 투자한 사람은 그보다 작은 이득을 얻고, 이 경쟁에 뒤늦게 뛰어든 사람은 추가적으로 얻을 것이 없는 그런 과정이 뒤따른다. 바로 이 상태에 도달하면 이를 '시장균형'이라고 한다. 균형상태에서 Ⅰ영역의 자산은 Ⅱ 또는 Ⅳ영역(주로 Ⅱ영역)의 자산으로 변질된다.

Ⅲ영역의 자산은 수익성도 없고 위험스럽기만 한 자산이다. 합리적인 투자자라면 이런 자산은 아무도 거들떠보지 않는다. 즉, Ⅲ영역의 자산은 모든 자산들 중에서 가장 열등한 자산이므로 다른 자산들에게 지배당해서 시장에 존재할 수가 없다. 이런 자산이 잠시라도 시장에 존재한다면 투자자들이 되도록 빨리 이것을 처분해버리고자 할 것이므로 가격이 급격히 떨어질 것이다. 주식을 빌린 후 나중에 주식으로 되돌려주기로 약속하고 Ⅲ영역의 주식을 빌린 다음 그것을 팔아서 Ⅰ영역의 주식을 사는 거래를 생각해 보자. 투자자의 판단이 맞는다면, Ⅲ영역의 주식가격은 떨어지고 Ⅰ영역의 주식가격은 상승할 것이므로, 일정 시점이 지난 후에 Ⅰ영역의 주식을 팔아서 Ⅲ영역의 주식을 시장에서 되산 후 돌려주면 양쪽에서 시세차익이 발생하여 막대한 이익을 얻을 수 있을 것이다.

결국 시장이 균형상태에 있으면 투자자들은 대부분 Ⅱ영역이나 Ⅳ영역의 자산 중에서 선택을 해야 하는 상황에 처하게 된다. Ⅱ영역은 현금흐름 수준이 낮은 대신 위험이 작은 자산이며 Ⅳ영역은 현금흐름 수준이 높은 대신 위험이 큰 자산이다. Ⅱ영역과 Ⅳ영역의 자산들은 현금흐름의 수준도 다르고 위험도 다르기 때문에 서로 비교하기가 불가능한 자산들이다. 이 두 자산들은 투자자 개인의 성향에 따라 선택된다. 현금흐름 수준이 낮더라도 위험부담을 하고 싶지 않은 투자자는 Ⅱ영역의 자산을 원할 것이고, 많은 위험부담을 하더라도 높은 현금흐름을 원하는 투자자는 Ⅳ영역의 자산을 원할 것이다.

Ⅱ영역에 속하는 자산으로는 정기적금이나 국공채가 있다. 정기적금에 가입하면 가입 당시에 현금흐름(이자)이 확정된다. 정기적금은 정해진 시기마다 정해진 이자율로 이자가 불어나기 때문에 만기에 세금을 제하고 나서 얼마를 받을지 정확히 알 수 있다. 국공채도 마찬가지이다. 지금 10년 뒤에 만기가 되는 액면가 1,000만원 짜리 국공채를 6백13만9천 원에 샀다면 10년 뒤에 정확히 1,000만원을 받을 것이라는 것과 10년 간(세금을 제하기 전의) 복리이자율이 5%라는 것을 정확하게 알 수 있다. 즉, 정기적금이나 국공채에 투자하면 기대할 수 있는 현금흐름은 매우 낮은 수준인데 비해서 현금흐름의 불확실성, 즉 위험이 거의 없다는 것을 알 수 있다. 국공채는 정부에서 발행하는 채권인데 대해 회사채는 기업에서 발행하는 것이다. 회사채의 경우 현금흐름의 불확실성은 국공채보다 크지만, 그래도 회사가 부도나지 않는 한 정기적으로 이자를 받을 수 있으며 만기에는 원금을 받을 수 있다. 회사채는 국공채에 비해 위험이 큰 까닭에 그만큼 이자율이 더 높게 형성되는데, 그래도 청구권의 우선순위가 주식보다는 높고 현금흐름의 위험도 주식보다는 작은 자

산이다.

Ⅳ영역에 속하는 자산으로는 주식과 파생상품을 들 수 있다. 주식에 투자하면 배당과 자본이득(시세차익)을 기대할 수 있다. 그런데 일반적으로 배당은 당기순이익을 재원으로 하여 이루어지는데, 당기순이익은 모든 변동비 및 고정비를 충족시키는 것은 물론, 근로자, 채권자, 정부 등 모든 이해관계자들의 욕구를 충족시켜 주고 최후에 남는 몫이므로 그것이 도대체 얼마가 될지 예측하기가 매우 어렵다. 적자를 내면 배당은 기대할 수도 없다. 주가가 올라가야 발생하는 자본이득도 결국은 이익의 성장 가능성에 바탕을 두고 있으므로, 이것이 도대체 언제, 얼마나 실현될지도 알 수가 없다. 주식은 어떤 때는 하루에도 상한가(15%)까지 오르기도 하므로 연리 4~5%의 정기적금이나 국공채에 투자해 놓고 3년을 기다려야 얻을 수 있는 것을 단 하루만에 얻을 수 있는 가능성이 있는 매력적인 자산이다. 거꾸로 주가는 하루에 15%까지 하락할 수도 있으니 주식은 투자자가 느끼는 위험 즉, 현금 흐름의 불확실성이 매우 큰 자산이다. 이보다 더욱 위험이 큰 자산이 선물(futures)이나 옵션(option)등과 같은 파생상품(derivatives)이다. 파생상품은 작은 투자금액으로 기초자산의 수익률을 그대로 누릴 수 있기 때문에 이익 혹은 손실 배율(레버리지)이 현물투자에 비해 7~10배에 달하는 자산이다.[1] 이

---

1 파생상품은 기초자산의 10%~15% 정도에 해당하는 계약금액(선물의 경우) 혹은 권리 취득금액(옵션의 경우)으로 현물에 투자할 때에 비해 엄청난 레버리지 가능성을 내포하고 있다. 특히 행사가능성이 희박한 만기에 가까운 외가격 옵션은 거의 최소가격에 거래되는데, 이런 옵션을 매입한 상태에서 상황이 돌변하면 투자금액의 500배가 넘는 수익을 얻을 수도 있다. 2001년 9월 11일의 월드트레이드 센터 테러 사태 때 우리나라에서 이런 일이 발생했었다.

로 인해 파생상품은 정교한 계산을 통해 실물자산의 가치하락 위험을 회피하기 위한 수단으로 이용하거나, 이 과정에서 전가된 높은 위험을 부담하는 대가로 고수익을 추구하는 투자수단으로 이용된다. 파생상품은 파생상품끼리 또는 다른 자산과의 결합에 의해 투자자가 원하는 특이한 형태의 현금흐름을 조작해 내기 쉬우므로 새로운 투자대상으로 각광을 받을 뿐만 아니라 이 성질을 이용하여 새로운 금융상품을 개발하는 데 활발하게 활용된다.

부동산을 가지고 있을 때 얻게 되는 임대수입이나 자영소득은 주식의 배당과 유사한 성격을 갖고 있으며 되팔 때의 시세차익은 주식의 자본이득과 같으므로, 현금흐름형태로 볼 때 부동산은 채권보다는 주식에 더 가까운 자산이다. 그러나 부동산은 주식처럼 소액증권으로 분할되어 있지 않아서 거래금액이 크기 때문에 투자하기가 쉽지 않고,[2] 거래 상대방을 찾아 거래를 성사시키기가 용이치 않고, 부동산 가격이 장기간에 걸쳐서 변동하므로 장기간 자금이 묶이게 되며, 법적인 규제가 많다는 점에서 주식과는 차별화되는 특징을 가지고 있다.

Ⅳ영역에 속하는 것으로 볼 수 있는 특수한 금융상품의 예로 보험이 있다. 유배당 보험의 경우 평소에는 운용수익의 일부를 배당으로 받다가 아주 희귀한 확률로 사고가 발생하면 매우 큰 현금흐름을 얻게 된다. 유사시의 막대한 현금흐름을 이용해서 사고에 대

---

2 리츠(REITs)는 부동산투자신탁증권이다. 증권을 발행하여 자금을 모집한 후 그 자금으로 부통산투자를 하여 수익금(운영수입과 시세차익)을 투자자들에게 배분하는 것이다. 리츠에 투자하면 소액으로 부동산투자를 하는 효과를 얻을 수 있다.

한 경제적인 측면의 해결능력을 확보해 주는 것이 보험이다. 따라서 보험의 현금흐름 형태는 만일의 경우에 희귀하게 발생하는 위험을 관리하기에 적합하다.

이상에서 설명된 바와 같이, 성공적인 투자의 출발점은 투자대상 자산의 현금흐름 성격에 대해 정확히 아는 것이다.

[화폐의 시간가치에 대하여]

역사상 가장 크게 흥행한 영화는 무엇일까? '인디펜던스 데이'라는 영화는 개봉 1주일만에 1억 달러를 돌파하는 대기록을 세웠다. 그 전의 1억 달러 최단기간 돌파 기록은 1993년의 '쥬라기 공원'이 수립한 9일이었다. 그러나 이런 기록들은 물가상승을 고려하면 사정이 달라진다. LA에 있는 영화입장료수입 분석회사인 「Exhibitor Relations」는 역대 영화들의 판매수입을 1996년 시점을 기준으로 환산한 결과, '인디펜던스 데이'의 흥행수입은 그로부터 57년 전인 1939년에 영화 '바람과 함께 사라지다'가 세운 기록에는 훨씬 못 미치고 역대 20대 영화에도 들어가지 못하는 것으로 나타났다.[3]

한편, 1973년에 10,000짜리 지폐가 처음 나올 때만 해도 10,000이면 자장면이나 우동(한 그릇에 80원) 125그릇을 사거나 쇠고기(600g에 700원) 14근 남짓을 사거나 돼지고지(600g에 400원) 25근을

---

3 (역대 10대 영화) 1위, 바람과 함께 사라지다, 1939년 개봉, 8억 5천 9백만 달러. 2위, 스타워즈 I, 1977, 6억 2천 8백만 달러. 3위, 십계, 1956, 5억 7천만 달러. 4위, 사운드 오브 뮤직, 1965, 5억 6천 8백만 달러. 5위, 죠스, 1975, 5억 5천 7백만 달러. 6위, E.T., 1982, 5억 5천 2백만 달러. 7위, 닥터 지바고, 1965, 5억 4천만 달러. 8위, 정글북, 1967, 4억 8천 3백만 달러. 9위, 백설공주, 1937, 4억 7천 4백만 달러. 10위, 벤허, 1959, 4억 6천 8백만 달러.(맨큐의 경제학, 1998, N. Gregory Mankiw 저, 김경환, 김종석 공역, 교보문고)

사거나 목욕(성인 100원) 100번을 하거나 다방에서 커피(한 잔에 50원) 200 잔을 살 수 있었다.[4] 이 기간 동안 1인당 국민소득은 394달러에서 8,900달러로 20배 수준으로 증가하였다. 지금 10,000원을 가지면 가장 싼 집에서 잘 하면 자장면 4그릇, 한우의 좋은 부위는 100g에 3,000원 이상이니 10,000원으로는 겨우 한우 반 근(300g)하고 조금 더 살 수 있을 뿐이다. 동네 목욕탕도 기본이 4,000원이니 10,000원으로는 동네 목욕탕을 두 번 정도 갈 수 있다. 역시 동네 다방에서 잘 해야 커피 네 잔 정도 밖에 살 수가 없다. 이러한 현상은 인플레이션(물가상승)으로 인해 시간의 경과와 함께 돈의 가치가 감소하기 때문이다. 돈을 그냥 현금으로 가지고 있으면 물가상승으로 인해 돈의 사용가치는 계속 줄어드는 것이다. 지금의 10,000원은 10년 뒤의 같은 금액보다 사용가치가 크다.

이런 현상을 알고 있는 사람은 돈의 가치가 하락하는 것을 막을 수 있다는 확신이 있을 때에 한해서 누구에게 돈을 빌려주려 할 것이다. 돈의 가치를 유지하는 한 방법이 돈의 사용 대가를 받는 것인데, 돈의 사용 대가를 소위 '이자'라고 한다. 누군가 이 돈을 빌려주는 대신 주식투자를 하겠다고 생각했다면, 그 사람은 돈을 빌려줌으로써 챙길 수 있는 이자를 포기하고 그보다 더 높은 수익이 기대되는 주식을 산 셈이 된다. 이때 포기한 이자가 기회비용(opportunity cost)이다. 할인율이 연리 6%라고 할 때, 10년 뒤의 10,000원을 현재가치로 환산하면 약 5,584원이 된다. 할인율이 연리 8%라고 할 때, 10년 뒤의 10,000원을 현재가치로 환산하면 약 4,632원이 된

4 중앙일보, 2002.8.5

다.[5] 할인율이 클수록 미래현금의 현재가치가 작아지는 것을 알 수 있다. 미래현금을 현재가치로 환산할 때 사용하는 할인율이 곧 이자율이라고 생각할 수 있다.

'화폐의 시간가치'와 '기회비용'의 개념에 대해서 정확히 이해하고 생활 속에 실천하는 것이야말로 부자가 되기 위한 첫걸음이 될 것이다. 투자와 관련된 무슨 의사결정을 하든지 화폐의 시간가치와 기회비용이라는 두 가지 개념은 반드시 반영하지 않으면 안 된다.

전술 2. 자기 자신의 성향을 잘 알자

앞에서 제시된 〈그림 3-2〉의 자산구분을 상기해 보자. Ⅲ영역의 자산은 존재할 가치가 없고, Ⅰ영역의 자산은 투자기회가 발견되자마자 사라져서 Ⅱ또는 Ⅳ영역의 자산으로 변질되고 만다. Ⅰ영역에 속하는 자산을 계속 발견해 낼 수만 있다면 오죽 좋으랴! 이미 부자가 된 많은 사람들은 그런 노력을 끝까지 하라는 충고를 아끼지 않는다. 하지만, 현실은 그렇지 못해서 대체로 Ⅱ 또는 Ⅳ 영역의 자산 중에서 선택하지 않으면 안 된다.

Ⅱ영역에서 선택하는 사람(C)은[6] 현금흐름이 크다는 것보다는 작은 위험을 더 중시하는 태도를 가지고 있는 사람이다. 보수적인 태도를 가지고 있는 사람들이라고 할 수 있다. 여기에 속하는 사람은 비록 기대수익을 희생하더라도 위험이 작은 자산을 더 좋아한다.

5 $10,000 \div (1+0.06)^{10} \fallingdotseq 5,584$, $10,000 \div (1+0.08)^{10} \fallingdotseq 4,632$

6 보수적인(Conservative) 투자자

이와는 반대로 Ⅳ영역에 속하는 사람(A)은[7] 위험부담보다는 현금흐름의 크기에 더 관심이 더 많다. 이들은 공격적인 태도를 가지고 있는 사람들이라고 할 수 있다. 이러한 부류의 사람들은 더 많은 위험을 부담하더라도 기대수익이 큰 자산을 좋아한다. Ⅱ영역과 Ⅳ영역에 속하는 사람들은 위험에 대한 태도에 있어서 매우 이질적인 사람들이다.

Ⅱ영역과 Ⅳ영역의 사이에는 무수한 유형의 사람들이 존재하며 모든 투자자들은 그 중의 한 유형에 속한다. 이상을 그림으로 그려보면 대략 다음의 〈그림 3-3〉과 같다.

〈그림 3-3〉에서 C점과 A점에서 접하는 곡선은 투자자의 위험과 기대수익에 대한 태도를 나타내는 곡선으로서, 투자자의 만족도(행복수준)를 보여주는 곡선이라는 뜻으로 효용곡선이라고[8] 한다. 그림에서 보면 C와 A 투자자 모두 위험부담의 정도에 비해 기대수익이 더 클 것을 요구하는 형태의 효용곡선을 가지고 있는 위험 회피적인 합리적인 투자자이지만 C가 A보다 위험을 더 싫어하는 것을 알 수가 있다.

위험의 크기를 나타내는 횡축에 대해 평행인 효용곡선을 가지고 있는 투자자가 있다면 그는 투자대상의 위험에 대해서는 관심이 없고 오직 기대수익이 높고 낮음에 따라서 투자대상을 선택하는 투자자이다. 이런 유형의 투자자를 위험 중립적 투자자라고 한다.

---

7 공격적인(Aggressive) 투자자

8 효용곡선은 왼쪽 위로 올라갈수록 높은 효용수준을 나타내고 오른쪽 아래로 내려갈수록 낮은 효용수준을 나타낸다. 효용의 수준에 따른 효용곡선들을 효용지도라고 한다. 동일인의 효용곡선 끼리는 만나거나 교차할 수 없다.

그림 3-3 투자자의 위험에 대한 태도와 자산의 선택

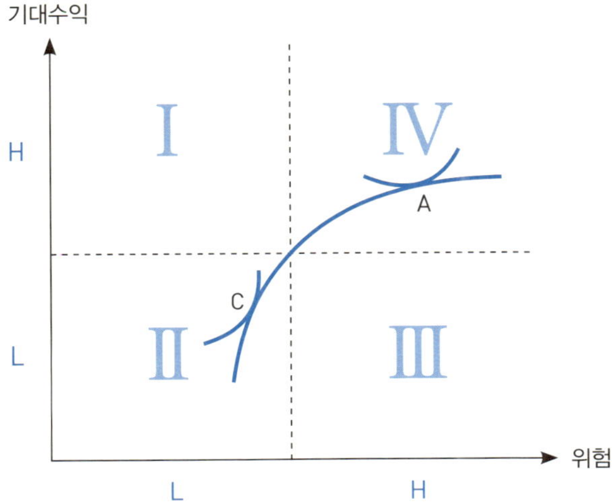

H(High) : 높다. L(Low) : 낮다.

누군가 투자자 C한테 "당신 겁쟁이 아닙니까? 위험부담을 조금만 더하면 투자자 A처럼 높은 수익을 기대할 수 있는데, 왜 그렇게 소심합니까?"라고 한다면, 과연 그 말은 C에게 득이 되는 말일까? 절대 그렇지가 않다. 다음의 그림에서 보듯이 C가 A의 행동을 모방하려면 좌상단의 굵은 점선을 우하단의 굵은 점선으로 이동시켜야 되므로(〈그림 3-4〉 참조) 효용수준을 무척 많이 떨어 뜨려야 한다. C가 A를 모방하려면 C는 큰 불행을 겪게 되는 것이다.

마찬가지로, 누가 A에게 "당신 너무 무모하지 않습니까? 기대수준을 조금만 낮추면 투자자 C처럼 안정적인 투자를 할 수 있는데, 왜 그렇게 위험한 투자를 합니까?"라고 한들 그 말이 A에게 득이 될

그림 3-4 투자성향의 모방에 따른 행복 수준의 저하 현상

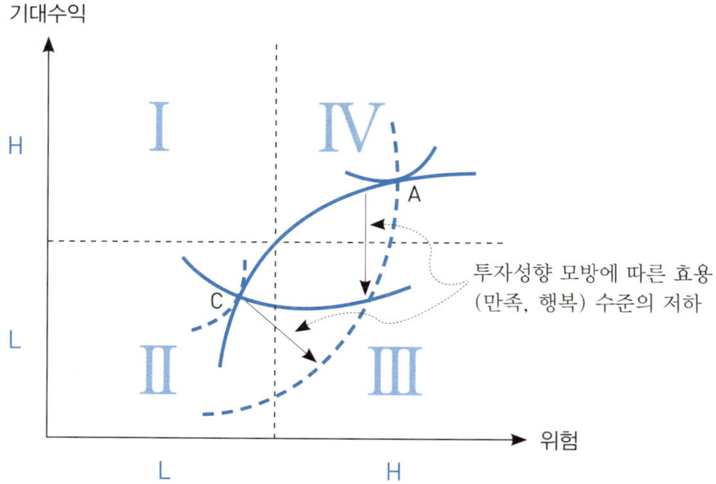

H(High) : 높다. L(Low) : 낮다.

리 만무하다. 위의 그림에서 보듯이 A가 C를 모방하기 위해서는 오른쪽 맨 위의 굵은 실선을 아래쪽으로 한참 이동시켜야 하므로 효용 수준을 크게 떨어뜨리는 결과가 된다. A 역시 스스로 불행을 자초해서 행복의 수준을 떨어뜨리지 않으면 C점에 도달할 수가 없다. A가 C를 모방하려면 A는 큰 불행을 겪게 되는 것이다.

이상과 같이, 투자자들은 위험과 기대수익률의 조합에 의한 자신의 고유성향에 따라 선택을 할 때 효용(만족, 행복)의 극대화를 달성할 수 있는 것이다. 남의 무책임한 말만 듣고 이런 불행을 자초할 사람이 과연 있을까?

진짜부자가 되기 위한 두 번째 전술의 핵심은 바로 자기 자신의

성향을 잘 알고 그에 맞게 자산을 선택하는 것이다. Ⅱ영역에 속하는 투자자는 기대수익은 낮지만 위험이 작은 투자 안에 장기적으로 투자해서 부를 키워나가야 행복할 수 있으며, Ⅳ영역에 속하는 투자자는 위험이 크더라도 기대수익이 높은 투자 안에 순발력 있게 부를 운용해야 나름대로 행복한 가운데 부를 키워나갈 수가 있다. '이웃집 잔디가 언제나 더 탐스럽다'는 말이 있듯이 자신의 성향을 포기하고 이웃의 성향을 모방하기 위해 부화뇌동한다면 원래 나에게 맞는 '나의 잔디'는 없고 항상 '이웃집 잔디'만 머릿속을 맴돌 테니 그것이 바로 불행의 시작이며 진짜부자로부터 멀어지는 길이다. 자신의 성향에 맞는 투자를 하는 것이 바로 행복의 길이요 진짜부자가 되는 정도(正道)이다.

참고로, 다음의 「위험태도 테스트 Ⅰ」과 「위험태도 테스트 Ⅱ」를 통해 위험에 대한 자신의 태도를 체크해 보기 바란다. 자신이 위험을 싫어하는 보수적 성향의 투자자로 판단되면 기대수익률이 작더라도 안정적인 제Ⅱ영역에서 투자 안을 선택하는 것이 옳다. 자신이 고수익을 위해 높은 위험이라도 부담할 자세가 되어 있는 공격적 성향의 투자자로 판단되면 제Ⅳ영역에서 선택하는 것이 옳으며, 중간적 성향의 투자자로 판단되면 Ⅱ와 Ⅳ영역의 중간에서 선택하는 것이 옳다. 다만, 제Ⅳ영역에서 선택할 때는 추가적인 위험을 부담할 가치가 있는지 합리적인 관점에서 반드시 따져 보아야 한다.

어느 경우라도 Ⅰ영역에 속하는 투자대상을 찾으려는 노력을 게을리 해서는 안 된다. 무수한 노력과 준비 끝에 레이 크록은 53세가 되서야 맥도날드(햄버거 체인)를 창업했으며, 할랜드 샌더스는 65세에 캔터키 후라이드치킨을 창업했다. 이들은 늦은 나이에 Ⅰ영역에 속하는 투자 안을 발견한 경우이다. 눈을 부릅뜨고 끈질기고 피나는 노력을 하는 사람에게 I 영역에 속하는 사업과 주식이 눈에 띄는 것이다.

위험태도 테스트 I[9]

1. 주식에 투자한 지 두 달만에 20%의 손해가 났다. 펀더멘탈은 변하지 않았다고 가정할 때 어떻게 할 것인가?
   - a. 더 이상의 근심을 없애기 위해서 주식을 처분하고 다른 것을 시도한다.
   - b. 아무 것도 하지 않고 투자자금이 회복될 때까지 기다린다.
   - c. 더 매입한다. 떨어지기 전에도 좋은 선택이었는데, 이제 더 싸게 살 수 있는 좋은 기회다.
2. (앞의 문제에서 계속) 20%나 손실이 났지만, 이것은 서로 다른 세 시점의 투자목적에 이용하려는 포트폴리오의 일부이다.

2-1. 투자목적이 5년 후의 것이라면 어떻게 하겠는가?

a. 처분한다. b. 아무 것도 하지 않는다. c. 더 매입한다.

2-2. 투자목적이 15년 후의 것이라면 어떻게 하겠는가?

a. 처분한다. b. 아무 것도 하지 않는다. c. 더 매입한다.

2-3. 투자목적이 30년 후의 것이라면 어떻게 하겠는가?

a. 처분한다. b. 아무 것도 하지 않는다. c. 더 매입한다.

---

9 Bodie, Cane, Marcus, Essentials of Investments, 4th Ed., McGraw-Hill Inc., 남상구, 이영기, 최승두 공역, 2002, McGraw-Hill Korea Inc. 본문은 일부 수정됨. 점수가 9~14점이면 보수적 성향의 투자자, 15~21점이면 중간적 성향의 투자자, 22~27점이면 공격적 성향의 투자자로 판단한다.

3. 은퇴를 대비하여 매입한 주식이 한 달만에 25% 뛰어올랐다고 하자. 펀더멘탈은 아무것도 변하지 않았다고 가정할 때 어떻게 할 것인가?

a. 처분 후 이익 확보

b. 그냥 두고 더 오르기를 기다린다.

c. 더 매입한다. 더 오를 수 있다.

4. 15년 후의 은퇴에 대비하여 투자를 하려고 한다. 다음 중 어느 것이 좋겠는가?

a. 화폐시장(단기금융시장) 펀드 또는 보장형 투자계약에 투자하여 큰 이익에 대한 가능성을 포기하는 대신, 원금에 대한 사실상의 안전성을 확보해 둔다.

b. 채권형 펀드와 주식형 펀드에 반반씩 투자하여 부분적으로 성장을 기대하지만, 안정된 소득의 형태로 자산을 보호한다.

c. 성장형 뮤추얼펀드에 투자한다. 이 기간 동안 가치변동이 상당히 심하겠지만, 5년이나 10년 동안에 획기적인 이득을 올릴 가능성이 있다.

5. 지금 막 1억원의 상금을 탔다. 마음대로 처리하면 된다.

a. 5천만원을 현금으로 보유한다.

b. 50%의 확률로 5천만 원을 딸 수 있는 내기에 건다.

c. 20%의 확률로 1억 5천만 원을 딸 수 있는 내기에 건다.

6. 지금 막 좋은 투자기회가 생겼다. 하지만 여기에 투자하려면 돈을 빌려야 한다. 대출을 받아서라도 투자하겠는가?

a. 절대로 아니다. b. 아마 그럴 것이다. c. 그렇다.

7. 회사에서 종업원들에게 주식을 팔고 있다. 경영계획에 따르면 3년 안에 회사를 상장시킬 예정이다. 그때까지는 주식을 팔 수도 없고 배당도 받을 수 없다. 그러나 회사가 상장되기만 하면 투자금액은 10배가 될 수도 있다. 얼마나 투자할 생각인가?

a. 투자하지 않는다. b. 두 달치 월급 c. 네 달치 월급

위험태도의 점수화

'a' 답수 ______×1=_____ 점

'b' 답수 ______×2=_____ 점

'c' 답수 ______×3=_____ 점

합 계 _____ 점 ☞ 판단은 주석 참조!

위험태도 테스트 II[10]

다음의 질문에 대해 '즉흥적으로' 답하시오.

1. 휴가계획은 언제 세우는가?

a. 수개월 전부터 b. 바로 직전에

2. 횡단보도의 신호등이 빨간 불인데, 차는 오지 않는다. 어떻게 하겠는가?

a. 녹색 신호로 바뀔 때까지 기다린다. b. 그냥 건너간다.

---

10 투자의 비밀, 앙드레 코스톨라니 지음, 최병연 역(2002), 미래의 창. 앙드레 코스톨라니는 체계적인 학력은 많지 않지만 평생 실전투자로 실패와 성공을 거듭했고 결국은 크게 성공한 사람이다. 말년에는 증권투자 강사로서 더욱 큰 명성을 얻었다.

3. 하루 중 언제 기분이 좋은가?

a. 아침에 b. 저녁에

4. 접시에 특별히 맛있는 음식이 담겨 있다. 어떻게 하겠는가?

a. 맛있는 것을 맨 나중에 먹는다. b. 맛있는 것부터 먹는다.

5. 그림을 선택할 때 어떤 기준을 따르는가?

a. 투자가치 b. 자신의 취향

6. 낯선 나라에 처음 오게 되었다. 어떤 식당에서 식사를 하겠는가?

a. 아는 사람이 권해 준 조국의 식당

b. 잘 모르는 이국 음식을 파는 식당

7. 당신이 파리에 갔다. 아내에게 어떤 선물을 사다 주겠는가?

a. 예전부터 애용하던 향수

b. 최신 유행하는, 자신이 좋아하는 신제품의 향수

8. 비행기를 타고 갈 때 무엇이 가장 신경 쓰이는가?

a. 안전함과 편안함 b. 옆 좌석의 승객

9. 룰렛 게임을 한다면 어디에 돈을 걸겠는가?

a. 2분의 확률(주사위가 빨강과 검정 가운데 어떤 눈금 위에 멎는가에 건다.)

b. 0에서 36까지의 숫자에 건다.

10. 집을 구할 때 어떤 점에 더 유의하는가?

a. 집 내부의 공간배치 b. 주변환경

11. 범죄영화를 보러 가는 길에 살인자가 누군지 알게 되었다. 어떻게 하겠는가?

a. 그래도 영화를 보러 간다. b. 영화를 보러 가지 않는다.

12. 다니는 회사가 다른 도시로 옮겨가게 되었다. 어떤 반응을 보일까?

a. 이사하는 것이 거리낀다.

b. 기쁜 마음으로 이사할 날을 기다린다.

13. 아내가 직장생활을 하는 것에 대해 어떻게 생각하는가?

a. 아내가 전업주부로 집에 있기를 원한다.

b. 아내가 직장에 다니기를 원한다.

14. 어떤 상황이 가정의 행복을 위해 더 바람직하다고 생각하는가?

a. 남편은 생활비를 꼼꼼하게 관리하고 아내는 돈을 잘 쓰는 편이다.

b. 아내는 생활비를 꼼꼼하게 관리하고 남편은 돈을 잘 쓰는 편이다.

위험수용도 평가

① 'a' 항의 응답이 11~14개이면 당신은 안전제일주의자

당신에게는 안전성이 무엇보다도 중요하다. 그러므로 당신의 투자전략은 확실하게 예측할 수 있는 결과를 가져오는 것이어야 한다. 비상금을 은행에 예치해 두고, 은행에 가서 정기예금 범위 내에서 투자할 수 있는 가능성에 대해 상담해 보는 것이 좋다. 국공채 가운데 단기적인 것이 권할 만하다.

② 'a' 항의 응답이 6~10개이면 단산은 계산된 위험을 즐기는 유형

당신은 모험을 꺼리는 스타일은 아니지만, 안전을 보장해 줄 만한 기본 여유자금이 필요하다. 이런 유형은 '철저하게 계산된 모험을 하는 투자자'라고 할 수 있다. 이 유형의 투자자에게는 고금리의 중장기 공채나 주식 중에는 '블루칩'이 유리하다. 다만, 블루칩을 폭넓게 분산해서 매입하는 것이 좋다.

③ 'b' 항의 응답이 11~14개이면 당신이 바로 투자자

전형적인 투자자 타입이다. 이 경우 자금을 유동적으로 쓸 수 있어야 한다. 따라서 장기간의 투자는 불리하다. 증시와 전 세계에서 일어나는 모든 일을 끊임없이 주시하고 즉각적으로 대처해야 한다. 많은 주식을 보유하고 있을 때도 있지만, 주식을 전혀 보유하지 않은 채 적절한 시기를 기다리기도 한다. 적절한 시기를 기다리는 것이 불가능할 경우에는 차라리 재산을 은행에 넣어두는 편이 낫다.

각 문항에 대한 코스톨라니의 해설은 다음과 같다. ① 즉각적인 처리능력은 가장 중요한 덕목중 하나이다. ② 모험을 하기도 전에 미리부터 겁을 내는 사람은 주식 근처에는 얼씬도 하지 말아야 한다. ③ 아침에 일찍 일어나자마자 피치를 올려 늦은 오후까지 체력을 다 소모하는 사람은 예기치 않은 일이 없는 하루를 살아야 한다. 이런 사람은 저축통장으로 만족해야 한다. ④ 배가 고프면 일단 먹고 보는 것이 투자자의 자세다. 맛있는 음식을 아껴 먹는 사람은 투자의 열매(이자)를 결국에는 반드시 얻는 안전한 느낌을 원한다. ⑤ 낭만주의자는 스스로 즐기기 위해 터무니없이 비싼 그림을 사들인다. 그런 사람이라면 과감하게 투자해도 좋다. ⑥ 이국적인 식당에는 예기치 않은 일이 기다라고 있어서 투자자를 기쁘게 해 준다. 물론 유쾌하지 못할 경우도 있다. ⑦ 자기 아내에게 새로운 향수를 선물할 엄두조차 내지 못하면서 돈이 왔다갔다하는 주식에서 무엇을 바랄 수 있단 말인가? ⑧ 투자자는 새롭고 흥미로운 관계를 맺게 되리라 기대하면서 사소한 위험이나 불편은 무시해 버린다. ⑨ 룰렛 테이블 앞에 서 있으면서 몇 푼의 돈을 날리는 것조차 아까워하는 사람은 그냥 계속 열심히 저축하는 편이 낫다. ⑩ 투자자는 가까이 있는 것과 실질적인 것에 별로 관심을 기울이지 않는다. 투자자는 아름다운 전망을 원한다. ⑪ 스릴이 없는 범죄영화는 투자자의 관심을 끌지 못한다. ⑫ 투자자는 쉽게 불안해하지 않는다. 투자자는 이미 변화에 익숙하다. ⑬ 자기 아내가 집에 없는 것을 싫어하는 사람은 편안함을 가장 중요시한다. 그러나 주식은 편안한 것과는 거리가 멀다. ⑭ 투자자도 합리적으로 절약하며 살림을 꾸려나가야 한다는 것을 안다. 하지만 투자자는 다른 사람에게 기꺼이 그 일을 맡길 줄 안다.

전술 3. 환경변화에 대해서 잘 알자

투자대상 자산의 성격과 자신의 성향에 대해서 파악했으면, 다음으로 반드시 해야 할 것은 투자환경에 대해서 정확하게 인식하는 것이다. 50여년 전에 미국 보스톤의 어느 백만장자가 "나의 모든 재산을 모두 전차(電車)회사에 영원히 투자하라"는 유언을 남겼다고 한다. 그런데, 그 후손들은 완전히 망했다고 한다. 그 백만장자가 유언을 할 당시는 전차가 새로운 교통수단으로 각광을 받기 시작했었지만 오늘날 전차는 아예 사라지고 말았기 때문이다. 환경변화를 예상하지 못하고 과거의 성공방식에 매달렸으니, 망한 것이 그리 이상한 일이 아니다.[11] 환경의 변화는 도도하게 흐르는 커다란 강물과 같고 기업과 투자자 개개인은 그 강물 위에 떠다니는 작은 배와 같다. 큰 강 위에 떠다니는 작은 배가 강물의 흐름을 바꿀 수는 없고, 단지 그 흐름을 이용할 따름이다. 올바른 자산운용을 하기 위해서는 투자환경에 대해서 잘 알고 이용해야 하는 이유가 여기에 있다.

또 다른 예를 들어보자. 우리나라에서는 은행의 공금리가 10% 이

11 기업경영에 관한 격언 중 "망하는 기업은 반드시 자기가 성공한 방식에 의해 망한다"는 말이 있다. 이야말로 경제원리에 입각한 기막히고 탁월한 지적이 아닐 수 없다. 어떤 기업이 매우 기발한 아이디어로 크게 성공했다고 하자. 그 아이디어는 그만한 가치가 있는 것임에 틀림없다. 하지만 그 기업의 성공방식은 곧 모방되기 시작하면서 그 방식에 의한 초과이윤은 점점 사라진다. 결국 새로운 아이디어의 특별한 가치는 더 이상 존재하지 않고 다른 것들보다 별로 나을 게 없는 상태에 도달하고 만다. 그런데도 기존의 방식에 매달린다고 생각해 보자. 망하는 것이 너무도 당연하지 않을까? 기업은 끊임없이 새롭고 독창적인 것들을 찾아냄으로써 생존하는 생명체이다. 이로써 계속 자본비용을 초과하는 이윤을 창출하여 지속적으로 기업가치를 상승시킴으로써, 납품업자와 근로자와 채권자와 정부와 주주와 지역사회 주민들 모두에게 돌아가는 혜택을 키울 수 있다.

상의 고금리이던 때가 장기간 지속되었다. 연간 금리가 12%라면 은행에 예금을 해도 약 6년 만에[12] 원금이 확실하게 두 배로 불어난다. 이런 상황이라면 굳이 높은 위험을 부담하면서 주식투자를 하는 것에 대해 재고해 볼 필요가 있을 것이다.

우리나라는 1960년도 이후 계속해서 산업화를 기조로 한 경제개발정책으로 고성장을 이룩하였는데, 대략적인 흐름을 보면, 60년대에는 생필품 위주의 경공업 및 식품산업에 집중 투자하였고, 70년대~80년대에는 건설·기계·화학·조선 등의 중화학 공업에 대한 투자를 중심으로 경제발전을 도모하였으며, 80년대~90년대에는 전기·전자·반도체 관련 산업이 우리나라 경제를 이끌어 왔다. 90년대 이후로는 인터넷·정보통신·생명공학 등의 첨단산업 위주로 경제의 재도약을 시도하고 있다.[13] 여기서 우리는 경제적 환경변화를 어떻게 활용하여 부를 증식시킬 것인가에 대한 힌트를 얻을 수 있다.

즉, 우리나라 경제 발전의 각 단계는 관련 산업이 견인차가 되어 이어져 온 과정이니, 당연히 정부의 정책과 같은 맥락을 유지하고 있음을 알 수 있다. 또한, 정부의 정책방향은 국민경제 차원에서의 우선순위와 세계경제의 자연스런 흐름에 맞추어져 있다. 이러한 커다란 흐름에 맞추어서 사업을 일으킨 기업가들 중에서 크게 성공한 사람들이 많이 나타난 것은 지극히 당연한 일이다. 이처럼 직접 사

---

12 '72÷12=6'이 된다. 이를 72의 법칙(rule of 72)이라고 한다. 이는 이자율이 주어졌을 때 몇 년만에 원금이 두 배로 되는지 간편하게 계산하는 방법이다. '72÷이자율'로 계산하여 얻어지는 값이 원하는 값의 개략치이다. 물론 이때에 적용하는 이자계산방법은 이자에 이자를 더해주는 '복리(compound)' 방식이다.

13 최근 우리나라 경제의 가장 큰 위기 중 하나는 선진국과 후발 개도국의 협공으로 인해, 확실한 주도권을 가지고 있는 분야가 점점 줄어들고 있다는 점과, 장차 우리나라 경제를 짊어지고 나갈 주도산업이 잘 보이지 않는다는 점이다.

업을 벌일 수 있다면 좋겠지만, 그러지 않더라도 직접 사업을 하는 사람의 이익을 공유할 수 있는 방법이 있는데, 그것은 유망한 기업의 주식에 투자하는 것이다. 바른 주식투자는 경제발전의 큰 흐름을 선도해 나가는 저평가된 주식을 남보다 먼저 찾아서 투자하는 것이다.

주가는 주당 미래현금흐름의 현재가치이므로 경제흐름을 선도하는 성공적인 기업의 주식가치는 오르기 마련이다. 당대에 이미 전성기를 구가하는 주식에 투자하면 자칫 고점(高點)에서 주식을 사는 위험에 빠질 수 있으니 주의해야 한다. 시대를 너무 앞서 가는 기업은 평균적인 인식에 의해 움직이는 소비자와 시장에서 그 가치를 인정받기가 어려우므로 가시밭길을 가기가 일쑤이다. 이런 주식은 시장에서의 평가가 성숙되어 가는 상태를 잘 파악하고 매입의 적기를 선택해야 한다. 원하는 때에 원하는 성과를 내기를 원한다면 시대를 '조금씩, 계속해서' 앞서 가는 것이 효과적이다. 경제를 선도하는 성장주식 하나를 적기에 선정하기 위해 심혈을 기울이는 것은 진짜부자가 되기 위한 전술의 기본이다.

종합적으로 보면, 미래를 정확히 예측하는 것은 불가능하지만 경제의 큰 흐름을 이해하는 것은 그렇게 어려운 일이 아니다. 열심히, 눈을 부릅뜨고 노력하면 경제를 선도할 저평가된 성장주식을 찾아낼 수 있다. 주식을 선정하는 마지막 단계에서 오너 또는 경영자가 유자격부자인지, 기업경영에 대한 비전과 전략이 있고 실행의지가 있는지, 기업의 발전을 걸머지고 나가기 위해 건강에는 문제가 없고 사생활은 건전한지, 그리고 정부와 불화에 빠져있지는 않은 지도 꼭 짚어보아야 한다. 같은 조건이라면 이런 점에서 문제가 있는 기업은 투자대상에서 가급적 배제해야 한다.

미래의 금리방향, 경제성장의 주기 및 정도, 물가의 움직임, 소비자의 취향 변화, 정부정책의 방향, 주도산업의 변화 등의 큰 흐름에 대해서 예측하는 노력을 포기하면 진짜부자가 될 길은 막혀 있다고 할 수 있다. 환경과 관련해서 반드시 명심해야 할 것은 환경이 바뀌면 성공의 패러다임도 바뀐다는 사실이다!

환경이 바뀌면 성공의 패러다임도 바뀐다!

'제3의 물결, 미래충격, 예견과 전제, 적응기업, 권력이동, 전쟁과 반전쟁' 등의 탁월한 명저로 우리나라에도 잘 알려진 미래학자 앨빈 토플러의 시각으로 크게 보면, 육체적인 힘(노동력, 무력)이 '포괄적 의미의' 권력의 원천이던 시대에는 무모하고 거친 육체적인 힘이 강한 자가 성공하게 되어 있었다. 물질적인 힘(포괄적인 의미에서의 돈(money))이 권력의 원천이던 시대에는 무력보다 소프트한 힘인 돈을 많이 가지고 있는 자가 성공하게 되어 있었다. 현재와 다가오는 미래는 가치의 본질인 지적인 힘(지식, 정보)이 권력의 원천이 되는 시대이다. 이때에는 지식역량, 즉 지식유동질화역량이 뛰어난 자가 성공하게 되어 있다. 인터넷강국 내지는 정보강국을 자처하고 선두를 지향하는 우리나라는 이미 지적인 힘(지식, 정보)이 권력의 원천이 되는 시대에 이미 깊숙이 접어들고 있다고 볼 수 있다. 지적인 힘은 그것이 어떤 형태가 됐든 '공부'를 하는 데서 유래한다는 것은 불문의 명제이다.

필자가 고 정주영 회장을 존경하는 이유 중의 하나는 그가 평생 손에서 책을 놓지 않았다는 사실이다. 그의 지식의 양과 깊이는 어느 박사학위자 못지 않았던 것으로 유명하다. 정주영 회장을 성공의 길로 이끈 커다란 힘 중의 하나가 바로 공부이다. 그가 갖가지 일화를 만들며 상상을 초월하는 기발한 발상과 직관력을 과시할 수 있었던 것은 그가 '평생, 틈만 나면' 공부를 했기 때문이다. 독서를 많이 하면 나쁜 팔자를 좋은 팔자로 바꿀 수 있다는 것이 우리 선조들의 믿음이었다. 특히 유가(儒家)의 공부에 대한 믿음은 대단했다. 우리 선조들의 지식의 힘에 대한 통찰이 대단하지 않은가? 송나라의 진종황제는 권학문(勸學文)에서 "집을 부하게 하려고 좋은 논밭을 살 필요가 없다. 책을 읽어 출세하면 국록(國祿)을 받으니, 책 가운데 스스로 벼슬과 녹봉이 숨어 있다. 또 책을 읽어서 벼슬을 하면 좋은 집에서 살 수 있으니 책 가운데 스스로 고래등같은 집이 숨어 있다"고 하였다. 시대상황과 인식의 변화가 어떠하든 끊임없이 독서하고 공부하는 사람은 원하는 것을 결국 다 얻을 수 있음을 강조한 말이리라.

고 이병철 회장은 또 어떤가? 그는 '인재보국'을 기치로 하여 창업이래로 우수한 인재들의 몸에 체화(體化)된 지식역량을 기업경영의 근본으로 삼아서 기업을 키워 온 결과, 2002년 5월 기준으로 시가총액이 일본의 소니(SONY)사를 능가하는 삼성전자를 포함한 대(大)그룹을 일궈내지 않았는가? 그는 매년 연말, 연초에 일본으로 건너가서 경제예측 좌담과 토론을 빠짐 없이 시청하고, 뛰어난 경제인들을 만나 토론하고 조언을 들은 것으로 유명하다. 오늘날 삼성의 힘은 바로 수십 년간 인재를 중심으로 쌓아 온 지식역량이다. 지식역량의 축적과 활성화는 하루아침에 이루어지는 것이 아니니, 생각하기에 따라서는 경쟁기업들에게 경종이 되는 사건이기도 하다. 또, 농심의 신춘호 회장은 종종 '철학이 있는 쟁이는 행복하다'고 한다.[14] 그가 강조하는 두 단어는 '철학'과 '쟁이'이다. 모든 가치의 근본은 철학임을 그는 잘 알고 있는 듯하다. 쟁이라 함은 '그것과 관련된 기술을 가진 사람 내지는 전문가'를 뜻하는 것이니, 쟁이는 학벌과 무관하게 그 분야에서 가장 잘 알고 지식역량이 뛰어난 사람이라고 해야 할 것이다. 신 회장이 중시하는 것도 결국은 지식역량이다. 지식역량이야 말로 진정한 성공에 이르는 황금열쇠인 것이다.

그런데, 우리 사회의 일각에서 '공부를 잘 하면 못 산다'는 이상한 속설이 떠돌고 있다. 이런 속설을 따라가다 보면 '공부를 못해야 잘 살기 때문에 공부를 못 하는 것이 잘 하는 것보다 낫고, 결과적으로 공부를 잘 하는 것이 못하는 것이고 못 하는 것이 잘 하는 것'이라는 명백히 잘못된 결론에 도달하게 된다. 흑은 흑이 아닌 백이고 백은 백이 아닌 흑이라는 주장이니, 이 얼마나 한심한 주장인가? 이런 속설이 생긴 배경은 우리나라가 참혹했던 일제 강점기와 6.25 전쟁을 겪으면서 폐허 속에서 맨몸으로 재기한 과정과 깊은 관계가 있다. 모든 것이 잿더미로 변한 폐허 속에서 가진 거라고는 오직 '맨주먹 붉은 피' 밖에 없는 상태에서, 당시 우리 사회의 성공패러다임은 머리를 쓰는 것이 아니라 '몸으로 부닥쳐서 격돌'하는 것이었다. 그런 시대적 상황에서는 실제로 육체적 능력을 동원하여 몸으로 부닥쳐서 격돌하는 것에 능한 사람들이 큰돈을 벌었다. 그야말로 앨빈 토플러가 지적한 가장 원시적인 권력의 원천인 육체적인 힘이 최

14 이는 그의 자전적 저서의 제목이기도 하다.

고의 가치를 발휘하던 때였다. 그런 힘들고 혼란스런 시대의 또 하나의 성공패러다임은 '야합과 결탁'이다. 야합과 결탁은 비즈니스를 성사시키는 데 필요한 시간을 무리하게 단축해 보려는 욕심을 가진 사람들에게는 시대를 막론하고 매우 유혹적인 방법이다. 우리 주변에는 야합과 결탁에 능한 사람들이 성공한다고 믿는 사람들이 아직도 있다. 야합과 결탁을 위해서는 끊임없이 술도 마셔야 하고, 어울리지 않으면 소외당하고, 그래서 40대 사망률이 오랜 기간 동안 세계 1위를 지키고 있고, … 참으로 고단한 세월이었다. 이런 암울한 50여 년의 세월이 우리 사회에 '공부를 잘 하면 못 산다'는 등의 '이상하고 부정적인 속설들'을 양산해 냈던 것이다.

그러나, 이젠 아니다. 이제 우리는 암울한 과거를 청산하고 젊음의 당당함으로 새 시대를 열 수 있는 광명의 시대에 접어들었다.[15]

---

15 여기서 젊음이란 육체의 젊음이 아니라 정신의 젊음을 뜻하는 것임을 상기하기 바란다. 정신이 젊은 사람-그 사람이 바로 진정한 젊은이다. 월드컵 축제의 열기를 생각해 보라. 필자는 우리나라가 월드컵 4강 진출이 확정되는 스페인전이 열릴 때 명동에 있었다. 온 도시가 환희의 함성으로 가득 차 있었으나 질서는 잘 유지되었음은 우리 국민들과 세계인들이 잘 아는 사실이다. 이런 희귀한 광경을 구경하려고 외국에서 많은 관광객들이 몰려 온 것을 우리는 알지 않는가? 필자는 경기가 끝난 후 한 식당에 들렀는데, 그 식당의 중년을 훨씬 넘긴 아주머니는 너무도 기쁜 나머지 마루바닥에 그대로 누워서 엉엉 울고 있었다. '이렇게 좋은 꼴을 평생 처음 본다'는 것이었다. 누가 모르겠는가? 다섯 명의 손님들도 서로 얼싸안고 환호했다. 나도 '대~한 민국'을 연호하며 즐거워했다. 전국의 모든 국민이 그랬다. 눈시울이 붉어졌다. 하지만 아무도 아랑곳하지 않았다. 서울의 한 복판 명동의 거리에서 '대~한 민국'을 연호하는 젊은이들의 인파 속에 묻혀 있을 때, 유신 말기와 5공 초기에 걸쳐 대학교를 다니면서 어떤 때는 일주일 내내 최루탄 연기 속에서 고통하고 갈등하며 지내던 암울하던 시절이 시린 눈시울 속에 다큐멘터리 영화처럼 스쳐 지나갔다. '지금의 이 젊은이들은 얼마나 축복 받은 세대인가? 우리는 이제 광명의 시대에 들어온 것이 아닌가?' 하는 생각이 절로 났다.

부정하고 싶어도 그렇다. 십육 세 이든 육십 세 이든, 새시대의 광명을 믿고 추구하는 사람—그가 바로 광명의 새 시대를 이끌어 갈 젊은 피의 주인공이다. 정보가 세계에서 가장 빨리 공유되고 똑똑한 시민들과 네티즌들이 자유롭게 의사를 개진할 수 있는 현재 우리나라의 여건을 생각해 보라! 불과 십 수년 전만 해도 지금 당연하게 여기는 이러한 것들이 꿈만 같던 일이 아닌가? 국민 하나 하나가 인간의 존엄성에 걸맞은 최소 이상의 부를 가지고 있으며, 자기의 정당한 권리를 잘 알고 그것을 철저히 지키는 똑똑한 국민의 나라, 그것이 바로 인류역사가 갈망하면서 진화시켜온 '초일류국가'이다. 우리는 그것을 향해 많은 수업료를 지불해 가며 착실하게 다가가고 있다.

이런 환경에서의 성공의 패러다임은 당연히 지식역량이다. 그것이 어떤 형태이든 단순한 학벌이 아닌 '가치 지향적'인 '유동질화 가능한 지식역량'이야 말로 우리 사회를 확실하게 바꾸고 업그레이드 시킬 초고성능 신무기이다. 이제는 지식역량으로 무장하지 않으면 진짜부자가 결코 될 수 없음을 명심해야 할 것이다.

전술 4. 투자능력의 한계를 알고 한도를 설정하자

진짜부자가 되기 위해 필요한 네 번째 전술은 자신의 투자능력의 한계에 대해서 잘 알고, 투자한도 즉 자금운용한도를 설정해 놓고 투자에 임해야 한다는 것이다. 이 전술의 요체는 항상 '유연성(여유)'을 확보하는 것이다. 가지고 있는 돈을 모두 주식에 투자하고 있는 상황을 생각해 보자. 예상한 대로 주가가 계속 오르면 아무런 문제가 없다. 하지만 그와는 반대로 주가가 계속 떨어진다면 어쩔 것인가? 이러지도 저러지도 못하는 안타까운 처지에 처하기 일쑤다. 포트폴리오(주식구성)를 재구성하기도 쉽지 않다. 있는 돈을 모두 투자해 버려서 더 이상 선택의 여지가 없기 때문이다. 신속히 손절매(손해보고 처분함)를 한다고? 그게 어디 쉬운 일인가? 그러나 계좌의 일부가 적절한 여분의 현금으로 구성되어 있다면 상황은 달라진다. 의사결정의 유연성이 발생하는 것이다. 주가가 마구 떨어지면 그것은 일부의 자산에서 발생할 수 있는 일이므로 재빠르게 처분하여 손실을 줄일 수도 있고 여유현금을 활용하여 오히려 주가가 오를 가능성이 있는 종목을 매수하거나 주가가 충분히 떨어진 후에 추가매수를 할 수도 있다. 이처럼 의사결정의 유연성이 확보되어 있다면 그는 이미 어느 수준 이상의 행복을 확보하고 있다고 할 수 있다. 유연성 확보가 다만 주식투자의 경우에만 해당되는 것은 아니다. 수익성이 있는 모든 투자 안은 실제로 수익이 발생하기까지의 회임기간을 필요로 하는데, 운전자본 회전이 예상외로 부진하다든지 도중에 예기치 못한 돌발상황이 발생할 경우를 대비해서 반드시 유연성(현금 및 현금 유사 자산)을 적절히 확보해 놓아야 한다. 그렇지 않으면 영업은 잘 해 놓고 받을 돈은 아직 챙기지 못한 상태에서 당장의 지급능력이 없어서 망해버릴 수도 있다.

그러면 어느 정도의 유연성을 확보해 놓아야 할까? 봉급생활자 같으면 이미 확보된 여유자금의 일부를 활용하든지, 굳이 차입을 한다면 고정비와 정상 생활비를 충당하고 남는 자금으로 수년 이내에 원리금을 상환하기에 지장이 없는 만큼이 적당하다고 본다. 예를 들어 월 급여 250만원의 봉급생활자의 경우 고정지출이 50만원이고 정상생활비가 120만원이라면 합계 170만원을 제한 80만원이 매월의 여유현금이 된다. 이것으로 36개월 간(연리 8% 가정) 원리금을 완전 상환할 수 있는 금액인 2천 5백만 원정도가[16] 빌려 쓸 수 있는 자금의 한계라고 할 수 있다. 이는 만약 의사결정이 잘못 되었을 경우 3년 동안 고생할 각오를 한다면 2천 5백만원 정도가 이 투자자가 차입할 수 있는 자금의 한계라는 뜻이다. 이렇게 소중한 돈을 함부로 운용할 수는 없는 일이다. 실제로 잘못 되었을 경우 그것을 만회하기 위해서 빚을 더 키우는 것은 매우 어리석은 선택이다. 차라리 잃어버린 3년 동안 와신상담하는 중에 고통을 감내하고 더 연구하고 시기를 판단하면서 다음 기회를 위해 준비하는 편이 훨씬 더 낫다.[17] 부채가 늘어서 재무적 곤경(financial distress)이 심화되면 이성적 판단능력이 점점 떨어져서 그릇된 의사결정을 하게 되므로 실패할 가능성이 더욱 높아진다는 사실을 절대 잊어서는 안 된다. 재

16 매월 80만원씩 36개월 동안 상환하는 돈의 현재가치가 2,552.9만원이다. 이는 다음과 같이 계산된다.(단, 실제 계산에서는 연리, 개월, 년 등의 글자를 제외한 숫자만 사용해야 한다.)

$$80(\text{만원}) \times \left[\frac{(1+\frac{\text{연리 } 0.08}{12\text{개월}})^{12\text{개월} \times 3\text{년}} - 1}{(\frac{\text{연리 } 0.08}{12\text{개월}}) \times (1+\frac{\text{연리 } 0.08}{12\text{개월}})^{12\text{개월} \times 3\text{년}}} \right] = 2,552.9(\text{만원})$$

17 현대자동차는 매월 영업전략회의에서 우수영업소에 대한 표창을 한다. 그리고, 이와 함께 부진한 영업소장에게 '패전원인 분석보고'를 하도록 한다. 패전원인 분석보고를 하는 소장은 거의 죽을 것 같은 부담을 느끼지 않을 수 없다. 보고준비도 많이 해야 한다. 패전분석 결과는 전 조직에 공유시킨다. 이것은 참으로 탁월한 관리방식이다. 잘 된 것은 조직적으로 급속히 학습시키고 잘못된 것도 잘 알려서 재발을 방지하는 이러한 '학습조직'을 구현하지 않으면 치열한 경쟁에서 주도권을 장악할 수가 없기 때문이다. 놀라운 것은, 패장들은 대개 쥐구멍을 막을 생각에 앞서 쥐를 원망하는 경향이 있다는 것이다.

무적 곤경에 처할 지경으로 무리를 한다면 좋은 결과를 기대하기는 어렵다.

자기사업을 하는 경우에도 마찬가지이다. 일단은 일부 여유자금이 확보된 상태에서 자기자본의 범위 내에서 사업을 벌여야 할 것이다. 좀 더 욕심을 내어 사업을 크게 벌이고 싶다면 레버리지(부채)를 사용해야 하는데, 그 최대 한계는 자기자본의 크기일 것이다. 즉, 자기자본 1억을 가지고 사업을 하는 사람이 동원할 수 있는 레버리지(부채)의 최대한도는 1억 원이다. 이때의 부채비율은 100%가 된다.[18]

[자금조달의 재무학 1] 부모 돈으로 사업을 하고자 한다면

부모 돈을 우려내서 사업을 하라. 사업을 하겠다고 돈을 요구하며 괴롭히는 자식에게 있는 돈을 대 주어라. 그러면 반드시 망할 것이다!

모든 투자금액을 충당하고 남는 여유현금흐름(free cash flow)이 기업 내에 많을수록 경제적 가치가 있는 좋은 투자 안을 찾으려는

---

18 이곳에서 저자가 관심을 갖는 것은 책임질 수 있는 능력의 한도 내에서 동원 가능한 자금 한도의 합리적 가이드라인이다. 부채비율(자본구조, 재무구조와 관계됨)에 대한 이론들은 다양한 시사점을 보여준다. 나라마다 제도와 관행과 시장여건에 따라 평균부채비율도 차이가 있다. 부채의 장단점도 다양하다. 부채는 기업이 처해있는 상황에 따라 득이 되기도 하고 해가 되기도 하는 자금이다. 부채를 많이 써서 이자부담은 증가하는데 영업은 부진하면 수익성이 악화된다. 부채를 많이 쓰면 추가적인 자금조달여력이 감소해서 좋은 투자기회가 있어도 이를 활용하지 못하는 안타까운 상황에 빠진다. 부채를 더욱 많이 쓰면 파산위험이 증가하여 자본비용이 증가한다. 하지만 지급이자에 대한 세금감면 효과와 채권자가 느끼는 현금흐름의 위험이 작은 점과 이자부담으로 인해 내부적인 자금낭비를 줄여주는 측면을 고려하면 부채는 이론적으로 비용이 저렴한 자본원천이다.

필사적인 노력을 하지 않을 뿐만 아니라, 그것을 헛되이 지출함으로써 오히려 빠듯이 경영을 하는 기업보다 기업가치 훼손을 초래한다.[19] 부모의 돈은 자녀에게 있어서 일종의 여유현금흐름이자 공돈이다. 이는 그 돈이 자신의 피와 땀으로 번 것이 아니기 때문이다. 부모에게서 받은 공돈은 자녀에게 기업의 여유현금흐름과 똑같은 현상이 발생시킨다. 그럴 리 없다고? 아마도 이런 반문을 하는 독자일수록 경계해야 할 것이다. 정말 그렇지 않다면 이는 정말로 복 받은 일이다.

그러므로 자녀들은 부모 돈으로 사업할 생각은 아예 하지 말아야 하며, 부모도 자녀의 안이한 요구를 들어주지 않으면 마음이 불편하고 부모의 역할을 다 하지 않는 것 같은 죄책감 때문에 잘못된 결정을 내려서는 안 된다. 집안이 함께 망하는 일은 피해야 되기 때문이다. 그래도 부모 돈으로 성공하려면 다음의 두 가지 조건을 반드시 충족시켜야 한다.

첫째, 부모 돈이 자기가 목숨 걸고 번 돈처럼 귀중하게 여겨져야 한다. 그렇지 않으면 결단코 부모 돈에 손을 대지 말 것.

둘째, 부모 돈을 투자해서 얻어낼 수 있는 대가가 충분할 것(자본비용 이상일 것). 이는 '남의 돈으로 투자할 때 적용되는 원칙'과 동일한 원칙임. 이런 투자기회가 발견되기 전에는 부모 돈에 절대 손대지 말 것. 단, 모든 사람들이 치열하게 경쟁하는 중이므로 이런 기회를 발견하기 위해서는 발바닥이 부르트도록 뛰어다니고 머리가 쥐가 나도록 고민하지 않으면 절대 안 됨.[20]

---

19 이를 여유현금흐름가설(free cash flow hypothesis)이라고 한다.

20 필자의 생각으로는 정말로 발바닥이 부르트도록 뛰어다니고 머리가 쥐가 나도

혹시 지금 당장은 내 능력으로 하지만 '만약 잘못되면 부모가 해결해 주겠지…'라는 기대를 가지고 있다면, 이는 결국 부모의 잠재적 신용에 기대는 것이니 직접 부모의 돈을 가지고 사업을 하는 것과 다를 것이 전혀 없다. 부모에 대한 의존심을 철저히 버리고, 끝까지 자기가 책임진다고 생각할 때 비로소 성공의 문이 열릴 것이다.

부모는 생존해 있는 동안에 한해서 도움이 될 수 있지만 부모가 나의 인생을 끝까지 책임질 수는 없다. 특히 한국의 부모는 자녀의 모든 요구를 다 들어주는 것으로 유명하다. 이러한 부모의 사랑이 우리의 저력의 원천일 것이다. 그러나 이것이 자녀를 의존적으로 만들고 부모에 대한 의존심을 저버리지 못하는 나약한 존재로 만든다면 이는 극히 경계할 일이다. 자녀에 대한 진정한 사랑과 그릇된 사랑의 경계는 부모 스스로 정할 수밖에 없다.

사업자금은 자신의 노력과 신용과 네트웍에 의해 그에 상응하는 대가를 치르고 확보해야 한다는 것이 대원칙이다. 빌게이츠가 단 돈 500불로 소프트웨어 개발사업을 시작하여 젊은 나이에 세계 최고의 부자가 된 과정에 부모 돈을 가져다 쓴 적이 없다. 마쓰시타 그룹의 창업자이며, 일본 경제의 신화가 된 마쓰시타 고노스케(松下幸之助)는 단돈 100엔으로 사업을 시작했다.[21] 그가 사업을 일으키는 과정에서의 무수한 좌절과 재도전의 과정을 보면 미국의 전 대통령 클린턴이 '가장 존경하는 일본인'이라고 한 것이 과장이 아님을 알 수 있다. 풀무원의 남승우 회장이 20여년 전인 1981년에 원혜영씨가 연

록 고민하고 나면 부모의 돈에 의존할 필요가 없다는 것을 확실하게 깨닫게 될 것이다. 그때 비로소 독립된 한 인간으로서 다시 태어나는 것이다.

21 Future Wealth, 2000, Francis McInery, Sean White, 신경립 역, 2001, 거름

야채가게가 어려움에 빠지자 집을 담보로 대출을 받아 지원하다가, 결국 3년 후에 이를 인수하여 2002년 현재 연간 4,000억원 대의 기업 군으로 일구는 과정에서도 부모 돈에 의존한 적이 없다. 정주영 회장은 우리나라 제일의 부자가 되는 과정에서 부모의 돈을 가져다 쓰기는커녕 맨주먹으로 집안을 통째로 부양하면서 그 뜻을 이루어 냈다. 그들이 기업을 일으키는 과정에서 겪은 좌절과 고통이 실은 그들에게 무한한 에너지와 영감과 노하우와 실력을 제공했던 것이다. 역경이란 이를 극복하고자 작정한 자에게는 무한한 에너지이며 이를 원망하는 자에게는 멸망의 독소임을 알 수 있다. 부모에게 기대려는 안이한 정신이 필경은 자신을 망치고 부모를 망치고 집안을 망칠 것이다. 실패가 두려워 쉽게 부모에게 기대려는 사람에게, "우리들의 최대의 영광은 한 번도 실패하지 않는 것이 아니라, 쓰러질 때마다 일어나는 데 있다"고 한 골드 스미스의 말을 선사하고 싶다.

[자금조달의 재무학 2] 남의 돈으로 투자를 한다면…

남(외부주주 돈 또는 채권자)의 돈으로 투자를 한다면 반드시 다음의 원칙을 지켜야 한다.

투하자본수익률 > 자본비용

그렇지 않으면 계속 투자원금이 잠식되고 이자마저 감당하지 못하여 파산하고 마는 상태에 도달하게 될 것이다. 투하자본수익률에서 자본비용을 빼 준 값이 바로 경제적 부가가치(EVA)[22]이다. EVA

22 Economic Value Added

가 0보다 크면 이 기업은 진정한 경제적 가치를 증가시키는 데 성공한 것이고 EVA가 0보다 작으면 비록 회계학적인 적자는 면했어도 경제적 가치를 감소시킨 것이 된다. 계속해서 EVA가 0보다 큰 상태를 유지한다면 기업의 가치는 계속 증가한다. 계속해서 EVA가 0보다 작은 상태가 지속되면 이익이 계속 발생하더라도 기업가치는 계속 감소한다. 현금흐름의 현재가치에서 투자지출의 현재가치를 빼준 값을 순현가(NPV)[23]라고 하는데, 순현가가 0보다 큰 투자 안을 선택해도 EVA가 0보다 큰 투자 안을 선택하는 것과 같은 결과를 얻게 된다. 물론 EVA나 NPV가 큰 값일수록 좋은 투자 안이다.

'투하자본수익률 > 자본비용'의 원칙은 '부모 돈'을 가지고 투자할 때도 반드시 지켜야만 하는 기준이다. 부모 돈을 가지고 투자할 때는 그것이 공돈이라는 의식 때문에 투하자본수익률이 자본비용을 초과하는 투자 안을 땀흘려서 찾지 않고 그저 유행이나 자기취향이나 주위의 권고에 의해서 대충 대충 정한다면 참으로 안타까운 결과를 얻게 될 것이다.

전술 5. 포트폴리오 구성을 통해 위험을 관리하자

시장이 효율적이라고 해 보자. 그래서 시장에 유입되는 모든 정보가 발생 즉시 완전하게 반영된다고 해 보자. 그러면 특별히 좋은 성과를 내는 투자기법이란 있을 수가 없다. 이럴 때는 그저 개별자

23 Net Present Value

산의 투자위험만 줄이는 것을 목적으로 한 소극적인 포트폴리오 전략을 구사하는 것이 최고다. 개인이 하기 어려우면 광범위한 주식에 대해서 전문적으로 포트폴리오 투자를 대신 해 주는 뮤추얼펀드나 간접투자상품에 투자하면 된다.

이와는 달리 시장이 효율적이지 않다고 믿거나, 비록 시장이 효율적이라고 믿더라도 단기적으로는 시장에 가격발견오류(mis-pricing error)가 존재할 수 있다고 믿는다면 상황이 완전히 달라진다. 이런 경우에는 적극적인 투자전략을 구사해야 된다. 즉, 과소평가(저평가) 된 자산을 찾아내서 매입을 하든지 과대평가(고평가) 된 자산을 공매도하는 방식으로 거래를 하면 과소평가 된 자산의 가격이 오를 때나 과대평가 된 자산의 가격이 떨어질 때 차익을 얻을 수 있다.

하지만, 선택은 언제나 잘못될 수 있으며, 예상한 방향이 옳다고 해도 원하는 결과가 언제 나타날지도 알 수가 없다. 시장이 실제로 효율적이든 비효율적이든 간에 미래의 불확실성을 완전히 제거할 수는 없다는 것이 현실이다. 그렇다면 불확실성을 통제하는 수단으로서 반드시 포트폴리오에 의해 투자관리를 하지 않으면 안 된다. 투자자의 태도에 따라 구성내역이 다를 뿐, 포트폴리오관리는 선택이 아니라 필수인 것이다.

포트폴리오관리 전략은 같은 시간대에 이루어지는 평면적인 정적 포트폴리오관리 전략과 시간차원을 고려한 동적 포트폴리오관리 전략으로 나누어 볼 수 있다. 부의 관리과정에서 이 두 가지 전략은 병행해서 구사되어야 한다.

(1) 평면적인 정적 포트폴리오 전략

평면적인 정적 포트폴리오(static portfolio) 전략이란 같은 시간대에서의 자산구성 전략을 뜻한다. 투자한도(자금운용한도)까지 설정했으면 이제 투자를 실행할 준비가 거의 다 되었다고 할 수 있다. 여기서 다시 한 번 "지금이 과연 투자할 때인가?"라고 자신에게 반문해 보고 그에 대해서 확신이 서면 구체적으로 자산을 취득(투자)하는 단계에 들어간다. 자산을 취득할 때는 먼저 그 자산의 현금흐름의 형태를 잘 파악하고 투자한도 내에서 자신의 위험태도에 가장 적합한 자산을 선택하여야 한다.

즉, 현금흐름의 안정성을 더 중시하는 사람은 기대수익률이 낮더라도 현금흐름의 분산(위험)이 작은 자산을 중심으로 장기적인 투자를 해야 만족을 느낄 수 있으며 높은 수익률을 더 중시하는 사람은 위험이 크더라도 기대수익률이 높은 자산을 중심으로 순발력 있는 투자를 해야 만족을 느낄 수 있다. 위험을 싫어하는 사람은 보수적인 자산운용을 하기 때문에 많은 위험부담을 하면서 서두르는 것이 기질에 맞지 않는다. 대가가 기대되는 위험이라면 기꺼이 부담하고자 하는 투자자라면 빠른 행보와 기지를 발휘해서 적극적으로 위험을 관리하는 것이 기질에 맞는다.

어느 경우에나 공통적으로 중요한 점은 '절대 한 바구니에 계란을 모두 담지는 말라'라는 것이다. 한 바구니에 계란을 모두 넣어 두었다가 그 바구니를 떨어뜨리면 그 속의 계란은 모두 깨지고 말 것이기 때문이다. 이런 위험을 피할 수 있는 아주 오래된 멋진 지혜는 계란을 여러 바구니에 나누어 담는 것이다. 그러면 여러 개의 바구니 중 몇 개가 부서져서 그 속의 계란이 깨져도 나머지는 온전하게 지킬 수가 있다. 여러 개의 바구니가 있으면 각각의 바구니에 가해지는 외부의 힘과 그에 대한 바구니의 저항도가 서로 다르기 때문에, 통계학적 원리에 의해 평균에 해당하는 위험도를 유지하게 되므로 이런 일이 일어난다.[24]

여러 자산에 나누어서 투자하는 것을 '분산투자'라고 한다. 분산투자 된 자산의 집합을 포트폴리오라고 한다. 다음의 〈그림 3-5〉를 보자. 〈그림 3-5〉는 〈그림 3-2〉 및 〈그림 3-3〉과 함께 보면 제격이다. 위험을 싫어하고 현금흐름의 안정성을 더 중시하는 사람(C)은 Ⅱ영역의 곡선 상의 한 점을 선택하게 되며, 보다 높은 현금흐름을 추구하기 위해 더 큰 위험이라도 부담하고자 하는 사람(A)은 Ⅳ영역의 곡선 상의 한 점을 선택하게 된다.[25]

예를 들어, 위험을 아주 싫어하는 투자자는 국공채, 은행예금, 신용금고 예금 등에 나누어 투자를 하면 Ⅱ영역의 곡선 상에서 포트폴

24 어떤 투자지침서는 '한 바구니에 계란을 모두 담아라'라고 충고한다. 한 주식에 풀배팅(full bating)하라는 말이다. 극히 무모하고 무책임한 충고이다. 이는 '미래 상황에 대해서 확실하게 안다면'이라는 전제조건을 반드시 필요로 한다. 하지만, 미래 상황에 대해서 확실하게 안다는 것이 도대체 가능하단 말인가? 만약 타임머신을 타고 미래를 다녀왔기 때문에 미래에 대해서 확실하게 알고 있다면 실물자산이나 주식, 채권에 투자하는 것은 지극히 어리석은 일이다. 옵션거래를 하면 실물투자 자금의 일부만 투자하고 실물투자와 똑같은 이익을 얻을 수 있으니, 실물투자를 할 때에 비해 몇 배의 수익률을 낼 수 있으니 말이다. 선물거래 역시 작은 계약비용만으로 몇 배의 돈을 벌 가능성이 있지 않은가? 포트폴리오에 의해 분산투자 하는 것은 투자의 기본 중의 기본이다.

25 곡선의 아래쪽은 합리적인 투자자의 선택에서 제외되는 열등한 자산 또는 포트폴리오이며, 곡선 위의 것은 시장의 균형상태에서는 도달 불가능한 자산 또는 포트폴리오이다. 사분면 구분은 필자가 임의로 행한 것이다. 하지만 구분의 경계점이 어디에 있든, 이런 구분은 타당하다.

그림 3-5 포트폴리오의 선택

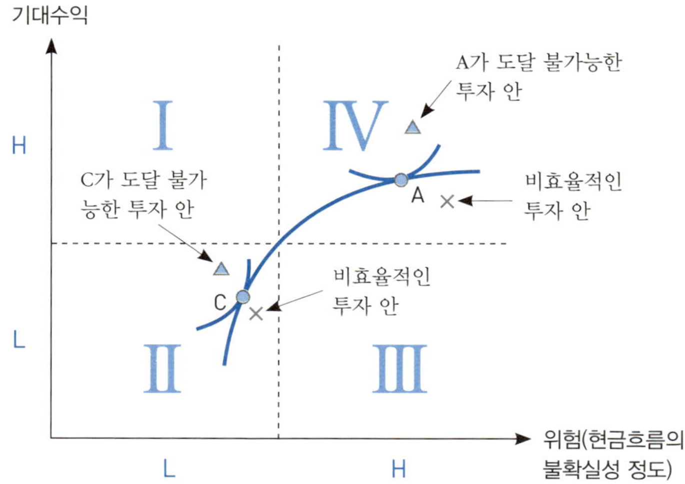

H(High) : 높다. L(Low) : 낮다.

리오를 구성하는 것이 된다.[26] 그러면 이 투자자는 장기간에 걸쳐서 안정적으로 부가 증가하는 것을 체험하게 된다. 이때, 처음에는 부가 서서히 증가하다가 시간이 갈수록 기하급수적으로 빠르게 증가하게 된다. 이것이 이자에 이자가 붙는 복리의 위력이다.

이와는 달리 보다 다소 위험부담은 크더라도 높은 수익에 의해 보다 빠른 부의 증식을 원하는 투자자는 저평가 된 주식이나 투기등

26 엄밀하게 말하자면, 은행예금이나 국공채는 위험이 없는 자산이므로 〈그림 3-5〉의 세로 축 상에 놓이게 된다. 그러면 〈그림 3-5〉의 곡선보다 우월한 직선형태의 새로운 투자집합이 형성된다. 이 개념은 다소 복잡한 데다 자산선택의 원리는 지금 설명하는 것과 동일하므로 〈그림 3-5〉에서 제시된 그림으로 계속 설명하고자 한다.

급 채권에 분산투자를 하면 Ⅳ영역의 곡선 상에서 포트폴리오를 구성하는 것이 된다. 이 투자자는 Ⅱ영역의 투자자의 경우보다 많은 노력을 기울여서 정보수집을 하고 순발력 있게 포트폴리오를 관리해야 한다. Ⅳ영역에서 포트폴리오를 운용하는 투자자가 원하는 대로 지속적으로 고수익을 달성할 수만 있다면 부의 증가속도는 매우 빠를 것이다. 하지만, 이 투자자의 경우는 단기간 내에 부가 급격히 증가할 가능성과 함께 그 반대의 가능성도 가지고 있다. 이 투자자는 높은 수익률을 기대하는 대가로 그에 상응하는 높은 수준의 위험을 부담하지 않으면 안 되는 것이다.

(2) 시간차원을 고려한 동적 포트폴리오 전략

라이프 타임 '소득구조, 저축, 자산배분 믹스' 결정

시간차원을 고려한 동적 포트폴리오(dynamic portfolio)란 생애(life time) 전체에 걸쳐서 시간대별로 자산배분을 하는 것을 말한다. 예를 들어 젊을 때는 저축비중과[27] 장기자산 비중을 크게 하고 나이가 들수록 저축비중은 조금씩 낮추면서 현금성자산(화폐성 자산)과 단기자산의 비중을 높이는 것이 그것이다. 젊을수록 위험수용도(risk tolerance)가 크기 때문에 다소 위험부담이 크더라도 기대수익이 높은 자산에 대한 투자비중을 높게 가져갈 수 있다. 젊을 때 위험을 무릅쓰고 시행착오를 할 기회가 있는 것이다. 나이가 들수록 시행

27 사람들은 34세 이후에 본격적으로 저축을 하기 시작하는 것으로 알려져 있다(부의 패턴, 2001, 해리 덴트 지음, 유혜경 역, 청림출판). 여기서 저축이라 함은 당장 전부 소비하지 않고 미래를 위해 돈의 일부를 유보하여 예금, 적금, 주식, 채권, 부동산 등등의 자산을 구입하는 것을 뜻한다.

착오 과정에서의 실수를 만회할 기회는 점점 작아진다. 콕토는 "청춘은 안전·확실한 증권을 사서는 안 된다"고 하여 젊을 때의 위험을 각오한 도전정신의 중요성을 강조한 바 있다. 생애주기에 따라 어떠한 소득구조와 자산 배분을 선택하든지 환경변화를 반영한 포트폴리오 재구성(portfolio rebalancing) 전략을 꿋꿋하게 밀고 나갈 필요가 있다. 이는 투자전략의 일관성 유지를 의미한다.

이제 예를 통해서 동적 포트폴리오에 대한 이해를 도모하고자 한다. 다음의 〈표 3-1〉에 그 예가 제시되어 있다.

> 미국 최대의 뮤추얼 펀드 회사인 밴가드(Vanguard)도 균형 잡힌 투자전략의 원칙을 권고하고 있다. 균형 잡힌 투자전략의 골자는 다음과 같다. 20대나 30대, 40대일 때는 잠재적인 장기 수익률이 높은 주식에 주안점을 두게 된다. 주식 65~75%, 채권과 화폐시장 상품 35%~25%로 믹스한 포트폴리오가 합리적으로 생각된다. 젊을 때는 주식시장에 휘몰아치는 이따금씩의 쓰라린 단기적 하락의 경험에서 회복할 시간이 있다. 주식은 매우 매력적인 투자대상이다. 이보슨 어소시에이츠 사(Ibbotson Associates)에 따르면, 미국의 경우 1995년까지 50년간 주식은 인플레인션과 28%의 세금을 차감한 후에도 연평균 5.5%의 수익률을 올렸다. 매우 안전하다는 장기 정부채권과 티-빌(T-bill)의 수익률은 같은 방식으로 계산할 때 각각 0.8%와 0.3%의 수익률을 내서 실질가치를 근근히 유지하는 데 불과했다. 당신이 50대가 되면, (약 50%까지) 주식을 골라내고 채권과 화폐시장 상품을 늘려서 위험을 줄이고 소득을 늘려야 한다. 퇴직을 하게 되면, 소득을 수취하는 데 주안점을 두어야 한다. 포트폴리오의 대부분(약 60%)을 채권과 화폐시장 펀드에 배정해야 한다. 인플레이션에 대한 헤지로서, 특히 퇴직 초기에는 주식을 상당량(40%가 좋은 출발점이다) 보유해야 한다. 어떤 접근법을 선택하든, 적절한 포트폴리오 재구성 의사결정을 꿋꿋하게 밀어붙일 필요가 있다. 자산을 고성과 펀드에서 상대적으로 시장반응이 느린 안정적인 펀드로 옮겨가는 일은 쉽지가 않다. 그러나 이것이 균형 잡힌 투자전략의 핵심이다.("Asset Allocation for Strength and Balance," In the Vanguard, Summer 1993, courtesy of The Vanguard Group. 동의대학교 최승두 교수님의 협조에 의함. 필자가 일부 수정 및 편집함.)

① 동적 포트폴리오의 예

〈표 3-1〉에 제시된 동적 포트폴리오의 예를 살펴보자. 생애주기를 고려한 동적 포트폴리오를 구성하기 위해서는 우선 현실성 있지만 도전적인 기본가정이 필요하다.[28] 기본가정의 예는 표의 위 부분에 제시되어 있는 것과 같다. 그것은 다음과 같다. ① 젊을 때는 저축비중과 장기자산비중을 크게 하고 나이가 들수록 유동성이 큰 현금등가물의 비중을 크게 하여 위험을 줄이고 금융소득을 크게 한다. ② 젊을 때는 근로소득 비중을 크게 하고 나이가 들수록 금융소득 비중을 증가시킨다.③ 젊을 때 저축비중을 크게 하여 정년 이후의 자립기반을 구축한다.④ 소득구조를 고려하여 자산배분(투자) 구조를 결정한다.⑤ 장기할인율은 5%로 가정한다. 이러한 기본가정들은 첫째, 부의 획득 및 관리를 기준으로 한 계획적인 삶의 설계를 가능하게 해준다. 둘째, 이러한 기본가정들은 소득구조, 소비구조, 투자구조(자산배분구조), 경제적 가치 평가 기준(할인율) 등에 대한 원칙을 설정할 수 있도록 해준다. 그러므로, 현실적인 기본가정을 잘 수립하는 것이 동적 포트폴리오 설정에 얼마나 중요한지 알 수 있을 것이다.

〈표 3-1〉에 대해서 좀 더 살펴보자. 소득 원천은 크게 근로소득(정신적·지적·육체적 노동력 제공에 의한 소득)[29], 사업소득(각종 형태의

---

28 현실성이란 커다란 꿈과 그것을 실행할 충분한 능력이 있는 사람에게는 다른 각도로 평가될 수 있다. 때로는 종교적 신념이 매우 강한 사람에게도 유사한 현상이 있을 수 있다. 이런 사람들의 꿈은 범인들에게는 매우 황당하기 일쑤이지만 이들이 그 '황당한' 꿈을 이루어 가는 과정에서 세상을 크게 바꾸는 것이 사실이다.

29 종교적·철학적 서비스는 정신적 노동에 해당하고, 전문지식을 활용한 서비스는 지적 노동에 해당되며, 단순노동은 육체적 노동에 해당한다고 볼 수 있다. 이는 비중이 큰 특정 부분에 따라 분류한 것에 불과하다. 현대사회에서 정신

표 3-1 동적 포트폴리오의 예

[기본가정] 1. 젊을 때는 저축비중과 장기자산비중을 크게, 나이가 들수록 유동성이 큰 현금등가물의 비중을 크게 하여 위험을 줄이고 금융소득을 크게

2. 젊을 때는 근로소득 비중을 크게, 나이가 들수록 금융소득 비중을 증가

3. 젊을 때 저축비중을 크게 하여 정년 이후의 자립기반 구축

4. 소득구조를 고려하여 자산배분(투자) 구조를 결정

5. 장기할인율은 5%로 가정

자산배분 \ 연령대		30대			40대			50대			60대			70대		
예 I (봉급생활자)	소득구조 (%)	근로	사업	금융	근로	사업	금융	근로	사업	금융	근로	사업	금융	근로	사업	금융
		100		0	90		10	80		20	60	20	20	20 (연금)	40	40
	저축비중	60%			40%			30%			20%			20%		
예 II (자영사업자)	소득구조 (%)	근로	사업	금융	근로	사업	금융	근로	사업	금융	근로	사업	금융	근로	사업	금융
		50	50			100			80	20		60	40	20 (연금)	40	40
	저축비중	60%			40%			30%			20%			20%		

자산배분 (%)	30대				40대				50대				60대				70대			
	현금	채권	주식	부동산	현금	채권	주식	부동산	현금	채권	주식	부동산	현금	채권	주식	부동산	현금	채권	주식	부동산
예 I (봉급생활자)	$\frac{1}{8}$	$\frac{1}{8}$	$\frac{5}{8}$	$\frac{1}{8}$	$\frac{1}{8}$	$\frac{1}{8}$	$\frac{4}{8}$	$\frac{2}{8}$	$\frac{1}{8}$	$\frac{1}{8}$	$\frac{3}{8}$	$\frac{3}{8}$	$\frac{2}{8}$	$\frac{1}{8}$	$\frac{2}{8}$	$\frac{3}{8}$	$\frac{2}{8}$	$\frac{2}{8}$	$\frac{1}{8}$	$\frac{3}{8}$
예 II (자영사업자)	$\frac{3}{8}$	$\frac{1}{8}$	$\frac{3}{8}$	$\frac{1}{8}$	$\frac{2}{8}$	$\frac{2}{8}$	$\frac{2}{8}$	$\frac{2}{8}$	$\frac{2}{8}$	$\frac{2}{8}$	$\frac{1}{8}$	$\frac{3}{8}$	$\frac{2}{8}$	$\frac{2}{8}$	$\frac{1}{8}$	$\frac{3}{8}$	$\frac{2}{8}$	$\frac{2}{8}$	$\frac{1}{8}$	$\frac{3}{8}$

1) 근로: 근로소득, 사업: 사업활동에 의한 소득, 금융: 금융자산 및 부동산임대 소득
2) 저축: 가처분 소득 중에서 소비지출을 제하고 남는 부분
3) 현금: 단기 화폐성 자산(국공채, 은행저축 및 안전한 단기 금융상품, 단기투자 대상), 채권(회사채 등 확정소득 증권, 중기투자 대상), 주식(주식 관련 자산, 중장기투자 대상), 부동산: 부동산 관련 자산(장기투자 대상)

적·지적·육체적 노동은 항상 분리되어 있는 것이 아니고 일반적으로는 복합적으로 존재한다고 보아야 한다.

사업에 의한 소득), 그리고 금융소득(금융자산 및 부동산임대 소득)으로 나누어 볼 수 있다. 소득원천별 비중은 생애주기에 따라 변하기 마련이지만, 더 적극적인 관점에서 보면 소득원천별 비중을 생애주기에 맞추어 적절히 변화시켜 나가는 것이 필요하다. 예를 들어 30대에서 70대에 이르기까지 소득원천이 100% 근로소득으로 구성되어 있는 사람이 있다면 그는 부의 형성이 거의 이루어지지 않은 사람이며 하루하루 사는 모습이 얼마나 힘겨울지 짐작할 수 있을 것이다. 이와는 달리 젊은 시절에는 근로소득의 비중이 컸다가 나이가 들수록 사업소득 및 금융소득의 비중이 많아져서 만년에는 대부분 금융소득에 의해 여유 있게 지내면서 자기가 정말로 하고 싶은 일을 하는 유유자적하는 삶을 생각해 보라! 그러니, 생애주기를 고려하여 전략적으로 소득원천을 관리하는 것이 얼마나 중요한지 명백해진다.

생애주기에 따른 소득원천별 구성을 결정했으면, 이제 생애주기에 따라 소득 중 어느 정도를 미래를 위해 준비하는 데 사용할 것인지 생각해야 한다. 그 대원칙은 젊을수록 많이 미래를 위해 투자해야 한다는 것이다. 나이가 들면 활동성이 떨어지므로 자연스럽게 저축비중이 감소할 수밖에 없으므로 여기에 맞추어서 계획성 있게 저축비중을 결정해야 한다.

생애주기별 저축 비중을 결정했으면 다음으로 할 일은 자산배분을 결정하는 일이다. 이는 저축하기로 정한 자금을 활용해서 어떻게 포트폴리오를 결정할 것인가 하는 문제이다. 자산배분은 크게 네 가지 종류의 자산에 대해서 할 수 있는데, 이에는 현금, 채권, 주식, 부동산 등이 있다. 현금이란 단기 화폐성 자산으로 이에는 국공채, 은행저축 및 안전한 단기 금융상품 등의 단기투자 대상 자산을 뜻한다. 채권이란 회사채 등 확정소득 증권으로서 중기투자 대상 자산을 뜻한다. 주식이란 주식 관련 자산으로서 중장기투자 대상 자산을 뜻한다. 부동산이란 부동산 관련 자산으로서 장기투자 대상을 뜻한다. 각 종류의 자산은 기대수익률과 위험도를 기준으로 한 현금흐름의 성격이 다르다는 것은 이미 언급한 바와 같다. 현금성 자산은 위험이 거의 없는 대산 기대수익이 매우 낮고, 채권과 같은 확정소득자산은 화폐성 자산보다는 위험이 크지만 화폐성 자산보다는 기대수익이 크다. 주식은 채권보다는 위험이 크지만 그만큼 기대수익도 크게 자산을 운용할 수 있는 기회를 내포하고 있는 자산이다. 부동산은 특수한 자산이다. 부동산은 투자금액의 단위가 다른 자산보다 고액인 경우가 많고, 장기간에 걸쳐서 수익이 실현되므로 미래현금흐름의 불확실성이 큰 자산이다.[30] 부동산투자는 장기적 안목이 필요하며, 이자율 등의 거시경제 변수의 영향을 많이 받을 뿐만 아니라 사회적 주목을 받는 자산이기도 하다. 부의 수준이 높아질수록 부동산의 비중이 증가하는 경향이 있으므로 부동산은 부자들의 자산으로 인식되기도 한다.

부자가 되고자 작정하였다면 이상과 같은 자산들의 특징들을 신중하게 고려하여 자신의 성향에 맞추어 미리 적절한 자금배분 비율을 설정해 놓을 필요가 있다. 그렇지 않고 되는 대로 부화뇌동 식으로 자산배분을 한다면 부자 되기는 매우 힘들다고 보아야 한다.

---

30 부동산의 안정성에 관해서는 다른 견해도 있을 수 있다. 특히, 우리나라와 같이 부동산 가격이 장기간 지속적으로 상승해온 상황에서는 더욱 그렇다. 하지만, 일본의 경우 부동산버블이 꺼지면서 경제가 장기침체 국면에서 헤어 나오지 못 하는 것을 보면 부동산 투자가 얼마나 신중한 의사결정을 필요로 하는지 다시 생각하지 않을 수 없다.

② 나의 동적 포트폴리오(독자 스스로 작성을 실습한다)

부의 관점에서 자신이 이루고자 하는 미래의 모습을 염두에 두고 각자의 동적 포트폴리오를 〈표 3－2〉를 이용하여 작성해 보기 바란

표 3－2 나의 동적 포트폴리오

[기본가정]
1. 젊을 때는 저축비중과 장기자산비중을 크게, 나이가 들수록 유동성이큰 현금등가물의 비중을 크게 하여 위험을 줄이고 금융소득을 크게
2. 젊을 때는 근로소득 비중을 크게, 나이가 들수록 금융소득 비중을 증가
3. 젊을 때 저축비중을 크게 하여 정년 이후의 자립기반 구축
4. 소득구조를 고려하여 자산배분(투자) 구조를 결정
5. 장기할인율은 5%로 가정

<table>
<tr><th colspan="2">연령 대
자산배분</th><th colspan="12">30대</th><th colspan="12">40대</th><th colspan="12">50대</th><th colspan="12">60대</th><th colspan="12">70대</th></tr>
<tr><td rowspan="6">예 I (봉급생활자)</td><td rowspan="2">소득구조 (%)</td><td colspan="4">근로</td><td colspan="4">사업</td><td colspan="4">금융</td><td colspan="4">근로</td><td colspan="4">사업</td><td colspan="4">금융</td><td colspan="4">근로</td><td colspan="4">사업</td><td colspan="4">금융</td><td colspan="4">근로</td><td colspan="4">사업</td><td colspan="4">금융</td><td colspan="4">근로</td><td colspan="4">사업</td><td colspan="4">금융</td></tr>
<tr><td colspan="4"></td><td colspan="4"></td><td colspan="4"></td><td colspan="4"></td><td colspan="4"></td><td colspan="4"></td><td colspan="4"></td><td colspan="4"></td><td colspan="4"></td><td colspan="4"></td><td colspan="4"></td><td colspan="4"></td><td colspan="4"></td><td colspan="4"></td><td colspan="4"></td></tr>
<tr><td>저축비중</td><td colspan="12"></td><td colspan="12"></td><td colspan="12"></td><td colspan="12"></td><td colspan="12"></td></tr>
<tr><td rowspan="2">자산배분 (%)</td><td colspan="3">현금</td><td colspan="3">채권</td><td colspan="3">주식</td><td colspan="3">부동산</td><td colspan="3">현금</td><td colspan="3">채권</td><td colspan="3">주식</td><td colspan="3">부동산</td><td colspan="3">현금</td><td colspan="3">채권</td><td colspan="3">주식</td><td colspan="3">부동산</td><td colspan="3">현금</td><td colspan="3">채권</td><td colspan="3">주식</td><td colspan="3">부동산</td><td colspan="3">현금</td><td colspan="3">채권</td><td colspan="3">주식</td><td colspan="3">부동산</td></tr>
<tr><td colspan="3"></td><td colspan="3"></td><td colspan="3"></td><td colspan="3"></td><td colspan="3"></td><td colspan="3"></td><td colspan="3"></td><td colspan="3"></td><td colspan="3"></td><td colspan="3"></td><td colspan="3"></td><td colspan="3"></td><td colspan="3"></td><td colspan="3"></td><td colspan="3"></td><td colspan="3"></td><td colspan="3"></td><td colspan="3"></td><td colspan="3"></td><td colspan="3"></td></tr>
<tr><td colspan="60"></td></tr>
<tr><td rowspan="5">예 II (자영사업자)</td><td rowspan="2">소득구조 (%)</td><td colspan="4">근로</td><td colspan="4">사업</td><td colspan="4">금융</td><td colspan="4">근로</td><td colspan="4">사업</td><td colspan="4">금융</td><td colspan="4">근로</td><td colspan="4">사업</td><td colspan="4">금융</td><td colspan="4">근로</td><td colspan="4">사업</td><td colspan="4">금융</td><td colspan="4">근로</td><td colspan="4">사업</td><td colspan="4">금융</td></tr>
<tr><td colspan="4"></td><td colspan="4"></td><td colspan="4"></td><td colspan="4"></td><td colspan="4"></td><td colspan="4"></td><td colspan="4"></td><td colspan="4"></td><td colspan="4"></td><td colspan="4"></td><td colspan="4"></td><td colspan="4"></td><td colspan="4"></td><td colspan="4"></td><td colspan="4"></td></tr>
<tr><td>저축비중</td><td colspan="12"></td><td colspan="12"></td><td colspan="12"></td><td colspan="12"></td><td colspan="12"></td></tr>
<tr><td rowspan="2">자산배분 (%)</td><td colspan="3">현금</td><td colspan="3">채권</td><td colspan="3">주식</td><td colspan="3">부동산</td><td colspan="3">현금</td><td colspan="3">채권</td><td colspan="3">주식</td><td colspan="3">부동산</td><td colspan="3">현금</td><td colspan="3">채권</td><td colspan="3">주식</td><td colspan="3">부동산</td><td colspan="3">현금</td><td colspan="3">채권</td><td colspan="3">주식</td><td colspan="3">부동산</td><td colspan="3">현금</td><td colspan="3">채권</td><td colspan="3">주식</td><td colspan="3">부동산</td></tr>
<tr><td colspan="3"></td><td colspan="3"></td><td colspan="3"></td><td colspan="3"></td><td colspan="3"></td><td colspan="3"></td><td colspan="3"></td><td colspan="3"></td><td colspan="3"></td><td colspan="3"></td><td colspan="3"></td><td colspan="3"></td><td colspan="3"></td><td colspan="3"></td><td colspan="3"></td><td colspan="3"></td><td colspan="3"></td><td colspan="3"></td><td colspan="3"></td><td colspan="3"></td></tr>
</table>

1) 근로: 근로소득, 사업: 사업활동에 의한 소득, 금융: 금융자산 및 부동산임대 소득
2) 저축: 가처분 소득 중에서 소비지출을 제하고 남는 부분
3) 현금: 단기 화폐성 자산(국공채, 은행저축 및 안전한 단기 금융상품, 단기투자 대상), 채권(회사채 등 확정소득 증권, 중기투자 대상), 주식(주식 관련 자산, 중장기투자 대상), 부동산: 부동산 관련 자산(장기투자 대상)

다. 먼저 현실적이고 합리적인, 그로나 노력하면 달성할 수 있는 어느 정도 도전적인 가정을 설정하고 부자 되기 전략에 맞추어서 생애주기에 맞추어 동적 포트폴리오를 작성해야 한다. 너무 많은 가정을 세우면 오히려 실행하기 어려운 계획이 작성될 수 있음에 주의해야 한다. 실제로 동적 포트폴리오를 작성해 보면, 이미 생애주기를 고려하여 전략적으로 부를 관리해온 분이 아니라면 매우 신선한, 또는 충격적인 느낌을 면할 수 없을 것이다. 이런 충격을 받는 이는 아직 부자 될 기회가 있다고 할 수 있다. 그렇지 않다면 '혹시 나는 부자 되기를 포기한 상태가 아닌가'에 관해서 심사숙고해 보고 정말 그렇다면 부자 되는 쪽으로 신속히 방향선회를 해야 할 것이다.

(3) 시차별 자금운용계획에 의한 동적 포트폴리오의 보완 및 목표구현의 시각화

이제 합리적인 가정에 의해 생애주기를 고려한 동적 포트폴리오를 작성했으면 이에 대해 시차별 자금운용계획을 세워서 목표구현 과정을 시각화해야 한다. 이를 위한 한 가지 좋은 방법이 바로 '장기, 중기, 단기'의 시차구조를 갖는 구체적인 자금운용계획을 세우는 것이다. 여기서 계획의 위계구조(hierarchy)에 대해서 명확하게 할 필요가 있다. 단기계획들이 모여서 중기계획이 되고 중기계획들이 모여서 장기계획이 되는 것이라고 생각하기 쉬우나, 사실은 그와 정 반대로 장기계획이 세분되어서 중기계획이 되고, 중기계획이 세분되어서 단기계획이 되는 것이다. 이에 대한 매우 단순한 이유는 이렇다. 장기계획이 바탕이 되어야 비전과 목표와 전략과 실행계획의 '일관성'이 확보되기 때문이다. 먼저 비전에 부합되는 목표

그림 3-6 부의 목표달성을 시차별 자금운용 계획의 구조(예시)

			1차 장기계획		2차 장기계획 …		4차 장기계획	
			중기계획	중기계획	중기계획	중기계획	중기계획	중기계획
부의 목표	표현	장기	초기대출금 완전 상환		내집 마련 완료		빌딩 구입	
		중기						
	금액	장기	2억 원		5억 원		30억 원	
		중기						

가 필요하며 목표에 부합되는 전략이 세워져야 되고 전략의 큰 흐름을 잘 살려주는 실행계획이 구축되어야 한다. 이처럼 전체적인 일관성이 확보된 상태에서 장기계획을 세우고, 그에 맞추어 중기계획과 단기계획을 세워야 한다. 〈그림 3-6〉에 목표달성을 위한 시차별 자금운용 계획의 구조가 예시되어 있다.

〈그림 3-6〉에서 보듯이 1차 장기계획, 2차 장기계획, …, 4차 장기계획 등으로 시자별 장기계획을 설정한 후, 부의 목표에 대해서 구체적인 기술을 한다. 부에 대한 기술은 정성적인 묘사적인 표현과 그것을 정량화한 금액적인 표현을 병기하는 것이 좋다. 상황이 전개되면서 묘사적이 표현과 금액적인 표현 모두 증가적 또는 감소적 수정을 받아야 하지만, 특히 금액적인 표현은 경제상황에 따라 더 민감하게 영향을 받는다. 뿐만 아니라, 일상 중에 머리 속에서 그리는 부의 이미지는 묘사적 표현에 의존하게 되므로 어찌 보면 묘사적인 표현을 세우는 데 더 심혈을 기울일 필요가 있다.

시차별 자금운용 계획은 마치 우리나라가 1961년부터 시작해서 경제개발 5개년 계획을 단계적으로 시행한 것처럼 장기계획은 5년 내외의 기간으로, 중기계획은 3년 내외의 기간으로, 단기계획은 1년 내외의 기간으로 잡는 것이 좋다. 장기계획을 지나치게 길게 잡으면 자연히 중기, 단기계획도 지나치게 느슨해지므로 전반적으로 계획의 실효성이 떨어지게 된다. 이를 방지하고 최종목표에 도달하는 과정에서의 오차를 줄이기 위해서는 장기계획을 생애주기 전체에 대해 실효성 있는 몇 단계의 시차로 구분하고, 각각의 장기계획은 두 단계 정도의 중기계획으로 구분하고, 각각의 중기계획은 다시 두 세 단계의 단기계획으로 구분하여 작성하는 것이 바람직하다. 각각의 단기계획은 자기몰입에 의하여 반드시 행동화 할 수 있다는 확신을 가질 수 있는 수준까지 충분히 구체화해야 한다.

예를 들어 신혼부부라면, 부의 목표로 1차 장기계획 기간(5년 경과)에는 '초기 대출금 완전상환[금액 기준 1억 원 달성]', 2차 장기계획 기간(10년 경과)에는 '내집 마련 완료[금액 기준 3억 원 달성]', 3차 장기계획 기간(15년 경과)에는 '부업으로 체인점 개설[금액 기준 9억 원 달성]', 4차 장기계획 기간(20년 경과)에는 '빌딩 구입[금액 기준 20억 원 달성]' 등의 시차계획을 세울 수 있다. 이러한 계획들이 앞에서 제시된 동적 포트폴리오와 일관성을 가져야 함은 물론이다.

(4) 시차별 부자자격 목표 구현의 시각화

시차별 계획을 세울 때는 부의 목표와 함께 부자자격의 목표를 수립하는 것이 바람직하다. 왜냐하면 부자자격은 저절로 얻어지는 것이 아니라 끊임없는 노력과 자기성찰에 의해 얻어지는 것이기 때문이다. 부자자격을 제대로 갖추기 위해서는 아무리 바쁘고 힘들어도 의식적인 노력을 하지 않으면 안 된다. 부의 수준에 어울리는 부자자격을 갖추는 것은 몸의 크기에 맞는 옷을 입는 것과 같다. 몸에 잘 맞는 옷을 입으면 옷 핑계 대고 덩치가 너무 크다고 나무랄 사람은 아무도 없을 것이다.

진짜부자가 되기 위해서는 인품의 축과 능력의 축을 모두 갖추어야 함은 이미 지적한 바와 같다. 인품의 축은 갖추고 있지만 능력의 축이 부족하거나 능력은 갖추고 있지만 인품의 축이 부족하면 진짜부자, 즉 유자격부자가 될 수 없다. 이 때문에 부자자격 구비를 위한 계획이 필요한데, 그 시차계획의 한 예는 〈그림 3-7〉과 같이 세울 수가 있다.

〈그림 3-7〉에 대해서 살펴보자. 부자자격의 목표는 인품관련 목표와 능력관련 목표로 구분하여 세운다. 인품에 관한 요소들을 시차계획을 세워서 갖추어 간다는 것은 다소 비현실적으로 보일 수도 있을 것이다. 그러나, 전략적인 관점에서 보다 중점적으로 인품 향상을 위해 투자한다면 그러지 않는 경우에 비해 더욱 가시적인 성과

그림 3-7 부자자격 획득을 위한 시차계획의 구조(예시)

			1차 장기계획		2차 장기계획	…	4차 장기계획	
			중기계획	중기계획	중기계획	중기계획	중기계획	중기계획
부자자격목표	인품관련	장기	철학/동기 중점		동기/인간성 중점		인간성/철학	
		중기	자기계발, 독서	계획적 생활	자기계발, 봉사, 독서	계획적 생활	자기계발, 재능기부, 독서	계획적 생활
	능력관련	장기	지식/행동화 역량 중점		대인관계/행동화 역량 중점		대화/행동화 역량 중점	
		중기	기초/보조 역량	핵심역량	기초/보조 역량	핵심역량	기초/보조 역량	핵심역량

를 얻게 될 것이다. 인품 고양에 관한 제 1차 장기계획으로는 부에 관한 생산적인 철학 및 동기 중점 강화를 채택할 수 있다. 인품 고양에 관한 제 2차 장기계획으로는 동기 및 인간성 중점 강화를 채택할 수 있다. 제 3차 장기계획으로는 인간성 및 철학 중점 강화를 채택할 수 있다. 생활태도는 하루아침에 형성되는 것이 아니므로 전체 계획기간 동안 지속적으로 습관화시켜 나가야 한다.

부자자격으로서의 인품을 고양하기 위해서는 마인드를 가지고 지속적으로 노력하는 것 외에는 대안이 없다. 명상이나 계획적인 독서도[31] 좋고 악기연주[32] 등의 취미개발을 통한 마음의 여유 찾기[33], 봉사활동, 더불어 살기(수입의 일부를 이웃돕기에 쓰기) 등도[34] 좋은

---

31 우리 주변에는 손만 뻗치면 무엇인가 유익한 정보를 담고 있는 각종 정보매체들이 있다. 마인드를 가지고 보면 세상이 유익한 정보들로 가득 차 있음을 알 수 있다. 넘치는 정보들 중에서 특히 필요한 것을 신속히 선별하는 능력은 명확한 목적의식과 트레이닝에 의해 발전시킬 수 있다. 이것도 계획적으로 할 때 더욱 효과적일 수 있다.

32 악기연주라고 하면 언뜻 피아노나 고가의 바이올린, 플룻 등의 악기를 떠올릴 수 있다. 하지만 2천원 정도만 주면 그런 대로 소리가 잘 나는 하모니카를 살 수 있다. 5천원이면 중급의 단소를 살 수 있다. 10만원 미만 하는 플룻도 있다. 찾아보면 돈은 크게 문제가 되지 않는 것을 쉽게 알 수 있다. 여유를 찾기 위해 우선적으로 필요한 것은 돈이 아니라 마음이다. 여유는 외부로부터 주어지는 것이 아니다. 여유는 자기 자신의 내부로부터 스스로 찾는 것이다.

33 생활 속에 여유는 저절로 찾아오는 것이 아니다. 그것은 '확보'하는 것이다. 아무리 바쁜 중에도 아주 짧은 시간(예컨대 10분 내지 30분)의 여유는 확보할 수 있다. 여유는 물리적 시간과 공간에 있는 것이 아니라, 심리적 시간과 공간에 존재하는 것이다.

34 선진국에는 소득의 1%를 사회에 기부하는 소위 '1% 클럽'이 일상화되어 있다고 한다. 3%, 5% 클럽도 상당수이고, 돈이 없으면 시간이라도 할애해서 두 명 중 한 명 꼴로 자원봉사를 한다고 한다. 이런 식으로 2001년 한 해 동안 미국의 기부금 모금액은 2천억 달러(2백 4십 조원 정도) 규모였다. 우리나라의 경우에도 전국경제인연합회 임직원 1백 30명 중 70명은 1991년 이후로 매월 월급의 1%를 떼어서 사회에 기부한다고 한다. 이 돈은 빈곤층에 생활비로 대주

예이다. 이러한 활동들이 몸에 붙으면 인품고양이 이루어져, 많은 부를 지녀도 결코 어색하지 않고 타인의 지탄을 받을 일도 없다.

능력의 축에 있는 부자자격은 지식역량과 대인관계역량과 행동화역량으로 구분할 수 있음은 이미 지적한 바 있다. 부자능력에 관한 제 1차 장기계획으로는 지식역량 및 행동화 역량 중점 강화로 정할 수 있다. 부자능력에 관한 제 2차 장기계획으로는 대인관계 및 행동화 역량 중점 강화로 잡을 수 있다. 부자능력에 관한 제 3차 장기계획으로는 대화 및 행동화 역량 중점 강화로 정할 수 있다. 행동화역량은 특정 순간이 아니라 항상 필요한 것이므로 전체 계획기간 동안 지속적으로 체질화시켜 나갈 필요가 있다.

모든 능력을 다 모두 갖출 수 있다면 능력 면에서는 완벽을 갖추는 것이 될 것이다. 그러나, 인간은 어차피 불완전한 존재이다. 모든 역량을 완벽하게 갖추려는 발상 자체가 무리일 수 있다. 그 중에서 자신에게 강점이 있고 필수불가결 한 역량을 중심으로 충실을 기하는 것이 더 효과적일 수 있다. 부자자격으로서의 여러 가지 역량을 각 시차 별로 '기초역량'과 '핵심역량'과 '보조역량'으로 구분하여 우선적으로 갖추어야 할 것(기초역량)과 가장 심혈을 기울여 집중할 것(핵심역량)과 보완적으로 추구할 것(보조역량)을 분간하여 노력을 안배하는 것이 효과적이다. 행동화역량은 진짜부자가 되고자 하는 사람이면 누구나 본능처럼 갖추어야 할 기초역량이다. 기초체력

기도 하고 불우학생에게 장학금으로 전달되기도 한다. 지난해 실적만 해도 2천만 원에 이른다고 한다(중앙일보, 2002.8.2). 계획을 세워서 봉사활동을 하는 것도 더불어 살기의 훌륭한 예이다. 자녀와 함께 봉사활동을 하면서 가족들 간에 일체감을 얻고 자녀들에게 대한 교육적 효과를 얻을 수 있다면 일거양득이 된다.

이 튼튼한 사람이 시간이 갈수록 저력을 발휘하는 것처럼 행동화역량을 잘 갖추고 있는 사람은 시간이 갈수록 부자 되는 과정에 가속도가 붙게 마련이다. 전문직업 성향의 사람에게는 지식역량이 핵심역량이 되고 대인관계역량은 보조역량이 될 것이며, 사업가 성향의 사람에게는 대인관계역량이 핵심역량이 되고 지식역량은 보조역량이 될 수 있다. 지식사회가 진전됨에 따라 탁월한 지식역량은 갖추지 못하고 대인관계역량만 뛰어난 사람이 집단의 우두머리가 되기는 점점 더 어려워지고 있음을 명심해야 한다. 지식사회에서는 지식역량이 행동화역량과 더불어 기초역량으로서의 가치를 갖게 된다. 실제 계획에 있어서는 기초역량, 핵심역량, 보조역량 등을 더 구체적인 행위형태로 기술해야 한다. 예를 들어 대학교 1학년인 어느 학생의 경우라면 핵심역량은 지식역량으로, 기초역량은 행동화역량으로, 그리고 보조역량으로는 대인관계역량 및 대화역량으로 설정할 수 있다. 지식역량을 구현하기 위해서는 단계별로 특출한 전문지식을 획득해 나가거나 2년마다 자격증을 획득한다는 식으로 중기계획을 수립하여 추진해 나갈 수 있다.

일단 어떤 역량을 자신의 핵심역량으로 정했으면, 그것에 관한 한 자기가 할 수 있는 최상의 상태에 이를 수 있도록 행동화해야 한다. 행동화 과정에서 시행착오는 반드시 따라오기 마련이므로, 실패를 두려워하지 않는 저돌적 자세로 일관할 것이 요구된다.

[금융사기의 구조]－'위험과 기대수익의 보상관계'의 위배

금융위기의 분위기에 의해 촉발된 불법 금융피라미드 사기가 끊이지 않고 있다. 그 피해액이 개인적으로 적게는 수백만 원에서 많게는 수억 원에 이르고, 전국적으로는 드러난 것만 수천억 원에 이르고 있다. 그렇다면 불법금융피라미드 업자들은 무엇을 속인 것일까? 그들은 현금흐름의 기대값(수익률)에 대해서만 과장되게(한 달에 10%, 연간 120%) 제시하고, 그에 따른 위험에 대해서는 숨기든지, 마치 위험이 없는 것처럼 현혹시킨다.

혹시 이런 투자기회에 대해 권유를 받는다면 반드시 스스로 반문해 보아야 한다. "그토록 좋은 투자기회라면, 왜 자기들이 직접 투자하지 않고, 이익이 희석되는 것을 무릅쓰고 다른 사람들을 끌어들일까? 그렇게 좋은 투자기회에 남들은 왜 투자하지 않을까? 정말로 그렇게 좋은 투자 안이라면 세상의 돈이 모두 그곳에 몰려야 할 텐데 왜 안 그럴까? 그렇게 이익을 얻기 위해 도대체 얼마나 큰 위험을 부담해야 되는 건가? 엄격한 심사를 거쳐서 상장된 기업들도 연리 7~10%의 이자를 주고 나면 자본금의 5% 이익도 내기가 힘든데, 그들은 12~16 배의 이자를 주고 도대체 무엇을 남길 수 있을까? 정상적인 방법으로 그게 가능이나 하단 말인가?" 이러한 질문들에 대해 합리적·이성적으로 판단하면 당연히 "No! 투자불가!"라는 답이 즉각 나와야 한다. 그것이 똑똑한 결정이다. 위험이 낮은 투자 안은 기대수익률이 낮아도 선택할 수 있으며, 위험이 높은 투자 안은 위험부담의 대가로 충분히 높은 수익률이 기대될 때에만 선택의 대상이 될 수 있다는 '위험과 기대수익의 보상관계'에 대한 이해는 모든 합리적 금융거래의 기본이다. 금융사기의 본질은 기대수익은 부풀리고 위험을 숨김으로써 '위험과 기대수익의 보상관계'를 위배한 것이다.

전술 6. '전략의 일관성'을 유지하고 '그 이후를 생각'하자

자신이 가장 만족할 수 있는 포트폴리오 구성에 관한 원칙이 결정되었으면 이제 수익성이 낮은 대신 현금흐름의 안정성이 높은 자산을 중심으로 포트폴리오를 구성하든지(〈그림 3-3〉~〈그림 3-5〉의 영역Ⅱ), 수익성이 높은 만큼 현금흐름의 위험도 높은 자산을 중심으로 포트폴리오를 구성하든지(영역Ⅳ), 양자의 절충형을 추구하든지(영역Ⅱ와 Ⅳ의 혼합)에 관한 선택이 이루어진 상태라고 할 수 있다.

일단 원칙이 정해졌으면 이를 유지하려는 최선의 노력을 해야 한다. 이는 투자전략의 일관성을 유지해야 된다는 것을 의미한다. 투자전략의 일관성을 유지함으로써 다음과 같은 유무형의 이득을 기대할 수 있다.

첫째, 누가 뭐라 해도 나름대로 행복할 수 있다. 자기 자신의 성향에 가장 잘 맞는 선택을 했으니 당연히 행복할 수밖에 없다. 이 상태에서 다른 사람을 모방하려고 하면 불행해진다는 것은 독자들이 이미 알고 있는 바(〈그림 3-4〉 참조)와 같다. 일상적인 표현을 빌리자면 '줏대를 지켜야 행복할 수 있다'라는 말이 될 것이다.

둘째, 참조점(reference point)이 존재하므로 궤도를 벗어났을 때 언제든지 돌이켜 개선할 수 있다. 참조점은 점검과 피드백을 위한 기준점이다. 참조점이 없으면 무엇이 잘못되었는지 판단할 근거가 없으므로 고치려 해도 제대로 고칠 수가 없다.

셋째, 투자전략의 일관성을 유지하면 잡음정보(noise information)에 부화뇌동하지 않음으로써 거래비용을 줄일 수 있다. 전략의 일관성을 잃으면 자기 자신의 판단에 의존하기보다는 불연속적인 외부정보나 다른 사람의 의견에 따라 흔들릴 수밖에 없다. 부화뇌동하면 거래빈도가 높아져 직접적으로는 거래비용이 증가하므로 수익성이 악화되고 간접적으로는 귀결점을 모르므로 늘 불안하게 살게 마련이다.

이상과 같이 투자전략의 일관성을 유지하는 것은 비용절감, 성과개선, 행복증진 등에 긍정적인 영향을 미치는 매우 중요한 포인트이다.

나아가서, 진짜부자가 되고 진짜부자로 남기 위해서는 항상 시간의 연속선 상에서 '그 이후'를 생각는 마인드를 가져야 한다. 이러한 마인드는 진짜부자 되기 전술의 바탕을 이루는 것이다. 일단 원하는 부를 얻었을 때 그것을 이용하여 그 이후에 무엇을 할 것인지에 관한 생산적인 철학과 비전이 없으면, 이미 확보한 부의 파괴적 가능성에 휘말려서 자아와 가정을 파괴하고 이웃에게 상처를 주고 사회를 황폐화시키면서 부는 소멸시켜 버린다. "멀리까지 생각하지 않으면 반드시 가까운 것에 근심이 있기 마련이다(논어)." 돈을 벌고 나서 자기 파괴적인 생활에 빠진다면 차라리 부를 얻지 않음만 못한 결과에 이르게 된다.

WEALTH

Chapter 4

부의 도구들

1. 부의 도구와 투자의 법칙

부자가 되려면 부의 도구들이 가지고 있는 기본법칙을 알아야 한다. 그것은 복리의 법칙, 준비의 법칙, 부자의 사고로 부자에 대해 연구하기, 꿈과 계획과 실행의 법칙, 리스크 관리의 법칙 같은 것들이다.

주변에서 쉽게 접할 수 있는 투자의 수단으로는 주식, 채권, 부동산, 저축상품 등이다. 그 각각은 기대할 수 있는 수익률도 다르고 그에 대해 부담해야 할 비용(위험)도 다르다. 위험과 기대수익률과의 관계는 금융이론의 핵심이다. 이곳에서는 기본이론들을 별도로 설명하지 않고 문장 중에 자연스럽게 녹여 넣고자 한다. 성공적으로 부자가 되기 위한 세 가지의 부자 되기 기본법칙을 소개하면 다음과 같다.

복리의 기술

첫째, 복리의 기술이다. 복리란 이자에 이자를 지급하는 계산 방식이다. 복리방식에 의하면 시간이 지날수록 거듭제곱의 위력이 발휘된다. t 시잠 이후의 복리 원리금은 [원금×(1+이자율)^t]로 증가한다. 연간 6%씩 12년간 복리계산을 하면 원금이 두(2) 배가 된다. '6×12=72'가 됨을 알 수 있다. 이를 72의 법칙이라 한다. 8%씩 복리 계산하면 9년이면 두 배가 된다(8×9=72). 지금 300만원으로 주식투자를 시작하여 1년에 25%씩의 수익률로 30년간 지속한다면 30년 후 약 24억 2천 400만 원으로($(1+0.25)^{30}$=약 808배) 돈이 불어난다. 매력적이지 않은가? 이 원리를 활용하면 은행예금도 꽤 매력적일 수 있다.

준비의 법칙

둘째, 준비의 법칙이다. 기회는 반드시 온다. 절대 포기할 필요가 없다는 것이다. 운명처럼 다가올 그 시기가 언제이지 모를 따름이다. 준비가 되어 있으면 기회를 더 잘 포착할 수 있고 더 잘 활용할 수 있다. 항상 준비해야 하는 이유가 여기에 있다. 기회가 왔을 때 더 많이 담기 위해 되도록 큰 그릇을 준비해야 한다. 기회는 사람, 시장상황, 운—이렇게 세 가지를 통해서 온다. 이 세 가지를 계속 관리하고 관찰하며 대비해야 한다. 연구해야 한다. 집요하게 생각해야 한다. 시간과 돈을 투자해야 한다. 지금은 나의 배가 모래톱에 걸려서 오도 가도 못하고 있을 수 있다. 그러나 언젠가 밀물이 몰려오면 내 배는 망망대해로 맘껏 나아갈 수 있을 것이다. 그 때를 위해 나는 준비해야 되는 것이다.

부자의 사고로 부자에 대해 연구

셋째, 부자의 사고를 가지고 부자에 대해 연구해야 한다. 부자와 친하게 지내야 부자가 된다. 큰 손을 친구로 두면 나도 큰손이 될 수 있다. 운동을 좋아하는 사람과 어울리다 보면 어느덧 나도 건강한 사람이 되며, 감기환자와 가까이 지내다 보면 감기에 걸리는 이치이다. 낙천적인 사람과 친하게 지내면 세상이 아름답게 보인다. 매사에 부정적이고 골치 아픈 사람과 가까이 지내면 자기도 모르는 사이에 부정적이고 골치 아픈 인간이 되어버린다. 이런 의미에서 부자가 된다는 것은 곧 사고방식과 삶의 태도와, 습관을 고쳐서 부자가 되는 운명을 스스로 창조는 것으로부터 출발한다.

꿈, 계획, 실행

넷째, 꿈과 계획과 실행의 법칙이다. 많은 사람들이 미래에 대한 꿈도 비전도 목표도 계획도 없고 그것에 바탕을 둔 실행도 없다는 조사가 있다. 대부분의 사람들이 발등의 불을 꺼가며 그때그때 주어진 일만 하며 살아간다는 것이다. 꿈과 목표와 비전—이런 것들이 현재 보이는 외형보다 사람의 본질에 더 가깝다. 현재의 모습을 보고 판단하려 든다면 껍데기를 보고 알맹이를 그리려는 것과 같다. 꿈이 있으면 비전이 생긴다. 비전에 있으면 구체적인 목표를 만들 수 있다. 목표가 있으면 그것을 이루기 위한 계획을 세울 수 있다. 계획이 세워지면 이제 남은 것을 그것을 실행하여 이루는 것이다. 실행하다 보면 시행착오가 일어난다. 시행착오 중에 발전이 이루어진다. 꿈과 계획과 실행—이것 없이 부자가 되기는 불가능하다!

리스크 관리

다섯째, 리스크관리의 법칙이다. 손익의 비대칭성과 0(제로)의 법칙을 생각해 보자. 600만원을 투자하여 300만원으로 반 토막 났으면 수익률은 −50%이다. 하지만 300만원을 다시 600만원으로 되돌리려면 100%의 수익률이 필요하다. 만회의 수고가 만만치 않을 것이다. 이것이 손익의 비대칭성이다. 또 하나. 이 세상에는 무한한 수가 존재한다. 하지만 그 모든 수를 곱하면 그저 0이 될 따름이다. 어떠한 수라도 거기에 0을 곱하면 그냥 0이 된다. 잘못된 투자는 모든 것을 무위(0)로 돌린다. 빚까지 지게 되면 상황은 더 나빠진다. 이런 점들은 투자 시 위험관리의 중요성을 보여주는 것들이다. 상당한 정도의 믿음을 얻을 수 있을 정도로 치열한 연구와 대비가 필요한 이유이다. 리스크를(투자위험은) 단지 두려움의 대상으로 여기면 아무것도 할 수 없다. 리스크를 부담할 가치가 있는지, 리스크보다 더 큰 것을 기대할 수 있는지 따질 줄 아는 직관을 키우기 위해 부단히 노력해야 한다. 리스크는 관리할 수 있다. 피할 수도 있고 절묘한 판단을 통해 더 큰 수익의 기회로 활용할 수도 있다.

2. 주 식

(1) 주식투자의 의의

먼저 주식으로 부자가 되는 길에 대해 알아보자. 주식은 소액으로도 투자할 수 있고 환금성이 뛰어날 뿐만 아니라, 종목이 매우 다양하고 위험을 고려하더라도 다른 어떤 자산보다 기대수익률이 높으며, 소액으로 큰돈을 벌수도 있는 매우 매력적인 투자수단이다. 주식에 장기투자 하면 나의 부(wealth)의 포지션은 그 회사와 운명이 같아진다.

(2) 주식투자의 알파

주식투자의 시작은 시장효율성에 대한 신념을 점검하는 데서 출발해야 한다. 신념은 결국 만족의 기준이 되기 때문이다. 모든 정보가 발생 즉시 주가에 완전하게 반영되는 시장을 효율적 시장이라고 하는데, 이에 대해 어떻게 생각하는지 점검하는 것이 투자의 출발점이 되어야 한다.

✚ 시장이 비효율적이라거나 가격결정오류가 있다고 믿는다면 …

☞ • (심하게 저평가/과소평가 된) 대박주식을 찾는다.

• 목표가격을 설정해 놓고 저평가된 주식을 찾아서 포트폴리오를 운영한다.

• 복리의 원리에 의해 장기일수록 누적수익률이 급등하는 성질을 이용한다.

> **시사점** 대박주식은 실제로 있다. 엔씨소프트는 2008년부터 3년간 15배, 셀트리온은 2006년부터 5년간 25배, 삼성전자는 1975년 상장 이후 210배나 올랐다. 현대미포조선은 10년도 안 되는 기간에 주가가 무려 100배나 오른 경험이 있다. 한 해 동안 10배 이상 상승하는 종목도 있다. 희귀하지만 대박주식은 분명 살아있다! 필요한 것은 기막힌 종목선택 감각과 함께 매일 변동하는 시세 앞에서 장기간 버티는 우직함이다. 저평가된 주식을 찾아서 장기투자 하는 대가가 워렌 버핏이다. 워렌 버핏은 '투자는 비즈니스이다. 10년 동안 보유할 주식이 아니면 단 10분간도이라도 보유해선 안 된다'고 말할 정도이다.

✚ 시장이 효율적이라고 믿는다면 …

☞ • 분산투자를 통해 위험을 줄이면서 '시장수익률'을 목표로 투자한다.

• 너무 많은 종목에 분산투자하면 수수료 부담이 커진다.

• 이업종 주식에 10 종목 안팎의 포트폴리오로도 충분한 분산이 달성된다. 종목 수가 많을수록 분산효과는 크지만 관리비용이 급증한다.

• 분산투자를 전문적으로 해주는 주식투자 펀드를 선택할 수도 있다.

시사점 주식시장의 수익률은 상대적으로 매우 높다. 주식투자의 위험을 조정해도 주식시장의 수익률은 여전히 높다. 아직까지 이론적으로 설명이 잘 안 되는 이런 현상을 주식프리미엄(equity premium)이라고 한다. 연간 12%만 지속되어도 6년이면 원금이 두 배가 된다. 12년이면 4배가 된다. 지속적으로 시장의 평균수익률만 달성해도 크게 성공할 수 있다.

(3) 주식투자의 타이밍: 경기와 주가

종목의 특성과 시장의 움직임을 면밀히 관찰한다. 주가는 미래 기대현금흐름(기대이익)의 현재가치이다. 이것이 주가 형성의 기본원리이다. 주가는 미래의 전망을 반영하는 지표라는 뜻이다. 미래에 대한 전망이 좋으면 주가는 오르고, 아니면 내린다. 이 원리에 따르면 주가는 경기에 선행하므로 경기를 정확히 판단하기 위한 정보와 직관을 갖추기 위해 노력한다.

주식투자의 타이밍은 '저평가 시점'이다. 개별 종목들은 각각의 사정으로 저평가 시점이 다른 수 있다. 하지만 시장 전반적으로 주식이 저평가되는 시점이 있는데, 그것은 경기가 정점을 돌파한 후 하강국면이 지속되는 기간이다. 주가는 이론적으로 기대현금흐름의 현재가치이기 때문에 경기에 선행하는 성질이 있다. 그러므로 주가는 경기가 아직 하강국면에 있고 저점에 도달하기 전에 먼저 저점에 도달한다. 진정한 저점은 당시에는 알 수 없고 지나 보아야 알 수 있다. 따라서 경기가 계속 나빠지고 있는 어느 시점에서 매수 타이밍을 선택할 수밖에 없다. 주가와 경기의 순환과정은 다음의 그림과 같이 표현할 수 있다.

그림 4-1 주가와 경기의 순환과정

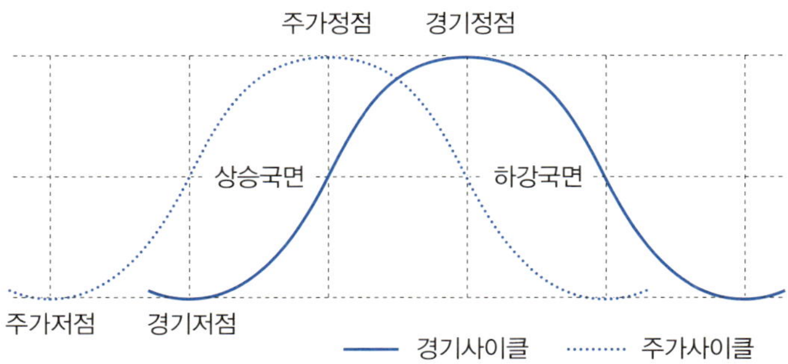

주가와 경기의 순환과정을 좀 더 소개하면 다음과 같다. 이는 매우 직관적인 서술이므로 알아두면 장세 판단에 도움이 될 것이다.

경기저점과 주가 상승국면

경기가 저점에서 헤어나지 못하고 있으면 정부에서는 각종 경기부양책을 내놓게 된다. 또한, 시장에서는 저점탈출에 대한 기대가 강하게 형성되며 전문투자가들이 암암리에 저가에 주식매집을 시작한다. 이렇게 되면 아직 경기는 풀리지 않은 상태에서 증시 주변에 자금이 풍부해져서 실물경기는 아직 저점에 머물러 있음에도 불구하고 주가가 상승하는 일이 발생한다. 이때는 주가가 워낙 낮은 상태이기 때문에 주가가 상승하는 폭이 커서 거의 폭등하는 상황이 벌어지곤 한다. 이처럼, 경기가 좋아졌기 때문이 아니라 단지 증시 주변의 자금사정이 좋아져서 주가가 오르는 상황을 '금융장세'라고 하기도 한다.

경기상승국면과 주가정점

금융장세에 힘입어 주가가 오르면 주식투자 소득이 증가에 힘입어 소비가 증가하고, 기업은 유리한 조건으로 주식을 발행하여 설비투자를 늘리게 된다. 이렇게 되면 경기가 저점을 탈출하여 상승국면에 접어들고 주가는 금융장세에 이어 계속 상승하여 정점에 이른다. 하지만 이때의 주가상승 폭은 금융장세 때의 폭등에는 미치지 못한다. 경기의 호전에 힘입어 주가가 상승하는 것을 '실적장세'라고도 한다.

경기정점과 주가하강국면

주가가 정점에 이르면 주식투자로 돈을 번 사람들의 사치가 극에 달하고 유흥가는 불야성을 이루며 물가는 오르고 부동산은 불안해진다. 기업도 자금이 풍부해져서 종업원들의 소비지출이 커지고 무모한 투자를 시도하게 된다. 이쯤 되면 정부에서는 경기 조절정책을 펼치게 되며 그로 인해 투자자와 기업이 몸을 사리게 된다. 이에 따라 경기는 아직 정점에 달했음에도 불구하고 증시 주변의 자금사정이 위축되어 주가가 하락하는 상황이 벌어지는데, 이러한 상황을 '역금융장세'라고 한다.

경기하강국면과 주가저점

역금융장세가 지속되면 소비가 위축되고 기업은 투자를 감소시켜 결국 경기하강국면으로 이어진다. 경기가 하강국면을 접어들 때 주가는 이미 저점에 도달하여 침체국면에 빠져든다. 역금융장세의 여파로 경기가 나빠져서 주가가 저점으로 치닫는 현상을 '역실물장세'라고도 한다. 경기가 하강국면에서 저점으로 향하고 주가는 저점에서 헤매고 있으면 정부의 부양책이 시도되고 다시 처음의 사이클이 반복되는 과정이 재연된다.

(4) 비교가치 평가법에 의한 종목의 선정

〈표 4-1〉의 지표들이 기준치보다 낮으면 과소평가, 높으면 과대평가 가능성이 있다. 과소평가된 것들은 주가가 올라갈 가능성이 높으므로 투자 대상이며, 과대평가된 것들은 주가가 하락할 가능성이 높으므로 투자 기피, 또는 공매도 대상으로 판단한다.[1]

표 4-1 비교가치 평가법에서 사용하는 지표들

비율	구 조	해석 요령
PER	주가(price)÷주당이익(earnings)	낮을수록 저평가(과소평가) → 투자 대상으로 고려(기준은 동업종, 유사한 조건의 기업들)
PCR	주가÷주당현금흐름(cash flows)	
PBR	주가÷주당순자산가치(순자산: 총자산-부채))	
PSR	주가÷주당매출액(sales)	
q-ratio	시장가치총계÷대체원가	
	[근사치](주식시가총액+부채총액)÷총자산	

(5) 기본적 분석(펀더멘털 분석 fundamental analysis): 주식투자의 ABC

기본적 분석이란 주식의 내재가치를 추정하기 위한 분석법이다. 내재가치란 각 주식이 가지고 있는 고유의 가치이다. 시장에서 일

1 공매도란 주가가 떨어질 것으로 예상되는 주식을 빌려서 그 즉시 매도한 후 계좌에 현금으로 가지고 있다가 주가가 떨어지기를 기다려서 낮은 가격으로 매입하여 빌린 주식 수만큼 돌려주고 차익을 챙기는 매매형태이다. 공매도는 주식 매입보다 위험이 크므로 개인투자자는 참여가 어렵고 규제도 심하다.

시적으로 가격평가 오류가 발생한다하더라도 결국 내재가치로 되돌아간다는 것이 기본적 분석자들의 신념이다. 따라서 기본적 분석자들은 이러한 성질을 이용하여 돈을 벌 수 있다고 생각한다.

기본적 분석에서는 다음과 같은 세 가지의 단계적 분석을 시도한다.

- 경제분석: 경기분석을 주식투자의 타이밍에 적용(위에서 설명)
- 산업분석: 산업별 특성을 분석하여 포트폴리오 구성 정보로 활용
- 기업분석: 기업별 특성을 분석하여 포트폴리오 구성 정보로 활용

기본적 분석을 이용한 포트폴리오 관리 방식은 다음과 같은 것들이 있다.

- 매입 및 보유 전략(buy and hold): 우량주식을 사서 장기 보유
- 역투자 전략(contrarian stragety): 가격이 떨어졌을 때 사서 올랐을 때 매도(buy low, sell high)
- 모멘텀 전략(momentum stragety): 역투자 전략과 반대의 입장으로 가격이 올라가는 종목이 더 울라간다고 보고 올라가는 종목을 사서 더 올라갔을 때 매도하는 전략
- 가치투자 전략(value investment): 가치주, 즉 실적이나 자산의 가치에 비해 저평가된 우량주에 투자(가치주의 특성: 상대적 '저 PER, 저 PBR, 저 PCR, 저 PSR, 저 q-ratio')

> * 가치투자전략이란? 싸게 사서 제값에 파는 전략! (이하 3대 절차)
> 싸게: 저평가종목 발굴 (가치평가)
> 제값에: 종목분석 (가치평가)
> 사서 … 판다: 포트폴리오 운용

• 성장주식 투자 전략(growth stocks): 성장성이 높은 주식에 투자(매출액, 영업이익, 순이익 등의 성장이 두드러진 주식에 투자)

[참고] 기술적 분석(차트분석 technical analysis): 주식투자의 또 다른 타이밍 기법

기술적 분석은 단기, 중기, 장기 가격 데이터를 이용하여 주식의 수요와 공급에만 관심을 가지고 거래하는 기법이다. 기술적 분석은 검증된 과학적 이론이 없는 기법이다. 기술적 분석은 경제적 가치에는 관심이 없고, 주가의 움직임만 보고 매수(골든크로스) 또는 매도(데드크로스) 시점을 결정하는 기법이다. 주로 차트를 이용해서 분석하는 시각적 효과 때문에 기술적 분석이 설득력이 있는 것처럼 보이기도 한다. 하지만 주식시장이 최소의 수준에서만이라도 효율적이라면 과거의 정보(주가)는 이미 반영이 끝났다고 보아야 한다. 과학적으로 지지를 충분한 받지 못하는 기술적 분석을 받아들이고 않고는 전적으로 투자자 개인의 신념의 문제로 보아야 한다. 다만, 마지막 결정 단계에서 과거의 주가 패턴을 참고하는 것은 그리 나쁘지 않다고 본다.

(6) 바람직한 주식 매수 및 매도 기법

> 투자란 철저한 분석을 바탕으로 투자원금의 안전성과 적당한 수익성이 보장되는 행위를 말하며 이러한 제 조건이 충족되지 않는 모든 행위는 투기다.
>
> – 벤저민 그레이엄, 증권분석

✚ 분할매수가 필요하다! (적정한 현금포지션 유지 필요)

- 주가는 생각보다 더 하락할 수 있음
- 하락할수록 더 살 수 있는 여유분 확보
- 주가하락 시 분할매수는 매입단가를 낮춰줌
- 바닥을 찾다 보면 정작 오를 때 보유주식이 없을 수 있음

✚ 분할매도가 필요하다!

- 주가는 생각보다 더 올라갈 수 있음
- 다시 하락할 경우 추가 매입할 수 있는 여유분 확보
- 주가의 천정을 찾다 보면 매도 이유를 실행에 옮기지 못함

✚ 피터린치의 매도 3법칙

- 투자아이디어가 실현되어 목표가에 도달했을 때
- 투자아이디어가 틀린 것으로 최종적으로 판명되었을 때
- 기존 보유종목들보다 더 매력적인 종목이 발견되었을 때

✚ 장기보유의 전제조건

- 추종(follow up) 결과 주가를 상회하는 기업가치 제고가 이뤄지고 있을 때
- 다른 보유종목들과 비교해도 여전히 가치평가 수치가 매력적일 때

(7) 종합: 주식투자의 기본절차

단계 1. 대세판단하기: 지금 들어갈 것인가 말 것인가?

단계 2. 업종 선택: 어떤 업종에 투자할 것인가?

단계 3. 투자한도 설정하기: 나의 자금동원 능력은 어디까지인가?

단계 4. 투자대상 우량주식 선정하기

[1차 기준] 나쁜 주식 걸러내기 → 투자대상에서 완전히 제외

[2차 기준] 나머지 주식 중 진짜 좋은 주식 선별하기

[3차 기준] 진짜 좋은 주식 중 질적인 판단 적용(CEO의 비전/전략과 인품 등)

[4차 기준] CEO의 비전/전략과 인품이 되어있는 주식 중 최근 정보가 좋은 것을 최종 투자대상 주식의 집합으로 결정

단계 5. 투자대상의 우량주식들을 대상으로 자기의 위험성향에 맞는 포트폴리오를 결정

* 선택된 주식에 대해서는 선택될 수밖에 없는 '필연적인' 이유가 있어야…

단계 6. 투자대상의 우량주식에 대해 '기술적 분석기법'을 적용하여 매수하거나 매도하는 등의 매매타이밍을 결정하고, 정해 놓은 기준에 의해 포트폴리오를 재구성해가면서(re-balance) 목표수익률을 달성한다.

[참고] 어떤 주식을 선택하는 것이 좋은가? 다른 조건이 같다면

- 유망한 산업에 속한 기업의 주식
- '성숙기, 고경쟁'의 라이프사이클 상에 있지 않은 기업의 주식
- 수익의 성장 가능성이 좋은 기업의 주식
- 방만하게 다각화하지 않은 기업의 주식
- 생산적인 철학과 능력이 있는 오너가 경영하는 기업
- 정부와 대립관계에 있지 않은 기업의 주식

- 부실계열사를 끼고 있지 않은 기업의 주식
- 현금흐름이 좋고 재무구조가 건실한 기업의 주식
- 능력을 초과한 과도한 성장을 추구하지 않는 기업의 주식
- 장부가치에 비해 시장가치가 과대평가되어 있지 않은 주식
- PER(주가/주당이익)이 낮은 주식
- 최근에 주가가 많이 하락한 주식(반드시 조사해 보고 매입)

[참고] 주식투자 시 특히 주의할 점

- 속삭이듯 투자를 권유하는 풍문주식(whisper stock)에 유의
- 투자자의 자기과신은 금물
- 신용거래나 공매도, 미수매입은 초조하게 만들므로 지양해야
- 실패하면 투자자금을 늘려서 만회하겠다는 생각은 금물

[참고] 워렌버핏 투자 격언: 불세출의 투자자 워렌버핏의 투자격언을 참고하자. 성공하는 사람들의 원칙은 복잡하지 않음을 확인할 수 있다.

하나, "주식을 사업의 일부로 보라. 스스로에게 물어 보라. '주식시장이 내일부터 3년간 문을 닫는다면 나는 어떤 기분일까' 이런 상황에서도 내가 주식을 가지고 있는 것이 행복하다면 나는 행복한 것이다. 이러한 자세가 투자에 있어 중요하다."

둘, "시장은 당신에게 지시하기 위해서가 아니라 봉사하기 위해 존재하는 것이다. 시장은 당신이 옳은 지 그른 지를 말해주지 않는다. 결과가 말해준다. 나는 이러한 사실을 투자의 대가 벤자민 그래이엄에게서 배웠다."

셋, “여러분은 어느 주식이 가치 있는 주식인지 정확히 알 수는 없다. 따라서 안전을 위한최소한의 여지를 넘겨둬라. 여러분이 어느 정도 잘못된 길로 갔다 싶으면 빠져나와라.”

넷, “똑똑한 사람들이 파산하는 가장 일반적인 길은 돈을 빌리는 일이다.”

다섯, “주식은 여러분이 주식을 갖고 있다는 것을 모른다. 여러분은 주식에 대해 감정을 가지지만 주식은 당신에게 아무런 감정이 없다. 주식은 당신이 돈을 썼다는 것을 모른다. 감정적으로 주식을 거래해서는 안 된다.”

3. 채 권

(1) 채권이란?

채권이란 정부나 기업이 투자자로부터 돈을 빌리면서 주는 권리증서이다. 채권은 고정수익증권이다. 중간에 되팔지 않는다면 채권의 미래 현금흐름에 대해서는 확실하게 알 수 있다. 채권은 주식보다는 위험이 작지만 단기금융상품에 비해서는 상대적으로 위험이 크다. 경제가 안정될수록 채권에 의한 직접금융의 비중이 커진다. 채권을 통해 큰 부자가 된 사람들도 많다. 채권과 주식과 단기금융상품을 이용한 포트폴리오 구성을 통해 위험과 수익률을 적절히 관리할 수 있다. 채권은 신용등급이 주어지는데 신용등급은 부도위험의 지표로 받아들여지며, 이는 채권수익률에 중요한 영향을 미친다.

채권은 발행주체, 이자지급방법, 담보여부, 상환방법 등에 따라 구분된다. 발행주체에 따라서 보면 국채(국채관리기금채권, 국민주택채권, 외국환평형기금채권 등), 지방채(도시철도채권, 상수도공채 등), 특수채(토지개발채, 전력공사채 등), 금융채(산업금융채, 장기신용채, 중소기업금융채 등), 회사채 등 다양하다.

이자지급방법에 따라서 보면 이표채와 할인채가 있다. 담보여부에 따라서는 담보부채권과 무담보채권이 있다. 보통주로의 전환권이 첨가되어 있는 채권을 전환사채라고 한다. 채권보다 권리행사의 우선순위가 뒤지는 대신 수익률이 높은 채권이 있는데, 이를 후순위채권(subordinated debt)이라 한다. 감채기금이 설정되어 있는 채권도 있고 조기상환권리가 첨가되어 있는 채권도 있다. 채권의 종류 및 특성에 따라 투자 위험과 수익률의 상반된 조합이 형성되어 있다. 채권투자 시 이 점에 유의하여 선택해야 한다.

(2) 시장에서 채권가격은 어떻게 결정되나?

채권가격에 영향을 미치는 요인들로는 액면가, 액면이자율, 만기, 그리고 만기수익률(시장이자율)이다. 각 요인들의 영향은 다음과 같다.

① 채권가격과 수익률(시장이자율)은 반비례 관계에 있다.

② 만기가 길고 중도 환매가 어려운 채권은 싸다. 왜냐하면 이런 채권은 유동성(환금성)이 떨어져 그만큼 투자자의 권리를 제약하기 때문이다.

③ 만기가 짧은 채권은 변동을 예측하기 쉬우므로 위험도가 낮다.

④ 표면금리(채권발행금리)가 낮을수록 채권 가격이 비싸다.

⑤ 시중금리가 표면금리보다 높으면〈낮으면〉 채권의 시장가격은 액면가보다 낮고〈높고〉, 표면금리와 시중금리가 같으면 채권의 시장가격은 액면가와 일치한다.

⑥ 신용도에 따라 채권가격이 결정된다. 신용도는 국채가 가장 높고 다음으로 공채와 회사채의 순이므로 그 순서에 따라 채권가격이 결정된다.

⑦ 채권수익률은 채권의 수요와 공급, 통화량, 물가수준, 경기변동 등의 요인에 의해서도 변동된다.

(3) 말키엘의 채권가격정리

말키엘(Malkiel)은 위의 채권가격에 영향을 미치는 각각의 변수가 어떠한 원리에 따라 채권가격과 상호관련성을 가지고 있는가에 대해 채권가격정리라 하여 제시하였다. 이는 채권투자자들에게 매우 유용한 통찰이다. 이를 잘 이해하고 활용하자.

[정리1] 채권의 가격은 채권의 만기수익률과 역의 방향으로 움직인다.

[정리2] 액면이자율과 채권의 만기수익률 사이에 차이가 있을 경우, 그 차이로 인한 채권가격의 변동액은 만기가 길어질수록 확대된다.

[정리3] 채권의 액면이자율과 만기수익률 사이의 차이로 인하여 발생하는 채권가격의 변동률은 만기가 연장됨에 따라 증감하는데, 그 증감속도는 체감한다.

[정리4] 만기가 일정할 때는 만기수익률이 하락하여 채권가격이 상승함으로써 발생하는 이익은 만기수익률이 상승하여 채권가

격이 하락함으로써 발생하는 손실보다 크다.

[정리5] 채권의 만기수익률의 변동으로 발생하는 채권가격의 변동률은 액면이자율이 높을수록 낮아지는 경향이 있다.

(4) 금리가 변동할 때의 채권투자전략: 금리와 채권가격과의 관계는 동전의 앞뒷면과 같다. 금리에 대해 정확히 알 수 있다면 채권투자로 돈을 벌기는 어렵지 않을 것이다.

① 금리가 상승할 때의 투자 방법

- 변동금리 상품에 투자한다.
- 단기 상품에 투자한다. 금리가 최고점에 있다고 판단되면 장기상품으로 전환한다.
- 채권 수익률에 주목한다.
- 부동산 등 실물자산에 투자한다.

② 금리가 하락할 때의 투자 방법

- 확정금리상품 위주로 투자한다.
- 단기보다는 장기상품을 선택한다.
- 특판상품에 주목한다.
- 채권 및 주식관련 상품에 투자한다.
- 부대서비스가 많은 상품을 선택한다.

(5) 일반적인 채권투자전략은 크게 적극적 투자전략, 보수적 투자전략, 중립적 투자전략의 셋으로 나누어 볼 수 있다. 각각에 대한 상세한 설명은 이 책의 범위를 벗어나므로 개요만 제시한다.

[적극적 투자전략] 이자율예측 전략, 채권스왑(교체) 전략(단기적인 매매차익을 획득하기 위하여 현재 보유하고 있는 채권을 수익성이 더 좋다고 판단되는 다른 채권으로 교체), 수익률곡선 타기 전략(수익률곡선의 성질을 이용하여 채권을 만기까지 보유하지 않고 만기 전에 동일한 만기를 갖는 다른 채권으로 교체함으로써 투자수익률을 높이고자 하는 전략)

[보수적 투자전략] 만기보유전략, 사다리형 만기구성 전략(채권포트폴리오에 대해 각각의 잔존기간마다 보유량을 일정하게 유지), 바벨형 만기구성전략(사다리형 만기구성전략과는 달리 단기채권과 장기채권의 양쪽 극단에만 투자를 하고 중기채권에는 투자를 하지 않는 전략), 인덱스 펀드 전략(채권포트폴리오의 성과가 채권지수의 성과와 같아지도록 포트폴리오를 구성하는 전략)

[중립적 투자전략] 채권면역(immunization) 전략(듀레이션과 동일한 채권투자기간을 계획; 듀레이션: 채권투자자금의 평균회수기간), 현금흐름일치 전략(미래현금지출과 같은 크기의 현금흐름이 동일한 시기에 얻어지도록 채권포트폴리오를 구성),

4. 부동산

부동산 투자도 투자의 본질은 마찬가지이다. 저평가된 것을 사서 제값에 파는 것이다. 저평가된 것을 찾아내고 제값에 파는 방법에 대한 견해차가 있을 따름이다. 하지만 부동산은 사례마다 상황이 다르므로 발로 뛰고 눈으로 확인하는 것이 가장 중요하다.

부동산. 먼 이야기 같지만 누구나 부동산과 인연이 깊다. 경제활동을 하는 사람이면 누구나 집이나 가게나 농지를 가지고 있거나 임대차 관계에 있다. 어찌 보면 부동산은 평생의 반려이다. 우리나라 사회에서는 일단 내집을 마련해야 그때부터 생활이 안정되고 돈이 모아진다는 것이 오랫동안 사회적 통념이 되어 왔다. 경제시스템이 바뀌면서 이러한 통념도 이제 도전을 받고 있다.

그럼에도 불구하고 잘 생각해 보자. 집을 보유하고 있기는 마찬가지인데 누구는 갈수록 집값이 오르고 누구는 집값은 안 오르고 대출금 부담에 힘겹기만 하다. 영업을 하기는 마찬가지인데 누구는 가게가 점점 번창하고 권리금이 오른다. 이런 일들은 우리 주변에서 자주 목격하는 것들이다. 한국인 가계자산의 70% 이상이 부동산으로, 부동산이 가계금융의 중심에 있는 것이 현실이다. 부동산 매매와 한국인의 부와는 긴밀한 관계가 성립하지 않을 수 없다.

1960년대~1990년대, 약 40년 동안 한국은 초고성장을 이룩한 시기이다. 이 시기에 한국의 부동산불패 신화가 만들어졌다. 한국경제의 초고속 성장기에 아파트를 사면 오르고, 땅과 상가에 투자해도 오르고 하여 돈을 번 사람들이 많다. 하지만 1997년의 외환위기와 2008년의 글로벌 금융위기 이후 이런 시기는 지나갔다고 보아야 한다. 더구나 712만 명에 달하는 베이비붐 세대(1955년~1963년생, 전체 인구의 14.6%)의 노후대책 없는 대량 퇴직으로 부동산 시장은 충격과 재편의 시기를 맞고 있다. 이들의 노후대책은 부동산(주택)의 유동화로 인해 부동산 시장이 충격에 빠질 우려가 있다. 인구감소는 보다 본질적인 문제를 내포하고 있다. 따라서 이제 부동산 투자는 다른 어떤 자산 못지않게 신중을 기해 투자할 시대가 되었다고 보아야 한다. 그럼에도 불구하고 부동산은 여전히 우리 삶의 중요한 부분으로서, 또한 중요한 투자 대상으로서의 의미를 가지고 있다는 것이다.

부동산 투자의 본질은 주식이나 채권 투자의 본질과 다르지 않다. 가격형성원리도 똑같다. 부동산 가격은 그 부동산으로부터 기대되는 미래 현금흐름의 현재가치이다. 꼭 강조하고 싶은 것은 부동산 시장의 가장 큰 특징은 정보비대칭이 매우 심한 시장이라는 것이다. 아파트보다는 토지가 더욱 그렇다. 성공적인 부동산투자를 위해서는 정보비대칭의 존재를 인정하고, 이를 극복하기 위한 충분한 노력이 필요하다. 부동산 투자에 관해서는 무수한 책들이(수백 종 이상) 나와 있으니 그것들을 참고하기 바란다. 학술적 접근에서부터 경험적, 실무적 접근까지 접근법도 실로 다양하다. 저자는 다음의 두 책을 권한다.

'부동산 경제학(김경환 외)'은 부동산의 가치평가를 중심으로 한 부동산 투자의 정통 원리를 소개하고 있다. 이 책이 시사하는 것은 부동산의 가치를 제대로 평가하여 저평가된 부동산에 투자하라는 것이다. 이 책은 시장경제와 부동산 및 부동산정책, 부동산 임대료 결정모형, 부동산 자산가격 결정모형, 부동산 내재가치, 부동산 가격거품, 부동산과 조세 및 거시경제, 등등에 대해 이론적 정통 접근을 시도하고 있다. 우리나라 부동산 시장이 지나친 정부정책 의존을 벗어나 실수요자들의 가치평가에 바탕을 둔 시장원리에 의해 움직인다면, 그것은 곧 부동산시장의 선진화를 뜻하는 것이라고 볼 수 있다. 그동안 한국의 부동산시장이 단기시황과 정부정책에 따라 부화뇌동하던 것을 생각해 보면, 가치평가 중심의 부동산시장 분석 및 투자는 바람직한 선진국 형 패러다임이다.

이와는 좀 다르게, 철저히 실무적, 실전적 관점에서 부동산의 가치를 간파하고 투자해야 한다고 주장하는 부류가 있다. 다듬어진 이론보다는 경험적, 실무적 접근법으로 우리나라에서 출판되는 대부분의 부동산 투자 지침서가 이러한 부류이다. 그 한 예가 부동산 투자의 정석(김원철, 2007, 위즈덤하우스)이다. 이 책에서는 단계적, 장기적 투자 방법을 바탕으로, 구체적인 투자 유망 지역(이것은 계속 변한다)을 분석·제시하며, 소액 자투리 토지 투자, 장기투자, 테마별 투자, 용도(지목) 변경에 맞춘 투자, 정책변경을 이용한 투자, 등등의 실전투자 비법을 소개한다. 저자는 노골적으로 "투자는 '지적 싸움'이 아니라 '판단력'의 싸움"이라고 말한다. 부동산 투자의 경험적, 실무적, 실전적 접근을 원하면 이러한 책을 참고할 수 있을 것이다.

5. 은행의 저축상품들

은행의 저축상품들은 투자위험이 가장 낮은 대신 수익률도 낮은 금융상품들이다. 은행도 시중은행, 지방은행, 저축은행, 새마을금고 등 사업 및 활동범위, 자본금, 취급상품 등에 따라 매우 다양함을 알 필요가 있다. 물론 그에 따라 금융상품의 위험도와 수익률이 달라짐을 물론이다.

은행의 저축상품에 투자하려면 스마트폰에 금리비교 앱을 깔고 은행의 홈페이지를 잘 살펴보고 지점에 방문해서 상담을 하면 된다. 단, 저축상품은 중도해지 시 불이익이 발생하므로 주의해야 한다. 모든 금융상품 계약 시 이 담당자에게 한마디를 꼭 물어보고 확인해야 한다. "제가 꼭 알지 않으면 안 되는 것이 무엇입니까? 제가 받을 수 있는 불이익에 대해 설명해 주세요."

6. 보 험

보험은 인간의 가장 위대한 발명품 중의 중의 하나이다. 보험이 위험을 제거해 주지는 못하지만 위험을(금전적인 면에서) 해결할 능력을 집중시켜준다. 따라서 보험은 꼭 필요하다. 삶의 리스크 관리에서 꼭 필요하다. 보험은 종류가 매우 다양하다. 적은 보험료(프리미엄)만 내고 위험보장을 해주는 상품이 있는가 하면 저축을 겸한 보험상품도 있다. 또 보험상품 중에는 다양한 세제혜택이 곁들여져 있는 것들도 있다. 저축성 보험에 가입할 경우 특히 조심해야 할 것은 중도해약 시 불이익이 매우 크다는 것이다. 중도해약 시 원금의 대부분을 잃을 수도 있다. 위험보험이라는 급부가 있으므로 이자율은 은행의 저축상품보다 낮을 수 있다. 이런 점을 꼼꼼히 챙겨보고 보험을 이용해야 한다. 보험 계약 시에도 담당자에게 이 한마디를 꼭 물어보고 확인해야 한다. "제가 꼭 알지 않으면 안 되는 것이 무엇입니까? 제가 받을 수 있는 불이익에 대해 설명해 주세요."

7. 파생상품: 선물, 옵션

파생상품이란 기초자산의 가치에 바탕을 두고 파생된 금융상품이다. 선물(futures)은 미래의 특정시점(만기)에 특정상품(기초자산)을 사거나 팔기로 계약한 것이다. 옵션은 미래의 특정시점(만기)에 특정상품(기초자산)을 사거나(콜옵션) 팔(풋옵션) 권리이다. 파생상품의 가격변동은 기초자산의 가격변동에 연동되어 있으며, 기초자산의 가격변동에 비해 비교할 수 없으리만큼 크다. 이 성질을 이용하여 적은 금액의 파생상품으로 기초자산의 가격변동 위험을 관리하는 것이 파생상품 존재의 첫 번째 이유이다. 파생상품의 커다란 변동성을 이용하여 투기거래도 할 수 있다. 파생상품과 기초자산 간의 가격의 균형이 일시적으로 깨졌다 회복하는 성질을 이용하여 차익거래도 할 수 있다.

파생상품은 여러 모로 쓸모가 많다. 하지만, 주의하자. 파생상품은 고액자산 운용 시 위험관리 수단으로 족하다. 파생상품으로 부자가 되고자 한다면 망상에 불과하다. 르네상스 테크놀로지의 제임스 사이먼스만이 수천 개의 금융수학 모델과 천재수학자들, 그리고 슈퍼컴퓨터를 이용해서 파생상품 차익거래로 큰돈을 벌고 있을 뿐이다.

WEALTH

Chapter 5

내 자녀 진짜부자 만들기

"

우수한 진짜부자 되기 전략이라면 첫째, 자아의 고양을 통해서 삶의 품위를 향상시키고(인품의 축) 둘째, 부를 이루어서 삶을 윤택하게 하며(능력의 축) 셋째, 현재보다 나은 미래를 실현할 수 있어야 한다. 인품의 축과 능력의 축을 따라서 첫 번째와 두 번째 조건이 충족되면 자기 자신은 진짜부자가 될 수 있다. 하지만 세 번째 조건을 충족시키기 위해서는 자녀도 진짜부자가 되지 않으면 안 된다. 자녀 대에 이르러서도 위의 세 가지 조건을 모두 충족시킬 수 있다면 가문의 미래가 보장되는 것이다. 미래가 없다면 지금 당장의 윤택함이 무슨 의미가 있겠는가? 내 대에서 모든 것이 끝나고 자격을 못 갖춘 자녀 대에는 더 이상의 희망이 없다는 암운이 감돈다면 삶에 무슨 낙이 있겠는가? 따라서 내 자녀를 진짜부자로 만들지 않으면 안 된다는 당위성이 있는 것이다. 우리에게도 잘 알려진 오스트리아의 작곡가 프란츠 요제프 하이든은 "가장 큰 어려운 일 중 세 가지는 첫째, 명성을 얻는 것이요, 둘째, 생명이 있는 동안 명성을 유지하는 것이며, 셋째, 죽은 뒤에도 명성을 보유하는 것"이라고 했다. 필자는 이를 "가장 중요한 일 중 세 가지는 첫째, 진짜부자가 되는 것이요, 둘째, 사는 동안 진짜부자로 남아 있는 것이며, 셋째, 죽은 뒤에도 진짜부자의 명맥을 유지하는 것"이라고 번안(飜案)하고 싶다. 이쯤 되면 내 자녀가 진짜부자가 되어야 할 당위성이 재확인된 셈이다.

사람들은 자기 자신의 뜻을 이루기 위해서는 물론 자녀에게 좋은 것을 물려주기 위해서 많은 노력을 한다. 자녀에게 좋은 것을 주고자 하는 절실한 노력은 한국의 부모들에게서 특히 유별난 것으로 알려져 있다. 어쩌면 이런 자녀사랑이 오늘날 한국경제 기적의 원동력일지도 모른다. 자녀들이 자라면서 생활의 중심이 부모에게서 자녀에게로 넘어가는 것을 우리는 체험한다. 그 과정에서 부모들은 자녀들로 인해 점점 더 어려운 일들을 맞이하게 된다. 여기서 우리는 주의해야 할 것이 하나 있다. 그것은 부모에게 자녀는 짐이 아니라 삶의 에너지라는 사실이다. 마치 고공비행을 하는 비행기의 연료탱크가 비행을 방해하는 장해물이 아니라 비행기가 뜨고 내리고 순항하는 데 없어서는 안 되는 힘의 원천인 것처럼… 자녀양육에 실패하면 그로 인한 고통은 평생 이어져도 해결되지 않을 것이므로, 자녀양육이 얼마나 중요한지는 재론의 여지가 없다. 유가(儒家)의 큰 교훈인 '수신제가치국평천하(修身齊家治國平天下)'라는 말을 보면 일의 우선순위를 '인품(수신), 가정(제가), 국가 및 사회(치국평천하)'의 단계로 설정하고 있다. 이는 대단히 훌륭한 통찰이 아닐 수 없다. 이는 스스로 자격을 갖추는 과정(수신)이 최우선적으로 선행되어야 하고, 다음으로 가정을 잘 다스려야 하며(제가), 그 이후에 국가 및 사회에 대한 기여(치국평천하)가 따라와야 한다는 지적이다. 이는 필자가 부자자격을 먼저 갖추면(수신) 자아의 고양과 함께 부를 이루어 진짜부자가 될 수 있으며, 가정(제가)과 사회(치국평천하)의 행복증진을 이룰 수 있다고 주장하는 것과 맥락이 같다. 소포클레스도 "자기 가정을 훌륭하게 다스리는 사람은 국가의 일에 대해서도 가치 있는 인물이 된다"고 하여 같은 생각을 보여주었다. 이처럼 중요한 자격수양의 마지막 공통과제는 아마도 '성공적인 자녀교육'이 될 것이다. 자녀교육에 임해 보면 자신의 과거를 되돌아 볼 수 있는 기회가 주어짐과 동시에 자녀교육이 얼마나 어려운지 알 수가 있다. 따라서 자신이 유자격부자가 되는 데서 그쳐서는 안 되고 자녀 또한 유자격부자가 될 수 있도록 해야 자신이 애써 이룬 것이 유지·발전될 수 있다. 진짜부자는 사회적 행복의 출발점이 되는 가정의 행복을 자녀에게 계승시킬 수 있어야 한다. 페스탈로찌가 '가정의 행복이 지상에서 가장 빛나는 기쁨이다. 그리고 자녀를 보는 즐거움은 사람의 가장 성스러운 즐거움이다'라고 한 말의 의미를 깊이 새겨볼 필요가 있다.

그렇다면 자녀를 진짜부자로* 만들기 위해서 자녀에게 줄 수 있는 좋은 것들에는 무엇이 있을까? 대부분의 사람들에게 가장 쉽게 떠오르는 것은 아마도 '돈(재산, 유산)'일 것이다. 좀 더 생각해 보면 '교육'이 있다. 더욱 깊이 생각해 보면 '좋은 철학'이 있다. 하나씩 살펴보자.

---

* 이쯤 되면 필자가 말하는 진짜부자란 단순히 부의 수준과 자격에 관한 이야기 이상의 것임을 알 수 있을 것이다. 이제 진짜부자는 '자격이 있고 미래가 있는 성공한 사람'의 의미로까지 확장할 수 있다.

1. 자녀에게 돈을 주는 것

…자격이 안 되는 자녀에게 돈을 주는 것.
그것은 독약을 주는 것과 같다!

먼저, 자녀에게 많은 돈을 주는 것을 생각해 보자. 이것은 모든 부모들이 적어도 한번쯤은 생각해 보는 일일 것이다. 자녀에게 많은 돈을 주면 한 순간에 확실하게 자녀의 사회·경제적 신분상승을 일으킬 수 있다. 자녀의 입장에서 보면 비용지출이나 노력이나 희생 없이 큰 것을 얻는 것이고, 부모의 입장에서 보면 경제적인 면에 관한 한 자녀의 장래에 대한 불확실성을 일거에 제거해 주는 것이니, 이 얼마나 매력적인 일인가? 사랑스런 자녀의 안정되고 편안한 삶을 보장해 줄 수 있으니 얼마나 흐뭇한 일인가? 대단하지 않은가?

하지만 이 과정에서 지나치기 쉬운 극히 중요한 점이 몇 가지 있다. 첫째, 자격이 안 되는 자녀에게 돈을 줌으로써, 자녀가 돈을 벌기 위해 노력하는 과정에서 스스로 꾸려 나나는 능력을 획득할 기회를 자녀로부터 송두리째 박탈하는 사건이 부모에 의해 일어났다는 사실이다. 돈은 쓰면 없어지지만 돈을 벌기 위해 노력하는 과정에서 획득된 능력은 쓰면 쓸수록 위력을 발휘하게 되는데, 자격이 안 되는 자녀에게 돈을 주면 자녀가 이러한 능력을 획득할 기회가 없어진다는 것이다. 둘째, 자격이 갖추어지지 않은 자녀에게 돈을 주면 그로 인해 사랑하는, 그러나 그만한 돈을 감당할 능력이 안 되는 자녀가 심신파괴의 길을 가는 것을 도와주는 격이 되기 쉽다는 것이다. 왜냐하면 돈은 생산적 가능성뿐만 아니라 파괴적 가능성을 증폭시키는 양면성이 있기 때문이다. 생산적이고 가치 있는 일을 위해서 돈을 쓸 줄 모르는 자녀에게 많은 돈을 주었다고 생각해 보자. 그는 이것을 가지고 무엇을 할 것 같은가? 그는 그만한 돈에 걸맞은 자격이 없으므로 그 돈을 가지고 심신을 낭비하여 피폐해질 것이다. 그러므로 자격이 안 되는 자녀에게 돈을 주는 것은 자녀에게 독약을 주는 것과 같다. 또한 자격이 안 되면 판단능력이 부족하여 질이 낮은 사람들에 의해 형성되는 저급시장에 연루되게 되므로 아무리 많은 돈을 가지고 있어도 단기간 내에 그것을 다 잃게 된다. 그러므로 사랑하는 자녀에게 돈을 물려주고 싶으면 먼저 자녀가 그에 걸맞은 자격을 갖추도록 도와주어야 할 것이다. 그래도 자녀가 자격을 갖추지 못하면 돈을 주어 자녀를 더욱 피폐하게 만들기보다는 더 나은 사회적 가치를 위해 돈을 쓰고 그 교훈을 자녀에게 남겨 주는 편이 낫다. 자녀에게 줄 수 있는 돈의 한도는 자녀의 자격의 한계이다.

'많은 것을 가진 부자에게는 자녀는 없고 상속인만이 있다'는 말이 있다. 가진 것이 많은 무자격부자는 자녀가 있어도 그는 진정한 의미의 자녀가 아니라 오직 재산을 물려받을 상속인에 불과하다는 말이다. 자신도 자녀도 자격을 갖추지 못하면 부모와 자녀간의 관계는 '돈을 가진 자와 그 돈을 가지고 싶어하는 자'의 관계로 전락하고 만다. 부에 걸맞은 자격을 갖추지 못한 채로 항상 돈 속에 묻혀 살다 보면(본래 금이나 은으로 만들어진) 금전의 싸늘함이 자신이나 자기 가족들에게 전해져 피와 마음까지 싸늘하게 식어간다. 그래서 부모와 자녀간의 다정다감함과 따뜻함은 사라진다.

그러므로 자신이 먼저 부에 걸맞은 자격을 갖추고 자녀도 같은 자격을 갖추도록 도와주어야 한다. 유자격부자들은 돈 속에 묻혀 사는 것이 아니라 따뜻한 인간 속에 살면서 돈이 따뜻한 인간을 위해 봉사하도록 한다는 점에서 무자격부자와 근본적으로 다르다.

2. 자녀에게 좋은 교육의 기회를 마련해 주는 것

…그것은 부모가 직접 챙길 수 있는 것들 중 최선의 것

자녀에게 줄 수 있는 좋은 것 중 두 번째로 교육을 생각할 수 있다. 교육이란 유무형의 교육투자를 통해 자녀의 잠재능력을 이끌어 내거나 자녀의 삶에 필요한 철학과 지식과 정보를 체화(体化)시켜 주는 것이다. 교육은 많은 시간과 인내심을 필요로 한다. 때로는 돈도 많이 필요하다. 원하는 결과도 쉽게 나오지 않는다.[1] 교육이란 콩나물 시루에 물을 붓듯 매일 애를 써도 콩나물 시루에 물이 고이

1 부모들 중에는 다급한 나머지, 교육의 즉각적인 효과를 노리고 통상적인 공교육비의 수십 내지 수백 배에 달하는 수백, 수천만 원을 들여서 속칭 '족집게 과외'를 시킨다. 그들은 족집게 과외의 효과를 믿는다. 그러나 분명한 것은 족집게 과외로 비싸게 얻은 것은 일회용 제품과 똑같아서 시험이 끝나면 즉시 잊어버리고 만다는 것이다. 그것은 결코 일생의 자산이 될 수가 없다.

지 않고 흘러내리듯, 모든 노력이 허사인 것처럼 보이기도 한다. 때로는 허탈하고 실망스럽다. 바로 여기에 자녀교육의 중요한 단면이 있다. 진실인 즉, 교육은 콩나물 시루에 물 붓는 것과 정확히 같다는 것이다. 콩나물 시루에 물을 붓자마자 이내 빠져나가지만, 인내하고 그 일을 계속하다 보면 콩(자녀)이 외부의 수분과 온도(교육)의 도움으로 내면의 자양분과 유전정보(자녀의 잠재능력)를 일깨워서 결국 원하는 콩나물(교육목표)로 자란다는 것이다.

이렇듯 자녀에게 교육투자를 해서 능력을 계발해 주면, 그것은 자녀의 몸에 체화(体化) 되어 시간이 지나면서 저력을 발휘한다. 교육은 가치 있는 몇 배의 부(富)가 되어 돌아오기도 하고, 진정한 명예와 정당한 권력이 되어서 돌아오기도 한다.[2]

그러므로 무자격한 자녀에게 돈을 주기보다는 그 돈으로 좋은 교육기회를 마련해 주는 것이 얼마나 가치 있는 일인지 자명해진다. 자녀에게 최대한의 교육기회를 제공하는 것—그것은 아마도 대부분의 부모가 할 수 있고, 직접 챙길 수 있는 것들 중 최선의 것이다.

---

2 진짜부자로 만들기 위해서는 자녀에게 진정한 명예심을 일깨워 줄 필요가 있다. 진정한 명예심은 진짜부자와 무자격부자가 구분되는 또 하나의 특징이다. 진짜부자는 진정한 명예심을 갖지 않을 수 없다. 진짜부자는 부에 걸맞은 자격을 갖추고 있고, 부의 획득과정이 정당할 뿐만 아니라, 부를 생산적으로 행사하는 과정에서 경제기반을 강화하고 사회의 행복수준을 향상시키면서 부를 재창출하므로 자신의 존재에 대해 자부심과 명예심을 가지지 않을 수 없기 때문이다.

3. 자녀에게 좋은 철학을 심어주는 것

…그것은 자녀를 의연하고 바르고 강하고 능력 있는 초인으로 만들어서 자녀에게 세상의 가치 있는 것들을 송두리째 다 주는 것

자녀에게 줄 수 있는 좋은 것 중 세 번째 것으로 좋은 철학을 들 수 있다. 철학은 이성적 정신세계의 대지와 같은 것이다. 대지 위에서 동식물이 자라고 대지 위에 도시가 건설되고 아름다운 건축물들이 세워지듯이, 철학의 바탕 위에 의식구조가 형성되고 의사결정과 행위선택이 이루어진다. 철학의 바탕이 우수하면 그에 기초한 의식구조와 의사결정과 행위선택이 우수하고 생산적일 수밖에 없다. 철학의 토양이 좋으면 시작은 미미해도 결실은 창대 해진다.

동서고금의 위인들을 보라. 그들이 부모로부터 큰돈을 물려받았는가? 그들이 부모로부터 어마어마한 교육비 투자를 받았는가? 대부분의 위인들은 그렇지 않다는 것을 우리는 너무도 잘 알고 있지 않은가? 그렇다면 어떻게 그들은 열악한 환경에서 위인이 될 수 있었을까? 그 비밀은 다름 아닌 그들이 가지고 있었던 '철학의 위대함'에 있다. 그들은 부모로부터 물려받은 돈도 없고 엄청난 교육비 지원을 받은 것도 아니지만, 그 내면에 위대한 철학이 있었다. 그것이 꿈(비전)이 되고 손에 잡힐 듯한 목표가 되고 전략과 실행계획이 되어서, 그들에게 강한 동기를 부여하고 맹렬한 힘을 북돋아서, 척박한 환경을 젖과 꿀이 흐르는 비옥한 토양으로 바꾸어 그 위에서 자

신들의 위대한 꿈이 맘껏 꽃피우도록 한 것이다. 부는 있다가도 없어지고 없다가도 있는 것이지만, 철학과 지식, 그리고 몸의 일부가 되어버린 능력은 결코 없어질 수가 없다. 이것들이 있으면 부는 얼마든지 이룰 수가 있는 것이다.

따라서 자녀에게 좋은 철학을 심어줄 수만 있다면 자녀에게 많은 돈을 주는 것보다도 낫고 엄청난 교육투자를 해 주는 것보다도 낫다. 자녀에게 좋은 철학을 심어주는 것은 자녀를 의연하고 바르고 강하고 능력 있는 초인으로 만들어서 어떤 역경이라도 극복하고 위대한 꿈을 찬란하게 꽃피우도록 한다.

자녀에게 좋은 철학을 심어주기 위해서 얼마나 많은 돈이 필요할까? 좋은 철학을 심어주는 것은 단연코 돈과 무관하다. 부모가 많은 재산을 가지고 있지 않아도 되며 부모의 학벌이 좋아야만 되는 것도 아니다. 자녀에게 좋은 철학을 심어주는 데 부모의 직업이 무슨 상관인가? 오지에 살면 어떻고 달동네에 살면 또 어떤가? 부모가 힘들고 괴로운 직업을 가지고 있으면 또 어떤가? 자녀에게 위대한 철학을 심어주는 데는 이런 것들이 아무런 방해가 될 수 없다. 경우에 따라서는 부모가 고생 중에 자녀들을 위해 성실히 사는 모습을 보여줌으로써 오히려 자녀에게 바른 철학을 심어주고, 자녀를 더욱 강하게 만들 수도 있다.

자녀에게 좋은 철학을 심어주기 위해서는 먼저 부모가 좋은 철학을 가지고 있는 상태에서 이를 제대로 보여줄 필요가 있다. 자녀는 부모의 멋진 말보다 실제로 드러나는 행동을 믿는다. "자녀를 사랑하지 않는 부모가 어디 있겠는가?" 모든 부모들이 이렇게 말한다. 그런데, 어떤 자녀는 무조건 예뻐하고 어떤 자녀는 무조건 귀찮아

한다든지 해본 경험은 없는가? 자녀들은 부모의 말을 믿는 것이 아니라 부모의 행동을 보고 느끼고 판단하고 자신들의 행동을 선택한다. 부모의 행동에 따스함과 애정이 담겨 있으면 그것은 부모가 자녀를 사랑한다는 명백한 증거이다. 사랑한다고 말하지만 부모의 눈빛과 행동에 매정함과 증오심이 담겨 있으면 그것은 부모가 자녀를 미워한다는 명백한 증거이다. 자녀에 대한 부모의 진심은 말로 전해지는 것이 아니라 행동으로 "그냥" 전해지는 것이다. 부모가 매우 훌륭한 철학이 깃든 충고를 해도 행동으로 그것을 보여주지 않으면 아무런 효과를 기대할 수 없다. 따라서, 지금 당장 처해 있는 입장이 어떠하든지 거기가 출발점이라고 생각하고 다시 출발해야 한다는 자세로 자녀가 눈으로 확인할 수 있도록 좋은 철학을 실천으로 보여주는 노력을 해야 한다. 좋은 철학은 밝고 아름답고 따뜻하고 생산적이므로, 이를 가지고 실천하는 사람은 당장의 처지가 어떠하든 항상 밝고 아름답고 따뜻한 모습으로 비쳐져서 자신과 이웃을 행복하게 한다.

자, 혹시 지금 당장 가진 것이 없어도 스스로 좋은 철학을 가지고 자녀에게도 좋은 철학을 심어줄 수 있도록 노력해보자. 모름지기, 자녀에게 부모가 자기를 신뢰한다는 확신을 마음으로 전달해 주지 않으면 자녀는 무기력해진다. 자녀에 대해서는 애정 못지 않게 강한 "믿음"이 필요하다. 그러나, '믿어라 그러나 확인하라'는 러시아의 격언이 말해 주듯이, 자녀와 부모간에 굳은 믿음과 끊임없는 상호작용이 있을 때 내 자녀는 정말로 좋은 철학을 가꾸어 나갈 수가 있다.

4. 자녀에게 평생 도움이 되는 기초자산들

…좋은 생활습관과 경제관념과 건강관리 능력과
중요한 것을 구분하는 식견

(1) 좋은 생활습관

자녀에게 평생 도움이 되는 기초자산에는 좋은 생활습관과 좋은 경제관념과 건강관리능력과 중요한 것을 구분하는 태도 및 식견을 들 수 있다. 아무리 훌륭한 꿈(비전)과 목표와 전략이 있어도 생활습관이 나쁘면 그것은 한갓 잘 그려진 그림에 불과하다. 생활습관이 나쁘면 재산과 신용을 잃게 된다. 생활습관이 좋지 못하면 심신도 병약해진다. 심신이 병들면 모든 것을 잃게 된다. 다음의 격언을 음미해 보자.[3]

Plant a thought, reap an act.	**생각**을 심으면 행동을 거두고,
Plant an act, reap a habit.	**행동**을 심으면 습관을 거두고
Plant a habit, reap a character.	**습관**을 심으면 인격을 거두고
Plant a character, reap a destiny.	**인격**을 심으면 **운명**을 거둔다.

3 이는 '생각이 바뀌면 행동이 바뀌고, 행동이 바뀌면 습관이 바뀌고, 습관이 바뀌면 인격이 바뀌고, 인격이 바뀌면 운명이 바뀐다'라는 말로 번역되어서 많이 인용된다. 본문 중의 표현은 필연성이 더 강조된 행위자 중심의 표현임을 알 수 있다.

"생각 → 행동 → 습관 → 인격 → 운명"으로 이어지는 의미의 사슬이 매우 의미심장하다. 운명의 발단은 생각(철학)이고, 이것이(일관성 있는) 행동으로 나타나야 하며, 그로 인해 습관이 형성되고, 습관으로 인해 인격이 변화되어 결국 운명마저 바뀐다는 것을 보여주고 있다. 그 중 특히 필자가 지적하고자 하는 것은 습관으로 인해 인격이 바뀌고 인격이 바뀜으로 인해 운명이 바뀐다는 부분이다. 결과(운명)가 좋으려면 좋은 습관이 선행되어야 하고 그것이 인격의 변화로 나타나야 된다는 것이다. 여기서 인격이란 이 책에서 말하는 '진짜부자 자격'이 아니고 무엇이랴!

이처럼 사람의 가치는 사소한 듯 보이지만 좋은 생활습관으로부터 발원된다. 따라서, 생활습관은 곧 그 사람의 운명이다.[4] 자녀에게 좋은 생활 습관을 몸에 지니게 하는 것은 부모의 기본적 책무일지도 모른다. 좋은 생활습관은 가까운 곳에서 찾을 수 있다. 예를

4 [습관의 힘 – 버려진 마법의 돌에 관한 우화] 흑해의 해변에 무슨 금속이든 황금으로 변화시키는 힘을 가진 마법의 돌이 있었다고 한다. 그 돌은 해변의 수많은 자갈들 틈에 있는데, 유일한 식별 방법은 돌을 손으로 직접 만져보고 보통의 자갈보다 조금 더 따스한 미묘한 온도 차이를 확인하는 것이라고 한다. 어떤 사람이 이 말을 들었다. 그는 이 말이 진실이라고 느껴졌다. 그는 즉시 흑해의 해변으로 달려가서 텐트를 치고 야영을 하면서 그 엄청난 수의 돌들을 하나씩 조사하기 시작했다. 대단한 용기요 인내심이었다. 그가 조사하는 방법은 자갈을 손으로 들어보고 그것이 차가우면 바다에 던져버리는 그런 방식이었다. 그 사람의 노력은 정말 눈물겨웠다. 쉬지도 않고 하루 종일, 매일 매일, 일년 내내, 몇 년 동안 그 일은 계속되었다. 이제는 숙달이 되어서 돌을 집었다 던지는 속도가 더욱 빨라졌다. 그러던 어느 날, 그는 마침내 꿈에 그리던 마법의 돌을 집게 되었고, 촉감으로 그것을 느낄 수가 있었다. 혼절할 듯이 기뻤다. 그러나, 아뿔싸! 그것을 깨달은 순간은 그가 이미 습관적으로 그 돌을 바다에 던져버린 뒤였다. 그는 돌을 잡아들면 바로 바다에 던져버리던 '습관' 때문에 그를 세계 제일의 부자로 만들어 줄 수 있는 마법의 돌마저 바다에 던져버리고 만 것이다.(아들아, 머뭇거리기에는 인생이 너무 짧다, 2000, 강헌구, 한언)

들어 일찍 자고 일찍 일어나는 것이 있다. 일찍 자면 일찍 일어날 수 있다. 시작은 일찍 자는 것부터 해야 한다. 일찍 자고 일찍 일어나면 항상 맑은 정신으로 생활할 수 있다. 일찍 일어나면 새벽의 조용한 시간을 소유할 수 있는데, 이 시간에 30분쯤 운동을 하고 나면 독서를 해도 잘 되고, 정신 없는 일과시간에는 할 수 없지만 신문을 읽어서 세상 돌아가는 정보를 수집하는 일도 할 수 있다. 새벽마다 그 날 해야할 일을 계획하고 일과 중에 이를 실천한다면 그 사람은 성공하지 않을 수가 없다.

생활습관 중에는 순전히 개인적인 것이 있는가 하면 대인관계에 영향을 미치는 것도 있다. 이 중 개인적인 것을 먼저 챙겨서 스스로 좋은 생활습관을 몸에 지닐 필요가 있다. 먼저 자기 스스로 바르게 생활하는 것으로 출발점을 삼아야 하기 때문이다. '타인에게는 관대하고 자신에게는 엄격하라'고 한 충고의 뜻이 여기에 있으리라. 물론, 개인적인 것과 대인관계에 관한 것 중 한 가지 밖에 챙길 수 없을 때는 대인관계에 관한 것을 먼저 챙겨야 할 것이다. 평소에 개인적인 좋은 생활습관을 몸에 지녀야 대인관계에 관한 것도 잘 지킬 수 있다.

부모 된 입장에서는 아이들에게 좋은 생활습관을 행동으로 보여주어야 한다. 생산적인 좋은 철학에 어울리도록 평상시에 항상 밝은 표정과 언어를 사용하고 행동으로 보여줌으로써 자녀들의 습관으로 굳어지게 해야 한다. 가정교육이라는 것이 바로 이런 것 아니겠는가? 가정교육으로 말미암아 좋거나 나쁜 생활습관을 가지게 됨으로써 좋거나 나쁜 가풍이 대물림되고, 그에 따라 부자자격과 부의 대물림이 일어난다면, 이것이 바로 가문의 명운(命運)을 결정짓는 일이 아니고 무엇이랴? 가문 흥망의 씨앗은 다름 아닌 부모의 생활습관인 것이다.

개인적인 좋은 생활습관을 지니고 있으면 개인적 차원의 성공을 이룰 수 있다. 개인적으로 이룰 수 없는 보다 고차원의 성공은 여러 사람들이 힘을 합쳐서 추구해야 하는데, 이를 사회적 차원의 승리라고 할 수 있다.[5] 사회적 차원의 성공을 위한 첫 걸음은 대인관계에 영향을 미치는 좋은 생활습관을 체득하는 것이다. 그러면 주위 사람들로부터 '믿음직한 사람, 틀림없는 사람, 더불어 일하고 싶은 사람'이라는 평가를 꾸준히 얻게 되어 반드시 커다란 승리를 거두게 된다.

좋은 생활습관의 몇 가지 예를 더 들면 '일찍 자고 일찍 일어나기, 습관적으로 책 읽기, 메모하기, 시간약속 잘 지키기, 물건을 제자리에 놓고 신변을 깨끗하게 정리해 놓기, 규칙적으로 식사하기, 몸을 깨끗하고 단정하게 하기, 과음하지 않기, 회식한 다음 날에도 출근시간 정확하게 지키기, 약속시간 잘 지키되 차질이 예상되면 미리 알리기, 계획을 수시로 바꾸지 않고 꿋꿋하게 밀고 나가기' 등이다. 좋은 생활습관이 결코 멀리 있는 것이 아님을 알 수 있다. 주의 깊게 잘 살펴보면 성공한 사람들은 좋은 생활습관을 몸에 지니고 있음을 발견할 수 있다. 일상의 생활습관에 대해 범인들은 사소하게 생각하지만 위인들은 중요하게 생각한다. 이것이 세월이 누적된 후에는 돌이킬 수 없는 차이를 초래하는 것이다.

[자녀들이 빈둥거린다면…]

틀림없이 부모가 그런 모습을 보여주었을 것이다!

그 이유를 깊이 생각해 보고 많은 대화를 해보아야 할 것이다.

---

5 Stephen R. Covey, 1989, 성공하는 사람들의 7 가지 습관, 김영사 번역, 1994

자녀들이 시간관리를 잘 못 하고 자투리 시간에 빈둥거리지 않는가? 왜 그럴까? 이때 반드시 "혹시 내가 그러고 있는 걸까?" 자문자답 해 보아야 한다. 예를 들어 교수들의 일과는 학교에 가서 공부하고 가르치는 것이다. 어떤 날은 식사시간을 빼고는 하루 종일, 그리고 밤늦게까지 공부를 하기도 한다. 그런데, 열심히 공부하는 교수들의 자녀들 중에 공부를 열심히 하지 않는 경우가 종종 있고, 이것이 교수들 간의 대화주제로 떠오르곤 한다. 여기서 자기 자신을 돌아 볼 필요가 있다. 밤늦게까지 공부를 하다 귀가를 하면 '이제는 쉬어야겠다'고 생각하고 잠깐 동안이지만 주로 TV를 보면서 시간을 보내다가 잠자리에 들지는 않는가? TV를 보는 중에 아이들이 기웃거리면 공부하라고 꾸짖지는 않는가? 혹시 거의 매일 그러하지 않는가? 그러다가 주말에는 주중에 공부하느라고 고생한 아이들을 위한다는 생각으로 가족나들이를 다니지는 않는가? 자, 그렇다면 아이들에게 비친 아빠의 모습은 어떠한가? 아이들에게 공부하라고 강조하고 돈도 많이 쓰고 좋은 학용품도 사주지만, 정작 아이들에게 보이는 아빠의 모습은 주로 TV를 보면서 빈둥거리다가 주말에는 가끔씩 가족들과 놀러 다니는 한가한 모습이 아닌가? 아빠가 학교에서 매일, 하루 종일 아무리 열심히 공부한들 아이들에게 보이는 모습은 빈둥거리고 노는 모습이다. 그렇다면 아이들은 아빠에게서 무엇을 느끼고 배울 것인가? 아이들은 자기들에게 비쳐진 아빠의 모습대로 빈둥거리지는 않을까? 이것은 자녀들에게 비쳐진 부모의 모습이 자녀의 행동에 그대로 투영될 수 있음을 보여주는 가상적인 예이지만 생각해 볼 여지가 있다. 아이들의 생활태도를 보고 부모는 자신의 생활태도를 돌이켜 보는 기회로 삼아야 한다. 분명 "어린이는 부모의 행위를 비치는 거울이다(H. 스펜서)."

시간을 허비하지 말 것과 일을 하는 방법에 대해 스콧은 다음과 같이 충고하고 있다. "시간을 낭비하는 버릇을 즉시 고쳐라. 시간의 낭비는 그대를 곧 실패하게 만들고 말 것이다. 해야 할 일을 우선 먼저 하고, 그 다음에 쉬어라. 업무를 다 하기 전에 미리 쉬지 말아라. 인생은 마치 군대의 행진과 같다. 선봉(先鋒)이 질서 정연하게 나가지 않으면 후속부대는 혼란에 빠져들고 만다. 이와 같이 사람은 일을 처음 시작할 때 가장 엄격하고 규칙적으로 착수하지 않으면 곧 두뇌의 혼란을 일으켜, 뒤에는 도저히 수습할 수 없는 지경에 이르고 만다."

(2) 좋은 경제관념

경제에 대한 관념을 어려서부터 심어주고 정당한 경제행위와 건전한 소비습관을 길러주는 것은 내 자녀를 진짜부자로 만들기 위해 반드시 필요한 과정이다. 미국의 억만장자들은, '보통 어린이들'이 호수나 강변에서 열리는 여름캠프에 참가해 또래들과 함께 캠프파이어를 만들고 노래를 부르며 맛있는 음식을 만들어 먹으면서 여름방학을 보내는 시간에, 고액의 교육비가 드는 '어린이금융캠프 2002'에 11~19세의 자녀들을 보내서 '창업, 주식투자, M&A' 등에 관한 특별교육을 시키고 있다고 한다. 최고의 강사들이 가르치는 것은 물론이다.[6] 이 방식이 과연 옳은 것인지, 그리고 효과가 있을 지는 확실치 않지만, 부자가 될 수 있는 능력을 관리하기 위

---

6 파이낸셜타임스(FT), 2002년 8월 24일

해서 이미 부자가 된 사람들이 얼마나 적극적으로 자녀들에게 투자하는지를 확실하게 보여주는 일화이다. 그들은 부의 신화가 자기 대에서 끝나면 모든 것이 무의미함을 잘 알고 있는 것이다. 이제 부자가 되어 보려고 결심한 그대를 매우 긴장케 하는 사건이 아닐 수 없다.

한국 청소년들의 소비습관에 관한 조사를 보면[7] 우리의 생활경제 교육이 심각한 상태에 있음을 알 수 있다. 조사대상 청소년 중 35.8%가 필요할 때마다 수시로, 그리고 4.8%가 부모가 알아서 주는 대로 용돈을 받는 등, 절반이 무계획적으로 용돈을 받고 있다고 한다. 이들 대부분은 저축을 한푼도 하지 않는 것으로 나타났다. 용돈이 부족하면 부모에게 가불을 하든(23.4%) 빌려쓰든(22.8%) 부모에게 조르든(13.2%) 저축한 돈을 찾아 쓰든(8.2%) 67.6%의 청소년들이 어떻게 해서라도 반드시 돈을 마련하여 즉흥적인 소비욕구를 충족시키는 것으로 나타났다. 용돈은 주로 간식(69.2%)과 오락·취미활동(55.0%), 옷·액세서리 구입(21.0%)에 사용하고 책을 사기 위해서는 겨우 4.4%만을 지출하는 것으로 드러났다. 응답자의 64.6%에 해당하는 청소년들이 인생을 살아가는 데 돈이 가장 중요하다고 응답했으며, 48.6%는 돈이 많아야 성공한 것이라고 응답함으로써 돈으로 추구할 수 있는 보다 더 본질적인 가치보다 돈 자체를 중시하며, 돈을 버는 과정보다는 결과적으로 얻게 된 부를 지나치게 중시하는 모습을 보였다. 자칫, 우리 청소년들이 부자자격에는 관심이 없고 부의 수준에만 관심이 있는 것 같아서 안타깝다. 또한, 과시소

7 중앙일보, 2002.7.22

비형 청소년들의 월평균 용돈은 4만 7천 8백원으로 건전소비형(3만 1천 4백원)보다 많지만 '용돈이 충분하다'는 응답(25.3%)은 건전소비형(51.4%)의 절반에 그치고 있는 것으로 나타났다. 이것을 보면, 소비를 통해서 그릇된 가치(과시)를 추구하는 경우에는 많은 돈을 써도 여전히 부족함을 느낀다는 점에서 청소년이나 성인이나 다를 것이 없음을 알 수 있다.

이상을 보면 우리나라 청소년들이 그동안 경제교육에 있어서 얼마나 방치되어 있었는지 알 수가 있다. 우리의 미래를 이끌어갈 청소년들을 무자격부자가 아닌 진짜부자로 키워서 우리나라를 진정한 선진국으로 만들기 위해서 우리가 무엇을 어떻게 해야 할 지 깊이 생각해 보아야 할 것 같다.

어릴 때 경제교육이 부자 되는 밑거름임은 자명한 일이다. 이제라도 청소년을 위한 경제교육 열기가 번지고 있다는 것은 매우 다행스런 일이다.[8] 지금까지 경제교육 시범학교로 지정된 초등학교는 모두 14곳이며, 어릴 적부터 학생들에게 용돈 관리와 알뜰 소비를 가르치는 초등학교가 늘고 있다. 하지만 중·고등학교는 일부가 특별활동 시간에 현장 경제교육을 실시하는 정도에 머물고 있어서 아쉽다. 서울 온수초등학교 임해근 교장 선생님은 "풍요로운 환경에서 자라난 요즘 아이들은 경제의식이 희박하다. 학교가 나서 건전한 소비와 절약정신을 가르칠 계획이다"라고 지적한다. 서울의 탑산초등학교 서영원 교장 선생님은 "아이들에게 아껴 쓰고 절약하는 습관을 생활화하도록 지도한다. 그 결과 아이들이 저축을 더하

8 이하의 내용은 http://www.joins.com(2003. 4. 15)에서 발췌, 수정한 것임.

고 물건도 소중히 여겨 보람을 느낀다"고 지적하여 조기 경제교육의 효과에 대해 증언하고 있다.

미국·독일 등 선진국 청소년들은 어릴 적부터 벼룩시장을 자주 드나든다. 용돈을 스스로 벌어 쓰도록 하기 때문에 쓰던 물건을 들고 나와 팔거나 싸고 필요한 물건을 찾는다. 체험으로 깨닫도록 하는 것이다. 이에 대해 소비자보호원의 김인숙 선임연구원은 "우리나라도 선진국처럼 체험하면서 배우는 경제교육으로 교과과정부터 바꿔야 한다"고 역설하고 있다.

국민은행장인 김정태 씨는 탁월한 경영능력 못지 않게 자녀들에 대한 경제교육 또한 철저하다. 그는 국민은행과 주택은행을 합병하여 구조조정 및 경영합리화를 성공시킴으로써 국민은행을 최고의 주가를 갖는 불량채권이 없는 한국 최고의 은행(세계 66위)으로 변모시켰다. 그는 월급보다는 성과에 민감한 스톡옵션을 많이 받았는데, 2002년 2월 현재 그의 스톡옵션 평가이익은 156억 9천만 원(30만주)이었다. 그는 부자이다. 그는 마음만 먹으면 자녀들에게 뭐든 해 줄 수 있는 능력이 있다. 그러나, 그는 큰아들이 어릴 때는 정직성에 중심을 두고 훈육을 하고 대학교에 들어갔을 때부터는 예산을 짜서 책임지고 집안의 도배를 하도록 하는 등의 홀로 서기 교육을 시켰다. 대학원에 입학하던 해에 결혼을 하겠다고 하자 신혼집은 학교근처에 15평 짜리 전세를 얻을 만큼만 지원해 주고 취직할 때까지 한 달에 생활비로 1백만 원씩만 대주기로 하고 결혼비용 지원 없이 결혼식도 알아서 하도록 했다. 부자아빠를 둔 그의 아들은 무료의 구민회관에서 결혼식을 올렸고, 대학원을 졸업한 뒤 중소기업에 취직했다. 물론 취직하자마자 약속대로 생활비 지원을 끊었다고 한다.[9] 김 행장이 돈이 부족해서 그랬을까? 쉽게 돈을 대주는 다른 부모들보다 자녀사랑이 약해서 그랬을까? 둘 다 아니다. 그는 자녀가 어렸을 때 정직성을 가르침으로써 먼저 자격을 갖추는 것을 가르쳤으며, 장성할수록 자녀의 자격에 맞는 만큼의 돈이 필요하다는 것을 깨닫도록 했다. 어쩌면 무자격한 돈을 쓰는 과정에서 자녀가 무능해질 수 있음을 잘 알고 그랬을 수도 있다. 이런 점들은 깊이 생각하고 받아들여야 할 부분이라고 생각한다.

로버트 기요사키도 부자들은 자녀들에게 돈에 관한 지식을 가르친다고 한다. 사람들은 돈에 관한 교육을 받지 않고 학교를 졸업하기 때문에, 교육을 많이 받은 수많은 사람들이 성공적인 직장생활을 하면서도 결국에는 경제적으로 고생을 하게 된다. 그들은 열심히 일하지만 앞서 나가지 못한다. 그들의 교육에서 빠져 있는 것은 돈을 버는 방법이 아니라 돈을 번 후에 관리하는 방법이다. 열심히 일하는 법만 배웠지 돈을 관리함으로써 돈이 자신을 위해 일하게 하는 법을 배우지 못했기 때문이다. 가난한 아버지는 독서의 중요성을 강조하지만, 부자 아버지는 돈에 관한 지식의 중요성을 강조한다. 이는 닥치는 대로 읽기보다는 목표의식을 가지고 가치 있는 것을 읽어야 함을 보여주는 것이다. 부자가 아닌 사람들은 자신을 위해서가 아니라 고용주를 위해(수입을 얻는 과정－일과 성공은 기업주의 성공과 은퇴에만 도움이 될 뿐이다), 정부를 위해(지출하는 과정－세금), 은행을 위해(부채를 갚아 가는 과정－융자금과 신용카드 빚) 일한다.[10]

---

9 중앙일보, 2002.8.27

10 부자 아빠 가난한 아빠, 1997, 로버트 기요사키, 샤론 레흐트; 형선호 역, 2000, 황금가지

비씨(BC) 카드가 운영중인 한 사이트의[11] 인터넷 설문에, "현실 금융기술을 어디에서 배우는가"라는 질문이 있다. 이에 대한 답변을 보면, '현실세계에서' 배운다는 응답이 전체의 67.3%, '가정에서'가 21.2%, '학교에서'가 11.5%로 각각 나타났다. 전 세계적으로 보아도 공교육기관인 학교에서의 현실경제교육이 매우 취약함을 알 수 있다. 같은 사이트에 다음과 같은 자녀 '경제교육에 관한 실질적인 충고'를 발견할 수 있다. 내 자녀를 진짜부자로 키우기 위해 되새겨 봄직하다.

① 각각의 동전과 지폐의 가치를 가르친 뒤 물건을 살 때 자녀가 직접 돈을 내도록 한다.
② 돈은 은행에서 그냥 주는 것이 아니라 부모가 번 돈을 맡긴 뒤 찾아 쓴다는 점을 가르쳐준다.
③ 자녀가 돈의 가치를 알고, 간단한 셈을 할 줄 알게 되면 정기적으로 용돈을 주기 시작한다.
④ 자녀가 원하는 물건이 생기면 그 사진을 저금통에 붙인 뒤 용돈을 모아서 사도록 이끈다.
⑤ 자녀가 돈을 모으면 은행에 함께 가서 첫 통장을 만든 뒤 이자가 붙는 원리를 알려준다.
⑥ 현란한 광고내용과 실제 제품은 다를 수 있다는 점을 실례를 통해 설명해 준다.
⑦ 물건을 살 때는 경품이 아니라 가격과 품질이 자기 기준에 맞아야 한다는 것을 일깨운다.

---

11 www.practicalmoneyskills.com(2002. 10. 4)

⑧ 가게마다 값이 다르며, 세일 등을 이용하면 같은 물건이라도 싸게 사는 여러 가지 방법이 있음을 보여준다.

⑨ 자녀가 뭔가 사달라고 조르면 그것이 꼭 필요한지, 그냥 원하는 것인지 먼저 생각하게 한다.

⑩ 휴가를 떠나기 전에 자녀에게 하루 얼마씩 '휴가예산'을 주고 알아서 쓰게 한다.

(3) 건강관리 능력

평생 도움이 되는 기초자산 중 하나가 건강관리 능력이다. 이것이 세 번째로 제시되어 있다고 하여 중요도가 세 번째라고 오해하면 절대 안 된다. 유베날리스의 "건강한 신체에 건강한 정신"이라는 격언은 너무도 잘 알려진 진리로 통한다. 프란시스 톰슨은 또한, "건강은 행복의 어머니다"라고 했다. 러시아 시인 푸쉬킨(1799~1837)은 "건강을 유지한다는 것은 자기에 대한 의무인 동시에 사회에 대한 의무이다"하고 했다. H.G.보운은 "건강과 부는 미를 창조한다"고 했다. 메난드로스는 "건강과 지성은 인생의 두 가지 복이다"라고 했다. 프랑스 계몽사상가 몽테뉴(1533~1592)는 이르기를 "건강은 유일무이(有一無二)의 보배이며 이것을 얻기 위해서는 생명 자체까지 내 던진다"고 하여 건강의 중요성을 강조했다. 스위스의 철학자 앙리 프레데릭 아미엘(1821~1881)은 "건강이 있는 곳에 자유가 있다. 건강은 모든 자유 중에서 으뜸가는 것이다"라고 했다. 이처럼, 많은 현인들은 건강이 정신(철학)에 커다란 영향을 미치고 자아와 사회의 행복의 바탕이 되며 미와 가치의 근원이요 지성과 더불어 인간의 최대의 복임을 강조했다. 우리나라 속담에도 '삼정승 부러워

말고, 내 몸 튼튼한 것 좋아해라'고 하지 않았는가?

사람의 건강은 선천적인(유전적인)요인과 후천적인(습득된)요인에 의해 결정된다. 선천적인 요인은 태어날 때 운명적으로 주어진다. 건강 장수하는 경향이 있는 가계가 있는가 하면 허약하고 병치레가 심한 가계가 있는 것은 이 때문이다. 이러한 선천적 요인은 인위적인 노력으로 극복되지 않는 것이다. 우리가 관심을 갖는 것은 후천적으로 건강상태를 결정하는 총체적인 의미의 건강관리능력이다. 물리-화학적으로 볼 때 인간의 육체는 고도로 정교한 '기계'이다. 따라서 인체는 일반적으로 기계가 가지고 있는 특징들을 모두 가지고 있다. 예를 들어 규칙적으로 에너지를 공급하는 것(규칙적 식사), 무리를 가하지 않고 규칙적으로 가동시키는 것(규칙적 일과 운동), 이상이 생겼을 때 수리해 주는 것(적절한 치료) 등은 성능(건강상태)을 유지하고 개선시켜 준다. 인간의 육체는 정성껏 돌보고 관리하면 주어진 한계 내에서 최고의 능력을 발휘한다. "재산을 잃으면 조금 잃는 것이요, 신용을 잃으면 많은 것을 잃는 것이요, 건강을 잃으면 모든 것을 잃는 것이다"라는 서양의 속담을 빗대어 말하지 않더라도, 건강을 잃으면 손실이 너무도 크다는 것을 확실하게 인식하지 않으면 안 된다. 건강관리가 얼마나 중요한 과제인지에 대한 이해를 돕기 위해 프랑스의 계몽사상가 몽테뉴가 전한 다음의 말을 음미해 보자. "콘티뉴스는 누구라도 20세 이상이 되면 자기 신체에 대해 무엇이 유익하고 무엇이 해로운가 하는 것을 알아서, 자기가 자기를 책임져야 할 것이며, 의사나 약사의 도움 없이 스스로를 잘 조절해 나가야 한다고 말했다. 그는 아마도 이 말을 소크라테스에게서 배운 것인지 모른다. 소크라테스는 그의 제자들에게 가르치는 중요한 과제의 하나로, 각자의 건강에 주의하라고 하였으며, 사려분별이 있는 인간이 운동과 식사문제에 주의해서 무엇이 자기에게 좋고, 무엇이 자기에게 나쁜 것인가 하는 것을 의사 이상으로 알아야 한다고 했다."

건강관리를 잘 하기 위해서는 '굳은 의지'와 함께 '나는 중요한 일을 해야 할 매우 중요한 존재이며, 그렇기 때문에 건강해야 된다'는 고양된 자의식이 필요하다. 자신이 중요한 존재이면 자기 몸을 함부로 다루어서는 안 되는 것이다. 부모가 무의식적으로 하는 냉소적인 말들은 자녀에게 '나는 하찮은 존재'라는 자기 멸시적인 잠재의식을 심어주어 몸을 함부로 다루어 건강을 해치게 하고, 결국 스스로 하찮은 존재로 전락시키고 만다는 사실에 유의해야 한다. 평소의 언행을 통해 자녀들에게 강한 자부심을 심어주고 자기가 굉장히 중요한 사람이라는 의식을 심어주면 자녀들은 자기관리에 힘쓰고 노력함으로써 필시 중요한 사람이 될 것이다.

건강한 신체를 유지하기 위해서는 체력에 맞는 계획적이고 규칙적인 운동도 해야 한다. 무엇보다도 몸을 해치는 생활습관을 버려야 한다. 무절제한 생활은 심신을 파괴하여 자아와 가정과 사회를 황폐화시키고 기업과 국가경제의 생산성을 떨어뜨린다. 운동을 하고자 마음을 정했다면 운동을 함으로써 얻을 수 있는 좋은 결과를 뇌리에 아로새기고 그것을 지속적으로 추구해야 한다. 규칙적인 운동을 통해 몸을 가꾸어 나가면 자신도 모르게 자신의 몸을 사랑하게 되고 그것이 누적되면 자신이 대단히 멋지고 중요한 사람이라는 의식이 생긴다. 운동은 해괴한 속설에 따르지 말고 전문가의 조언을 받아 자기의 건강상태와 체력에 맞추어 체계적으로 하는 것이 좋다. 운동은 낮은 강도에서 높은 강도로 단계적으로 이행해야 한다. 예를 들어 냉수욕이 건강에 좋다고 하여 땀흘리는 준비운동 없이 냉수욕으로 직행하면, 체질이 이상하게 변하는 것을 체험하게 될 것이다.

체력에 맞는 체계적이고 규칙적이고 지속적인 운동을 통해 건강관리를 잘 할 수 있는 능력을 몸에 지니면 생활에 대한 의욕과 일에 대한 자신감이 넘친다. 건강하기 때문에 항상 늠름하고 활기차고 즐겁고 적극적인 모습을 보일 수 있다면 그는 이미 일과 인간관계에 성공하여 행복한 진짜부자가 되는 길에 들어서 있다고 할 수 있다.

(4) 중요한 것을 구분하는 태도 및 식견

우리가 살면서 접하는 일들은 중요성과 시급성에 의해 네 가지 유형으로 구분할 수 있다. 첫째는 중요하고도 시급한 일이고, 둘째는 중요하지만 시급하지 않은 일이고, 셋째는 중요하지 않지만 시급한 일이고, 넷째는 중요하지도 시급하지도 않은 일이다. 많은 사람들이 중요하지는 않지만 시급한 일, 즉 발등에 떨어진 일에 쫓겨 정신 없이 살든지, 놀랍게도 중요하지도 시급하지도 않은 하찮은 일로 소일하며 인생을 낭비하고 있다고 한다. 이런 사람들은 결코 성공할 수가 없다. 성공하는 사람들은 장기적인 안목으로 급하지는 않지만 중요한 일을 꾸준히 추구한다고 한다. 이런 일은 당장은 얻어지는 것이 없지만 시간이 지나면서 엄청난 위력을 발휘하고 운명을 바꾸는 '전략적 과업'인 것이다. 이러한 맥락에서 중요도에 따라 일의 우선순위를 결정하고 이를 지켜서 일을 처리하는 습관을 몸에 지니면 반드시 성공하고 진짜부자가 될 것이다. 우리 속담에 "기와 한 장 아껴서 대들보 썩는다"는 말이 있다. 집을 지탱하는 데 절대적으로 중요한 대들보를 지키기 위해서는 중요성이 떨어지는 기와 한 장 값을 희생하는 것은 언제든지 각오해야 한다. 화급한 듯 하지만 기와 한 장에 불과한 일이 주변에는 많이 있다. 그것에 발목 잡혀서 인생을 바꾸어 놓을 중요한 일을 하지 못 한다면 얼마나 안타까운 일인가? 중요한 것을 구분하고자 하는 태도와 식견을 가지고 있는 사람과 그렇지 않은 사람은 세상을 보는 시각과 선택의 결과가 항상 다르다.

공부를 잘하는 학생은 공부를 먼저 하고 나서 놀며, 공부를 못하는 학생은 먼저 놀고 나서 공부를 한다고 한다.[12] 그 결과, 공부를 잘하는 학생은 가장 중요한 공부를 끝낸 상태에서 놀기 때문에 놀아도 맘 편하게 열심히 적극적으로 놀지만, 먼저 놀고 공부하려는 학생은 중요한 공부를 끝내지 못한 상태에서 놀기 때문에 놀아도 마음 한 구석이 무거워서 절대 맘 편하게 열심히 놀지도 못한다고 한다. 일에 있어서도 마찬가지다. 중요한 것을 먼저 처리하는 습관을 들이면 항상 무엇인가 이루며 사는 행복한 느낌을 갖고 살 수 있다. 그렇지 않으면 항상 미완의 숙제가 머리 속에 가득 차 있어서 머리가 무겁고 목이 뻐근한 고통 속에 살게 된다.

여기서 스마일스의 다음과 같은 말을 새겨두자. "아침 일찍 일어나 할 일을 하라. 옛말에 하루의 계획은 아침에 있다고 했다. 아침부터 게으름을 피우면 하루의 일이 잘 되지 않는다. 그래서 아침에 일어나는 시간을 보고 그 집이 흥할 것인가 망할 것인가 하는 것을

---

12 서울대를 꿈꾸는 중학생이 꼭 알아야 할 57가지, 2000, 김동환, 국민출판사

안다고 하였다. … 노력하지 않고 모두를 얻으려 하는 것은 의지가 약하다는 것을 뜻하고, 모든 것은 대가를 치른 다음 얻어진다는 것을 깨닫는 것은 성공의 큰 비결이다. 여가도 일한 뒤에 얻어져야 즐거우며, 매일 놀고만 있으면 즐거운 휴가는 없다."

[가난한 부모를 만났다면…]

그것은 특수훈련캠프에 무료로 입소한 것과 같다. 캠프에 입소하는 순간부터 가혹한 교관과 혹독한 훈련이 그대를 기다리고 있다. 일부 부유층 자녀들이 한 달에 수 백 만원의 과외비를 내고 비싼 교육을 받는 것은 부모의 피와 땀으로 대신 지불된 훈련비 덕으로 고생 없이 캠프를 견학하는 것과 같다. 가난한 부모를 만남으로써 돈 주고도 안 되는 특수훈련캠프에 무료로 입소하다니! 생각을 바꾸면 감사한 일이다.

가난한 부모로 인해 무료 입소한 훈련캠프는 너무도 가혹하고 고통스럽다. 탈출도 쉽지 않다. 하지만 훈련과정을 잘 이수하고 나면 천하무적의 실력을 갖추게 된다. 이 과정을 온 몸으로, 온 영혼으로 이수한 사람과 참여 없이 견학으로 그친 사람과는 삶의 무게가 다르다. 훈련과정을 잘 이수한 사람은 견고한 반석 위에 잘 지은 집과 같아서 어떤 악조건 속에서도 결코 흔들림 없이 만산만하(萬山萬河) 위에 샛별처럼 빛난다. 그들의 삶의 역정은 웅혼한 대하소설이 되고 그들의 언행은 인류의 자존심을 지키는 찬란한 보석이 된다. '눈물을 흘리며 빵을 씹어보지 않은 자는 인생이 무엇인지 말할 자격이 없다(세네카)'고 하지 않았는가? 역경은 인생을 극적으로 만든다. 역경을 겪은 후에 커다란 성공을 얻을 수 있다는 말이다. 역경 없이 그저 순탄하기만 한 인생은 밋밋하고 지루한 게임에 불과할 수도 있다.

가난은 수치가 아니다. 그렇다고 가난이 명예로움도 아니다. 가난은 극복의 대상이며 인간완성을 위한 훌륭한 촉매제일 수 있다. 맹자(孟子)도 가난과 역경이 사람을 키워주는 점을 강조하여, "하늘이 사람에게 큰일을 맡길 때는 반드시 먼저 그들의 마음을 괴롭히고 몸을 수고롭게 하고 또한 생활을 궁핍하게 하여 하는 일마다 어긋나고 틀어지게 만든다. 이것은 그들의 마음을 움직여서 인내심을 기르게 하고, 어려운 일을 더 많이 해낼 수 있는 능력을 길러주기 위해서이다. 따라서 사람은 어려움 속에서도 크게 될 수 있으며, 도리어 안락함 속에서는 쉽게 타락하여 실패할 수도 있다"고 하였다. 사람은 역경을 통해 인내심과 능력을 키움으로써 어려움 속에서도 크게 될 수 있다고 하지 않았는가? 어려울수록 용기를 잃지 말아야 한다. 몇 갑절의 노력을 해야 한다. 결코 좌절해서는 안 된다. 돈키호테의 저자 세르반테스는 그야말로 험난한 젊은 시절을 딛고 대 문호로 성공한 신화적 존재이다. 그가 이르기를, "생명이 있는 한 희망은 있다"라고 하였다. 이는 역으로, 희망을 버리면 생명도 없다는 말이 된다. B. A. W. 러셀은 "참을성이 적은 사람은 그만큼 인생에 있어서 약한 사람이다. 한 줄기의 샘이 굳은 땅을 헤치고 솟아 나오듯, 참고 견디는 힘이 없으면 광명을 얻기 어렵다. 오늘 하나의 어려운 일을 참고 극복했다면 그 순간부터 그 사람은 강한 힘의 소유자인 것이다. 곤란과 장애물은 언제나 새로운 힘의 근원이다"라고 하여, 인내심을 가지고 인생의 장애물을 극복하는 삶의 위대함을 지적했다.

문제는 가난이라는 인생의 교관을 어떻게 받아들이고 가난한 부모를 어떻게 생각하느냐 하는 것이다. 그들은 원망스런 존재인가? 결코 그렇지가 않다! 마인드를 바꿔라. 밝고 총명한 눈으로 아름다운 미래를 그리며 그 가혹한 현실을 정면 돌파해야 한다. F. 베이컨은 "환경은 약한 자를 지배하지만 현명한 자의 목적을 달성시키는 수단이 되기도 한다"고 하였다. 환경에 이끌려 자아의 정체성 마저 포기하지 말고 오히려 환경의 힘을 역이용하여 더욱 맹렬하게 삶을 개척해 나가야 한다. 그런 환경을 제공한 부모를 탓한들 얻을 수 있는 것은 아무 것도 없다! 그러므로, 열악한 환경에 처할수록 오히려 부모께 더 감사하고 부모를 더 귀하게 생각하라. '가난한 집에서 효자 난다'는 말도 있지 않은가? 부모를 탓하는 것은 부모를 부정하고 자기의 '도전하지 못함'을 부모의 책임으로 돌림으로써 결국 근본의 위대함과 자신의 책임성을 부정하는 것이니, 이 무슨 어리석은 짓인가? G. 버나드 쇼는 "사람은 흔히 자기가 처해 있는 상태를 환경의 책임으로 믿고 불평한다. 이 세상에서 성공하는 사람들이란 자기가 원하는 환경을 찾아내는 사람들이다. 그리고 발견하지 못하면 자기가 만들면 그만이다"라고 하여 환경을 탓하며 자기 길을 헤쳐 나가지 못 하는 자의 어리석은 변명에 일침을 가하였다. "우리는 길을 찾거나 아니면 만들게 될 것이다"라고 한 명장 한니발의 말을 다시 한번 상기해 보시기 바란다. 환경을 탓하는 것이 습관이 되면 무슨 일이 있을 때마다 아무 것도 자기 책임이 아닌데 모든 피해를 자기가 감수하는 듯한 매우 모순적인 상황이 발생한다. 그런데, 진실은 모든 것이 본질적으로 자기 책임이라는 것이다. 이 철칙을 무시해서는 절대로 안 된다. 이 말은 세상의 모든 짐을 혼자 지고서 고통을 당하라는 주장이 아니다. 자기가 마땅히 책임져야 할 부분에 대해서 변명 없는 책임감을 가지고 매 순간 철저하라는 것이다.

힘들수록 현실을 직시하되 거기서 체념하면 절대 안 된다. 더욱 적극적이고 도전적으로 그 가혹한 특수훈련캠프를 우수한 성적으로 마쳐야 한다. 이들 중에서 많은 진짜부자가 나온다. 역대 거부들은 모두 당대에 부를 일군 사람들이다. 철강 왕 카네기도 "부자가 되는 자격은 가난한 집에 태어나는 것이다"라고 하였다. 부모로부터 받은 것은 오로지 무형의 정신적 자산과 동기(動機)와 가난으로 인한 험난한 현실뿐이었던 그들—필사의 노력으로 그 무형의 정신적 자산을 일구어 내놓고 보니 그것이 곧 비교를 불허하는 부가 된 것이다. 이것이 바로 가난한 부모를 만난 당신의 행운이요, 당신이 할 수 있는 유일한 최선의 선택이다. 스마링도 "가난의 고통이 불행이기는 하지만 용감한 자조정신으로 이겨나가면 도리어 하늘이 준 은총으로 변한다. 가난은 사람을 고무시키고 굳은 의지를 심어주며, 불굴의 용기와 인내력을 준다. 어떤 사람은 빈곤에 지쳐서 타락하고 안일을 구하지만, 온전한 사상과 굳센 의지를 가진 사람은 이 속에서 노력과 신용으로 승리를 이끌어낸다"고 하여 가난이 도리어 하늘의 은총일 수 있음을 지적했다. 「플루타르크 영웅전」에서는 "가난하다고만 하여 결코 불명예로 여길 것이 아니다. 문제는 그 가난의 원인이다. 가난이 제멋대로의 고집, 어리석음의 결과가 아닌가를 잘 생각해 보라"고 말하고 있다. 원인을 정확히 찾아서 극복한다면 젊은 한 때의 가난은 오히려 커다란 명예요 신화로 다가올 것이다.

힘들수록 멋진 꿈을 또렷이 간직하고, 그것을 형상화한 목표를 부여잡고 치밀한 전략과 강력한 실행계획을 세워야 한다. 너무도 지치고 힘들 때는 꿈이 삶의 에너지일 수 있다. 어떤 때는 그것 밖에는 기댈 것이 없을 수도 있다. 그러나 한 순간도 그 꿈을 놓지 않고 추구한다면 어느 순간에 그것은 꿈이 아닌 현실이 되고 말 것이다. 가난이라는 가혹한 교관과 겨루면서 생산적인 철학과 불굴의 실행의지를 다져나간다면, 후일 가난이라는 역경을 주신 부모를 가장 존경하는 이로 내세우고 누가 뭐라 해도 자랑스러워하게 될 것이다. 현대그룹 창업자이자 당대 대한민국 최고의 진짜부자였던 고 정주영 회장도 '내가 가장 존경하는 사람은 아버지'라는 말을 자주 했다. 정 회장의 아버지는 겉으로 보면 가난 밖에는 물려 준 것이 없는 정말로 가난한 부모였다. 그러나 바르고 담담하고 강인한 정신을 가진 정 회장에게 비쳐진 그의 아버지는 세상의 누구와도 견줄 수 없는 위대한 아버지 그 자체였던 것이다.

가난으로 인한 고통을 회피하기 위해 비행을 저지르는 것은 결과적으로 자신의 인생을 송두리째 부정하는 것이다. 한때 유럽을 평정한 프랑스의 황제 나폴레옹이 "괴로움을 견디려면 죽는 것보다 더 큰 용기가 필요하다"고 말한 것에서도 알 수 있듯이, 역경을 모면하기 위해 편법을 동원하는 것보다는 정면으로 승부하는 것이 사실은 가장 용기 있는 행동이다. 남북전쟁을 승리로 이끌고, 흑인노예를 해방시키고 현대적 자유민주주의의 초석을 다진 아브라함 링컨도 "나는 어릴 때, 가난 속에서 자랐기 때문에 온갖 고생을 참으며 살았다. 겨울이 되어도 팔굽이 드러나는 헌 옷을 입었고, 발가락이 나오는 헌 구두를 신었다. 그러나 소년시절의 고생은 용기와 희망과 근면을 배우는 하늘의 은총이라 생각하지 않으면 안 된다. 영웅과 위인은 모두 가난 속에 태어났다. 성실·근면하며, 자신의 일에 최선을 다한다는 정신만 있으면, 가난한 집 아이들은 반드시 큰 꿈을 이룰 수 있다. 헛되이 가난의 고통을 슬퍼하고 역경을 맞아 울기만 하지 말고, 미래의 밝은 빛을 향해 분투·노력하여 성공을 쟁취하지 않으면 안 된다"고 하여 앞선 위인들과 자신의 산 경험에 빗대어 가난과 역경이 커다란 성공의 원동력이 될 수 있음을 일깨워 주었다.

미국의 시인 로우엘은 가난한 부모를 둔 자에 대하여 다음과 같은 노래를 들려주고 있다. 가난 속에 숨겨진 엄청난 보물에 대한 통찰이 필자의 그것과 다르지 않음을 알 수 있을 것이다. 가난한 부모를 미래의 진짜부자들이여 이 노래를 절대로 잊지 마시라!

가난한 자의 아들이여!
가난하다고 스스로 멸시하고 비웃지 말라.
가난으로써 그대가 상속받은 재산이 있다.
튼튼한 수족과 굳센 마음,
무슨 일이고 꺼리지 않고 할 수 있는 힘,
가난하기 때문에 그대에게 참을성이 있고,
작은 것도 고맙게 생각하는 마음이 있다.
가난하기 때문에 우정이 두텁고
곤란 당한 사람을 도울 줄 아는 상냥한 마음씨,
이것들은 그대의 재산이다.
이러한 재산은 임금님도 상속하고 싶어할 것이다.
이러한 것들은 그대가 가난하기 때문에 얻은 고귀한 재산임을 알라.

[부자 부모를 만났다면…]

이 얼마나 축복 받은 일인가? 부모로 인해 이미 많은 것이 확보되어 있으니 당신은 출발점을 한껏 앞으로 당겨놓은 상태에서 시작할 수 있는 것이다. 이것을 잘 활용해야한다. 그리고 부모에게 감사하는 마음을 한 순간도 잊어서는 안 된다. 자칫 부모의 돈에 기대기 시작하면 그 순간은 편할 수 있겠지만, 이것이 계속되면 결코 채워지지 않는 욕망에 허덕이며 부모의 재산을 축내가면서 심신을 파괴하고 이웃에게 상처를 주고 사회를 황폐하게 만드는 암적인 존재가 될 것이다. 부모의 돈이라는 안이한 울타리에 갇히면 더 이상 자라지 못하는 앉은뱅이 분재가 되어버릴 수도 있다. "부모가 자녀를 간섭하는 것은 젖을 먹이고 밥을 주며 양육할 동안이다. 독립한 뒤에는 오직 정으로써 사랑해야 할 따름이다(복옹백화)." 이것은 특히 능력 있는 부모의 자녀 양육법에 대한 경고이기도 하다. 시간과 돈이 있는 부자부모가 자녀에 대해 지나치게 간섭하는 것은 자녀를 유약하게 만드는 독소가 될 수 있다.

부자부모를 만났다면 스스로 더욱 경계하면서 자신이 활용할 수 있는 기회를 잘 활용하여 진짜부자의 자격을 연마하는데 더욱 힘쓰고 부모의 한계를 뛰어넘은 지평선 밖의 세상에 도달하기 위해 노력해야 한다. 부자부모를 만난 행운을 얻었다면, 발명가 에디슨이 "고생 없이 얻을 수 있는 진실로 귀중한 것은 하나도 없다"고 한 말의 깊은 뜻을 새겨서 자기발전의 교훈으로 삼아야 한다. 부자부모와 살다보면 부모가 고생하는 것을 보지 못하고 대등한 입장에서 같이 놀고 다니기 때문에 부모에 대한 존경심이 생기지 않고 부모로부터 받는 혜택이 당연한 것처럼 보이며, 오히려 더 많이 받을 수 없을까

하는 헛된 기대심리만 높아질 수 있다. 이야말로 거듭 경계할 일이다. '부모가 자녀를 위하는 마음은, 목숨이 있는 동안은 자녀의 몸을 대신할 것을 원하고, 죽은 뒤에는 자녀의 몸을 지킬 것을 원한다(부모은장경)'는 것을 부유한 집안의 자녀들이 깨닫기란 쉽지 않다. 부모의 성공을 배우고, 부모를 존경하며 부모에게 감사할 줄 알아야 한다. "부모의 공로를 모르는 자녀는 독사의 날카로운 이빨보다 못하다(셰익스피어)."

부자부모를 둔 행운아들이여! 부모에 기대어 쉴 생각만 하지 말고 부모에게 받은 복을 몇 배로 불려서 베풀 수 없을까 머리에 쥐가 나도록 고민하라. 그러면 부모보다 더 크게 되고 더 존경받는 진짜 부자가 될 것이다. 그렇지 않으면 부모의 가슴을 멍들게 하는 인생으로 전락하고 말 것이다. 부모의 후광을 이용하려 하지 마라. 그것이 습관이 되면 부모의 힘을 빌리지 않고서는 아무 것도 할 수 없는 무기력한 인간이 되고 만다. 영국의 속담에 "너의 조상이 누구인지 말할 필요가 없다. 네가 누구인지 그것이 문제이다"라고 한 말의 뜻을 생각해 보라.

참고한 책들

- 재무관리, 박정식, 박종원, 이장우, 2010, 다산출판사
- 글로벌시대의 증권시장론, 이장우, 이한재, 강인철, 2011, 도서출판 오래
- 금융기관경영론, 김덕영, 김종오, 이장우, 정병욱 역, 2013, 이앤비플러스(Elsvier)
- 재무관리, 이장우, 강인철 외, 2003, 도서출판 대명
- 증권투자론, 이장우, 강인철 공저, 2003, 도서출판 대명
- 가르시아에게 보내는 밀서, 1899 엘버트 후바드 지음, 1984 이환태 역, 영한문화사
- 거부가 되는 지름길은 없는가, 로버트 G. 알렌 저, 김만행 역, 1993, 행림각
- 국제경쟁시대의 전략마인드, 이광현, 1993, (주)유나이티드 컨설팅 그룹
- 나도 부자가 될 수 있다, 프레드 영 저, 강주헌 역, 2000, 참솔
- 대기만성한 사람들에게 배우는 성공의 지혜, 알랜 줄로 지음, 강영규 역, 1998, 현실과 미래
- 돈 버는 데는 지능지수와 관계없다, 서현봉, 1997, 도서출판 박우사
- 돈버는 비결 99가지, 요시모토 하루히코 저, 노영혜 간, 1997, 도서출판 종이나라
- 머니 트리 키우기, 로버트 알렌 저, 이종인 역, 2001, 가야넷
- 민성기의 재테크교실, 민성기, 1999, 문창출판사
- 부의 패턴, 해리 덴트 저, 유혜경 역, 2000, 청림출판
- 부의 이동, 프랜시스 매키너리·션 화이트 저, 신경립 저, 2001, 거름
- 부자 아빠 가난한 아빠 2, 로버트 기요사키·샤론 레흐트 저, 형선호 역, 2000, 황금가지

- (불경기시대의) 종합재테크, 황인태 외, 1998, 더난출판사
- 빌게이츠 성공에 감춰진 10가지 비밀, Des Dearlove 저, 홍길표 역, 영언문화사
- 서울대를 꿈꾸는 중학생이 꼭 알아야 할 57가지, 김동환, 2000, 국민출판사
- 성공하는 사람들의 7가지 습관, 스티븐 코비 저, 김경섭·김원석 역, 1994, 김영사
- 스마트경영, 윤은기, 1994, (주)유나이티드컨설팅그룹
- CEO 칭기즈칸, 김종래, 2002, 삼성경제연구소
- 아들아, 머뭇거리기에는 인생이 너무 짧다, 강헌구 지음, 2000, 한언
- 아산 정주영 연설문집, 1985, 아산고희기념출판위원회
- 월가 천재소년의 100가지 투자법칙, 맷 세토 저, 1997, 한국경제신문사
- 2000만원부터 시작하는 부자 입문, 요코다 하마오 저, 장미화 역, 2002, 좋은책만들기
- 작은 부자들-소자본 창업 성공 이야기, 조규호 저, 1997, 도서출판 스몰비지니스
- 증권투자 알고 합시다, 매일경제 증권부, 1999, 매일경제신문사
- 철학이 있는 경영자들, 1991, (주)유나이티드컨설팅그룹
- 투자의 비밀, 앙드레 코스톨라니 지음, 최병연 역(2002), 미래의 창
- Peter Lynch, 1993, Beating the Street, 권영건 역, 1999, 새로운 사람들

【저자소개】

李 長雨

이장우(李長雨) 교수는 현재 부산대학교 경영학과에 재직 중이다(부학장 역임). 저자는 재무 · 금융(finance)을 전공하고 있다. 저자는 증권학회, 재무관리학회, 금융공학회 부회장을 역임하였으며, 증권학회(역임)와 재무연구(현) 편집위원을 비롯하여 경영학회 및 다수의 재무 · 금융 관련 학회의 임원으로 활동하고 있다. 저자는 대전고등학교(1979)를 졸업한 후 서울대학교 영어교육과(1984)를 졸업하고, 서울대학교 경영대학에서 석사(1989) 및 박사(1998) 학위를 취득하였다. 서울대학교 경영대학 조교 및 증권금융연구소 특별연구위원을 역임하였으며, 서강대학교, 한양대학교, 한국외국어대학교 강사를 역임하기도 했다. 대우경제연구소 연구원과 현대자동차과장을 역임하며 실물경제에 대해 많이 이해하고 깊은 애정을 갖게 되었다. 저자는 수년간 미래에셋 펀드감독이사를 역임하였다. 저자는 영산대학교 정보경영학부 교수 및 대학원교학부장과 동의대학교 상경대학(재무학과) 교수를 역임하였다. 왕성한 젊음의 시절에 공군장교로 군복무를 완수했으며(1984.3~1987.7; 작전 및 부관), 그 후로 더욱 치열한 열정으로 삶을 전개 중이다. 이장우 교수는 일에 대한 꺼지지 않는 열정과 젊은이들에 대한 믿음이 넘친다. 저자는 젊은이들의 꿈을 일깨우는 것을 낙으로 삼고 있다.

저자는 늘 '어떻게 하면 풍요와 인간성을 동시에 추구할 수 있을까' 하는 생각을 하고 있다. 그 자신이 어려운 역경을 딛고 홀로서기에 성공한 그는 특히 역경에 처해 있는 젊은이들에게 어떻게 하면 그것을 에너지 삼아 세상을 극복할 수 있을지 전해주고 싶어한다. 재무관리가 전공인 그는, 부에 대한 올바른 인식을 토대로 격을 갖춘 진짜부자가 무엇이며, 어떻게 하면 그런 진짜부자가 될 수 있을까 생각하고 있다. 요즘엔, 배타적 쇄국정책으로 일관하여 반세기만에 세계 최빈국으로 전락한 독재국가 북한을 어떻게 부유하고 자유로운 세계시민으로 이끌어낼까 골똘히 생각하고 있다. 통일한국은 우리를 G7의 반열에 올려놓는 제 2의 도약을 가져다 줄 것이다. 저자는 이 책을 통해 청춘들이 뭇사람들에게 갈채를 받는 진짜부자가 되기 위한 전략을 조용히, 그러나 강력히 제시하고 있다.

아름다운 청춘들이여,
하루라도 먼저 꿈꾸고 준비하여 한류보다 빛나는 미래의 히어로가 되자!

부자되기 특강

초판인쇄 2014년 8월 25일
초판발행 2014년 8월 30일

지은이 이장우
펴낸이 박노일

총괄기획 김중용

펴낸곳 pnc publishing and culture 피앤씨미디어
경기도 고양시 일산동구 강송로 153 310-1501
등록 제396-2012-000203호
전 화 070)7550-3758 팩 스 02)718-8554
홈페이지 www.pncmedia.co.kr 이메일 pnc@pncmedia.co.kr
ISBN 979-11-5730-017-4

정 가 15,000원